天伦父子情

——我和爸爸臧克家

臧乐安 著

山东大学出版社
SHANDONG UNIVERSITY PRESS
·济南·

图书在版编目(CIP)数据

天伦父子情:我和爸爸臧克家 / 臧乐安著. —济南:山东大学出版社,2021.8
ISBN 978-7-5607-7115-1

Ⅰ. ①天… Ⅱ. ①臧… Ⅲ. ①臧克家(1905-2004)—回忆录 Ⅳ. ①K825.6

中国版本图书馆 CIP 数据核字(2021)第 160621 号

策划编辑 武迎新
责任编辑 武迎新
封面设计 张 荔

出版发行 山东大学出版社
社 址 山东省济南市山大南路 20 号
邮政编码 250100
发行热线 (0531)88363008
经 销 新华书店
印 刷 济南乾丰印刷有限公司
规 格 720 毫米×1000 毫米 1/16
20.75 印张 4 插页 317 千字
版 次 2021 年 8 月第 1 版
印 次 2021 年 8 月第 1 次印刷
定 价 99.00 元

1948 年春节，臧克家、郑曼夫妇与长子臧乐源（右一）、次子臧乐安（左一）摄于上海寓所前

1950 年大年初一，臧克家（中）与长子臧乐源（左）、次子臧乐安（右）摄于济南华东大学

1972年10月，臧克家从干校回京后照的全家福（前排左起臧小龙、郑曼、臧田、臧克家、臧耕，中排左起郑苏伊、乔植英、臧乐源，后排左起臧小平、臧乐安、汪本静）

1986年5月，一家三代山东大学校友摄于山大门前（左起臧耕、臧乐安、臧克家、臧乐源、臧小龙）

1988 年 2 月 16 日，全家团聚（前排左起臧耕、郑苏伊、乔植英、臧克家、臧菁菁、郑曼、汪本静、臧小平，后排左起臧小龙、罗连陞、臧乐源、臧乐安、臧田）

1991 年 10 月 8 日，臧乐安与父亲臧克家在赵堂子胡同 15 号寓所

1992 年 8 月 16 日，全家欢聚为臧克家夫妇庆金婚（前排左起臧克家、罗文雯、郑曼、臧菁菁，
中排左起罗连陞、郑苏伊、乔植英、臧乐源、臧乐安、汪本静、臧小平，
后排左起臧田、王小彬、臧耕、臧小龙、石兰）

1994 年夏，臧克家身穿母校山东大学的 T 恤与同为山大学生的长子臧乐源（右）、
次子臧乐安（左二）及外孙女罗文雯摄于家中

1997 年 9 月 24 日，臧克家、臧乐安父子在红霞公寓

2000 年 1 月 1 日，臧克家、臧乐安父子一起迎接新世纪

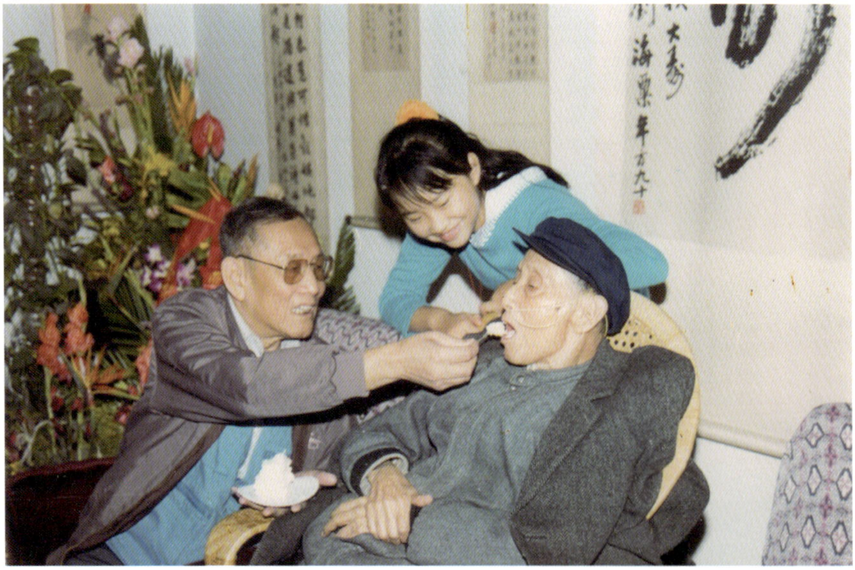

2000年10月8日，臧克家九十五寿辰，臧乐安喂父亲吃蛋糕，后立者为臧克家外孙女罗文雯

2001年1月22日，臧克家郑曼夫妇与次子臧乐安一家合影(前排左起郑曼、臧克家，后排左起臧乐安、汪本静、石兰、臧小龙)

2002 年 8 月 16 日，家人欢聚庆贺臧克家夫妇钻石婚（前排左起汪本静、臧乐安、郑曼、臧克家、臧乐源、乔植英，后排左起郑苏伊、罗文雯、罗连陞、臧小龙、臧小平、臧菁菁）

2013 年 10 月 15 日，臧乐安、汪本静夫妇在山东大学校园内臧克家塑像旁

目　录

童年的遥远记忆

1930 年 10 月 4 日，我出生在青岛。而我的故乡，是离青岛不远的山东诸城臧家庄。

诸城位于山东省东南部，面积虽不算大，但物华天宝，人杰地灵。这里古时是恐龙的聚居地，因此被称为“龙城”。这里也是舜帝的故乡，自古精英辈出。在诸城境内，有马耳山和常山，宋代大文豪苏东坡曾用“试扫北台看马耳，未随埋没有双尖”的诗句形容马耳山，而《江城子・密州出猎》，正是当年他在密州（诸城古称）任知州时为在常山打猎而作，那“老夫聊发少年狂”的豪迈气概，千古称颂。

臧家庄在诸城县城西南，离县城十八里地。我们家属于一个封建地主家庭，祖上在清朝为官，堂号“南凝翠轩”。我的曾祖父臧俞臣和祖父臧统基参加过辛亥革命，失败后曾流亡山村。

我的爸爸臧克家，字孝荃，1905 年 10 月 8 日出生在家乡，出生时已家道中落。他从小和穷孩子们一起玩耍，目睹了乡村里的贫富差距和农民疾苦。我的曾祖父和祖父都酷爱中国古典诗词，学养深厚。爸爸自幼在浓厚的诗词氛围中成长，耳濡目染，颇受影响。爸爸在家乡读过私塾，读过初小，背诵了六十多篇古文，为日后的文学创作打下了坚实的基础。十四岁时，爸爸考入诸城的小学，才从农村进入了城市。1923 年，爸爸到济南进入山东省立第一师范学校读书，受到“五四”新文化思潮的影响，阅读了大量新文学作品，尤其是新诗作品，受郭沫若先生新诗的影响最大。

在革命思潮的推动下，因极端不满反动军阀张宗昌的黑暗统治，爸爸后期师范只读了一年，便与同学结伴奔向当时的革命中心武汉。1927 年初，爸爸考入中央军事政治学校武汉分校（黄埔六期），在军校接受了革命思想的教育和严格的军事训练，并参加了讨伐叛军夏斗寅的战役。半年后风云突变，因蒋介石背叛革命，大革命失败。爸爸潜回家乡，又受到国民党县党部通缉，被迫流亡到东北。

1929 年秋，爸爸回到家乡。第二年考入国立青岛大学（山东大学前身），师从闻一多先生，开始了诗歌创作的历程。1933 年，爸爸的处女诗作《烙印》自费出版，受到了众多文坛前辈的肯定，奠定了他在中国诗坛的地位。那一年，我三岁。

我的爸爸臧克家和妈妈王慧兰，1928 年农历四月在家乡结婚。妈妈王慧兰，字者香，又名深汀，诸城相州人，出身于书香门第，家中兄弟众多。因妈妈的兄长也就是我的五舅王深林和爸爸相熟，爸爸由此认识了慧兰妈妈。慧兰妈妈聪慧大方，性格刚强，婚后和爸爸十分恩爱。

1929 年 8 月 10 日，哥哥臧乐源出生于济南，未出满月就被爸爸妈妈送回了家乡，交由祖母和姑姑抚养。第二年 10 月我在青岛出生，刚出满月也被送回了家乡。家里为哥哥和我一人请了一个奶妈。有了家乡祖母和姑姑这样一个可靠的后方，爸爸妈妈可以毫无后顾之忧地在外面干他们的事业，而我们哥俩则成了祖母和姑姑心上的宝贝和生活中无法舍弃的“小累赘”。

打记事起，我就知道我们家里有祖母、姑姑、哥哥和我，还有跟我们住在一起的哥哥的奶妈老傅和家在本村的长工姚启祥。爸爸先是在山东大学读书，毕业后又在临清中学任教。爸爸和妈妈长年在外，只是寒暑假难得回来住几天。祖母和姑姑让我们喊爸爸“大大”，喊妈妈“婶婶”，对于他们，我们感到很陌生。

爸爸妈妈在外工作，我和哥哥与祖母、姑姑相依为命。我们哥儿俩是在农村长大的，我十五岁之前基本上没离开过农村。小的时候，每年春天，鸟儿下蛋的时节，哥哥和我到墙洞里摸麻雀蛋，爬到树上掏鸟巢。夏天和秋天，哥哥和我经常光着脊梁、赤着脚在田野里奔跑，到地里逮蚂蚱。夏天雨后傍晚，到树林里捉蝉的幼虫，即“知了猴”。下河游泳，摸小鱼小虾，在河滩上挖蛤蜊，更是我们喜爱的游戏。在收获的季节，哥哥和我也没闲着，夏收时跟着拣麦穗，秋收时跟着拣豆棵，在收获过的河滩花生地里，用小镢头翻动沙土，寻找落下的花生。一个收获季节下来，也能拣几斤粮食、几斤花生，自己劳动，自己享用，心里美滋滋的。

我们热爱农村。我们就是在农村的土地上一天天长大的，我们就是从农村的土地上走出来的，土地质朴、无私的奉献精神，也融入了我们的血液，雕琢了我们的性格。

小时候，在我的印象中，爸爸高高的、瘦瘦的，头上戴一顶礼帽或草帽，身上穿一件蓝色或黑色的长大褂，很是帅气。那时我们根本不知道爸爸是诗人，但在我们心目中，爸爸非常了不起。

我和哥哥一直生活在乡下，没见过世面，很认生。有一次，爸爸妈妈回家来，我见到“陌生人”，一下子爬到树上躲了起来。有人问我为什么不回家，我回答：家里来“客人”了。

爸爸妈妈很关心哥哥和我，为我们买来了图画书、铅笔，还有可以画画的彩色笔。我们见到礼物，非常高兴，但只要爸爸妈妈一提出把我们带出去上学，就什么都不想要了。

记忆中大约是 1936 年夏天，我们在诸城县城一位亲戚家借住，爸爸妈妈来到我们身边，告诉我们，这次一定要带哥哥到临清去上学。哥哥闻听哭闹起来，说什么也不去。我吓得趴在床上，头也不敢抬，记得妈妈还在我屁股上打了一巴掌。后来，哥哥终于没有去，我非常高兴，心里想，哥哥要是真走了，我一人孤孤单单，谁跟我玩呢？

1937 年，抗日战争全面爆发。这年年底，爸爸妈妈抛家舍业，外出抗日。他们先是准备投奔延安，到了西安后找到了八路军办事处，等待消息之际，突然接到了五舅王深林的电报，告诉他们徐州战事吃紧，让他们火速赶往徐州。因为徐州是前线，“那里最接近敌人”，爸爸妈妈立即动身前往徐州。在徐州第五战区青年军团，爸爸担任教官，妈妈任女生队教导员。

“烽火连三月，家书抵万金。”那时，爸爸还断断续续给家里来信，告知他们的行踪。也是从爸爸的来信中我们得知，1938 年因性格不合，爸爸和妈妈离婚了。

从此以后，直到 1954 年，十七年间，即使后来同在一座城市，我们却再也没有见过妈妈。1954 年夏，哥哥和我又同妈妈见了面，那时她已再婚多年，丈夫李先生从事外交工作。1962 年，妈妈因病去世，时年 52 岁。

1938 年正月十五前后，日本鬼子攻占了诸城县城，我们在村里都能听到枪炮声。从此，祖母和姑姑两个旧式家庭妇女，带着我们两个七八岁的孩子，开始了逃难的生涯。我们成了小小的难民，哪里是家？家就在两条腿上，逃到哪里，落脚在哪里，哪里便是家了。正是这样居无定所的日子，使我们和爸爸渐渐失去了联系。

和爸爸失去联系的日子，祖母、姑姑和我们心里无时无刻不在惦记着他，爸爸是我们家的精神支柱和全部希望。然而，爸爸在哪里？真是"生死两茫茫"啊。

后来我才知道，全面抗战爆发后前五年，爸爸先在第五战区司令长官部做秘书，曾冒着敌机轰炸的危险三进台儿庄采访；曾任"第五战区战时文化工作团"团长，徒步鄂豫皖及大别山区进行抗日文化宣传；曾与姚雪垠等组成"文艺人从军部队"到随枣会战前线采访；曾在河南叶县担任三一出版社副社长，并在那里认识了郑曼妈妈。1942 年，因受国民党排挤打击，爸爸愤而辞职，与郑曼妈妈长途跋涉，到了山城重庆，并在那里开始了他们风雨同舟、相濡以沫的 62 年婚姻生活。

千山万水隔不断的牵挂和思念

1945 年 8 月，日本投降了，抗战胜利了。中秋节前后，诸城县城解放了。我们年年盼，月月盼，终于盼到了这胜利的一天。日本帝国主义的侵略战争使我们家庭离散、骨肉分离，现在抗战胜利了，我们期待爸爸早日归来，全家团聚。可是那时与远在大后方重庆的爸爸仍未取得联系，全家焦急不安。爸爸，你快点儿回来啊，快点儿回来啊！

爸爸当时的心情怎样呢？1945 年 9 月他在重庆写了一首诗：

一听到最后胜利的消息，
故乡，顿然离我遥远了。

这首只有两行的短诗读了很令人费解，后来爸爸专门写文章作了解释：

没有信息，没有家。从来也不想到家，更不会去想到它的远近了。家，存在着，还是已经破碎？家人，活着，还是已经死亡？不想，也不敢想。想，又有什么用呢？！

突然一声：抗战胜利了。

家的影子，蓦然来到了心上！

何况，看到达官贵人，乘飞机从天上飞走，坐轮船，从水上顺流而下了。有点办法的，都费尽心机，拼上全力，纷纷“复员”，作出川之计。

而我自己呢，什么办法也没一点，眼巴巴用悲愤的眼光看着别人从天上，从地下，从水中，奔向温暖的家，自己却困居在“歌乐山大天池六号”一家贫农的小土院子里。这时候，我感到自己孤孤单单，好似滞留在一个孤岛上。这时候才感觉到，自己离故乡千重山、万条水，多么遥远，多么遥远呵。

于是，把内心的这样一种感情，化作了这样两个诗句。

它是纪实的。它是抒情的。

从爸爸的话里我感受到，千山万水隔不断亲人的牵挂和思念。

爸爸一直保存着当年三爷爷臧绾城从青岛寄往重庆的一张照片。这是三爷爷和哥哥臧乐源的一张合影，三爷爷坐着，哥哥站着，穿一身制服，戴一顶制帽。这张照片十分珍贵，至今已七十多年。在照片的背面，三爷爷写了下面的话："民国三十四年旧除夕在青岛寄重庆　'把脑子里的模样加上八年看'克家侄存　绾城　三十五年一月八日"。在这张照片的上边，爸爸题写了"小绾叔和小源儿"，下边题写了"八年多的第一面，这是多么不同的一面呵！　克家　三五、二、十六日于渝歌乐山"。由此可见，照片是 1946 年 1 月8 日（阴历腊月初六）在青岛拍摄的，由青岛寄往重庆的时间是"民国三十四年旧除夕"，即 1946 年 2 月 1 日。爸爸在重庆收到的时间是 1946 年 2 月16 日，那天正是元宵节，这是多么巧的事，又是多么不容易的事啊！

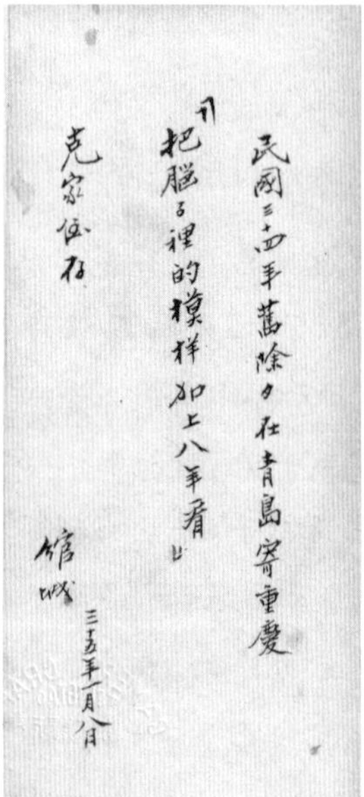

1946 年 1 月 8 日，臧绾城（右）与臧乐源摄于青岛

1946年6月20日，爸爸写过一篇文章，题目是《加上八年看》。那时他仍滞留在重庆，无法踏上回乡之路。文章中说："随着胜利的消息，多少破碎了的家庭重圆了，隔绝八年的音信，又接续起来了。几年来的第一封信，也从天外飞到了我们手里。这得感谢邮差先生的细心和耐性，信皮上的地址是七拼八凑起来的。"爸爸收到这第一封信后，立即回了信并电汇了几万元钱。三爷爷马上高兴地回了信，谈了自己的打算，然后又寄去了上边提到的他和哥哥的合影。时隔八年，总算和爸爸联系上了，我们的家有救了。

1946年春天，我被叫到了青岛。这次去，不用愁饿肚子了，不用上街摆小摊了，因为有爸爸作后盾。我和哥哥找人补习功课，准备考学校。但由于过去断断续续总共只上过五年多的乡村小学，文化基础差，考不上青岛市的学校，夏天考进了青岛诸城临时中学初中二年级，总算有学可上了。何谓"临时中学"？那时内战乍起，离青岛远近不同的县相继解放，一些青年学生由于受到国民党反动宣传的影响，不了解共产党，害怕共产党，便离开家乡来到了青岛。由于同样的原因逃到青岛的各县教师，出于对家乡子弟的关心爱护，把本县的学生聚合到一起，给他们补习文化课程，于是就成立了所谓的"临时中学"。记得当时青岛有好几个县的"临时中学"。我们诸城临时中学最初设在辽宁路一座小山顶上的一个大庙里(这座大庙"文革"期间被拆除了)，后来又迁到了离青岛三十多里远的沧口。学生都住校，每星期六拦顺路的空卡车回家一趟，改善一下生活，星期天下午返校。虽然学校条件差，但我们深知学习的机会得来不易，拼命用功学习，这对我们日后的成长颇有助益。

虽有爸爸每月寄钱支持，但我们家在青岛的生活仍很困难。一是因为居无定所。二是因为三爷爷一直没找到一份固定的工作，爸爸要接济在老家的祖母和姑姑、我们兄弟俩，还有三爷爷一家四口，负担太重了。三爷爷急于找一份工作。有一天，他在报上看到了一份北平特种警官学校招生的广告，想去报考，写信征求爸爸的意见。爸爸表示坚决反对，叫他绝对不能去报考，因为那是培养国民党特务的地方。后来，爸爸通过朋友为三爷爷在北平找了一份工作。三爷爷去了北平，我们在青岛没了依靠，便和爸爸商量，希望去上海找爸爸。在接到爸爸肯定的答复后，我们哥儿俩便动身了。

和爸爸一起在上海的岁月

1947年8月上旬的一天，我和哥哥臧乐源两个人一生中头一回没有大人陪伴独自乘海船出远门。我们在青岛大港码头登上“华联”特快轮，前往我国第一大都市上海，去找阔别将近十年的爸爸，心中满怀着希望。

生活中往往会发生许多意想不到的事情。在轮船上，一开始我们感到很新鲜，还跑到甲板上看大海，蓝色的波涛浩浩荡荡，望不到边，令人心旷神怡；但后来，就感到头晕、恶心，呕吐，难受至极，不吃不喝躺在那里，一动也不敢动。

我们头一次出远门，心中忐忑不安，人生地不熟，说话又不懂，万一爸爸妈妈接不到我们，该怎么办呢？同船的一位像是做买卖的先生，听了我们的话，宽慰我们说，遇到这种情况，下船后他可以帮我们雇三轮车，把我们送到家。轮船下午抵达码头，下船后我们真的没找到爸爸妈妈，正在着急时，那位好心的先生给我们叫了一辆三轮车，讲好价钱，我们便上了车。我们觉得走了很久很久，怎么还不到呢，心中不安起来，不止一次地问还远不远，车夫让我们放心，说一定把我们送到家。不知过了多久，我们终于来到了横浜桥附近的北四川路东宝兴路138号。结果，爸爸妈妈去码头接我们了，还没到家，迎接我们的是在上海同济大学读书的族叔臧建心和他的女朋友武云小姐，是爸爸让他们在家里等候我们的。过了些时候，爸爸妈妈因为没接到我们便急忙赶回家来，看见我们已经到了，才放下心来。

北四川路东宝兴路138号院内，有一座拐尺形状的日本式二层楼房，原是《侨声报》的办公处所和宿舍。爸爸曾在《侨声报》主编文艺副刊，住在二层最西头的一间里。外面是一条长走廊，有玻璃门可以拉上，把整个走廊封闭起来。爸爸妈妈的房间很窄小，靠走廊的窗前摆着一张写字桌和一把椅子，靠西墙有一个小茶几，再往里一点是一个大床，脚头摆些箱子什物，就没有什么回旋余地了。我和哥哥到后，没有房子住，晚上只好睡在爸爸妈妈房门前的走廊上。后来用木板在走廊上隔出一间“屋”，晚上打地铺，白天收起来，摆上圆桌，就是会客室。

我们到了上海，刚一见面，爸爸就十分严肃地给了我们一次刻骨铭心的庭训：“你们不了解我的情况，不要以为我在这里做了官。我不停地写诗骂国民党，随时都有被捕的危险，我想走还走不了，你们来会把我拖累死的。现在只能走一步看一步了。”爸爸提醒我们：“这里情况很复杂，到家里来的什么人都有。有生人来，我不介绍，你们不要跟他们说话，你们一定要记住！”爸爸还告诉我们，对接不接我们来上海，他本来心里很犹豫、很矛盾，是郑曼妈妈坚决主张接我们来，担心我们在“临时中学”读书，思想会受到不好的影响，将来后悔就来不及了。爸爸这一席话给我们很大的震动，我们好像一下子明白了许多事情……到上海找爸爸，是我们生命中一个重要的转折点，这个转折就从这次庭训开始了。

爸爸曾经担心，郑曼妈妈能否和我们兄弟俩处好关系，因为她只比我们大十岁多一点。事实证明，这种担心是多余的。因为郑曼妈妈非常开明，具有博大真诚的爱心；而我们兄弟俩来自农村，也老实听话。为迎接我们，妈妈缝了软和漂亮的被子，给哥哥的是淡蓝色的绣花被面，给我的是绛紫色绣有红梅的蜀锦被面。说来真不好意思，我有遗尿症，头一晚上就“发了黄河”，被子从里到外全染红了。第二天，妈妈又拆又洗又晒又缝，没有一丝不高兴。我真恨自己太没出息，同时心里又感到热乎乎的。之后，妈妈又带我跑了几家医院治疗（这之前我从未去过医院），又照 X 光，又拿药，晚上还把药和在温水里，让我坐在盆里浸泡。这使我一下子就和妈妈亲近起来。妈妈对我们的关怀真是无微不至，甚至我们哥俩闹小别扭的时候，她也总是和蔼地耐心劝解。而且，妈妈的脾气真好，我们从未见她发过一次火。妈妈这样的善解人意，令我们感动不已。

我们的到来给爸爸妈妈增加了负担。我们要吃饭，要穿衣，要上学，家里经济情况很困窘。那时《侨声报》已停刊，爸爸只能靠写作挣稿费。后来白寿彝先生把自己主编的《文讯》月刊让给爸爸主编，情况才有所改善。妈妈在上海市税务局一个分征所里当小职员，薪水微薄。每天妈妈一大早起身到早市上买好菜，做好饭，吃罢才去上班，中午爸爸和我们把饭热一热吃。因为经济力量有限，爸爸妈妈只好到旧货市场上买了两件呢子夹克，送到洗衣店里洗涤消毒，黑的一件给我，格子的一件给哥哥穿，这成了我们在上海期间的“礼服”。1948 年春节，我们和爸爸妈妈在上海的住所前照了几张合影，穿的就是这两件夹克。

1948 年春节，臧克家(后左三)、郑曼(前左三)与长子臧乐源(后左二)、次子臧乐安(后左一)以及友人摄于上海寓所前

雪上加霜的是，1948 年春天，爸爸得了肺结核病，发烧吐血。贫病交加，爸爸下决心把吸了多年的烟戒了。我记得，《大公报》还为此发了一条小消息。大家都知道，烟瘾很大的人要戒烟有多不容易，刚巧这时候有朋友送来几条达克雷斯香烟，对爸爸这个老烟民来说，这该是个多么大的诱惑！但爸爸说戒就戒，让我们把烟转送给了老师，并从此未再吸一支。爸爸有这样坚强的自制力，令我们非常敬佩。

我们到达上海时，中学暑期招考大都结束，只有一个学校还在招生，我们去报考，结果落榜了。后来，经爸爸的朋友李健吾先生介绍，我们插班到致远中学初三年级学习，总算有学可上了。学校没有住校生，对我们特别照顾，让我们和工友同住在一间小屋里。屋内光线很暗，一张双层铁床，哥哥睡上层，我睡下面。让我们跟校长和老师们同桌吃饭，真是够特殊的了。我们两个来自北方农村的土孩子，不知给老师们留下了怎样的印象。同学们倒是让我们感到很亲切、很友好，他们喊哥哥“大山东”，喊我“小山东”。我们入校后，有的老师用上海话授课，我们一点也听不懂，像听天书；再加上原来的基础差，学习十分困难。开头一个月，每次星期天回家，爸爸妈妈都找人给我们补习功课。记得头一次英文测验，我和哥哥一人得了10多分，一人得了20多分。我们知道读书的机会来之不易，懂得学习的重要，于是起早贪黑，发愤用功。功夫不负苦心人，期末我考了全班第二，得了一枚铅做的奖章，哥哥也进入前列并成为班上的几位“秀才”之一。

别看我们学校很小，教过我们国文的三位老师——汪曾祺、陈敬容、唐祈先生都是很有名气的作家、诗人。在爸爸的影响下，当然也有老师们的影响，哥哥学着写起诗来。他写的一首小诗《看》，爸爸介绍给当时的《新民晚报》发表了。诗中写道：

看，看他们，
华丽的衣服，
一天换几换。
吃的，
非鱼即肉，
白米洋面。
我们，为了什么，
破烂的衣服也没得穿？
几颗粗糙的米，
也没得往喉咙里咽。
这完全是受了他们的欺，
这完全是受了他们的骗。

看见哥哥写诗,我也学着写了一首,拿给爸爸看。爸爸看后说:“你写得不行。”我只得作罢了。哥哥虽然只长我一岁,但从诗中可以看出,他比我有思想,对人生和社会的认识比我深刻得多,不愧是我的兄长。

转眼之间一年过去了,我们初中毕业了。暑假期间得忙着去考高中,谋划前程。当时,爸爸妈妈对我们说,根据家庭的经济状况,将来不可能供两个人同时上大学,建议我上师范或职业学校,这样以后可早一点出来工作,我对此没有意见。暑假期间,哥哥考上了私立麦伦中学,而我一连考了五个学校,最后选择了同济大学附中,因为是国立,学费少。

国民党政权想尽办法搜刮民脂民膏,以致物价高涨,民不聊生。爸爸妈妈在经济上也受到极大压力。令我难忘的是,1948 年 8 月金圆券发行以后,物价扶摇直上,市场物资匮乏,形成抢购风潮。那时我住校,因买不到米,有一段时间每天只能喝三顿稀饭。没有菜,妈妈用豆腐干、榨菜、青豆炒一点小菜,让我带到学校里去吃。激愤于当时恶性通货膨胀给人民生活带来的巨大灾难,哥哥奋笔疾书,写了一首名为《哀小票》的打油诗:

小票,小票,
我拿着你,
走到老虎灶,
他们只是把头摇,
我把你送给乞丐,
也换不来一个笑。
小票,小票,
你是多么渺小,
不,不,
几天前你还是轰轰烈烈的,
是通货膨胀把你害了。

爸爸把它拿给《大公报》发表了。

物质生活虽然艰困,还可以咬紧牙关,但精神上的枷锁令人实在无法忍受。爸爸写了大量的讽刺诗,倾泻自己的义愤,出版了《宝贝儿》《生命的零度》《冬天》等诗集,揭露和批判国民党统治的黑暗和腐败。爸爸是在用诗句

呼吸,用诗句宣泄,用诗句控诉,用诗句呐喊,用诗句号召,用诗句预言。1947 年 12 月,他在《冬天》一诗里写道:

从多久以来
我们就一直活在冬天里——
春天的冬天,
夏天的冬天,
秋天的冬天,
而今,是冬天的冬天。
我们的嘴巴
被冰封着,
我们的热血、希望、苦痛和呼号
也全都被封在肚子里,
寒冷呀,寒冷呀,寒冷呀,
寒冷,又岂止是气候上的!

最后,爸爸预言:

寒冷呀,寒冷呀,寒冷呀,
这该是最后的一个严冬。

随着国民党军队的节节败退,国统区的政治形势越来越紧张,国民党加紧了对革命人民和进步人士的迫害和镇压。1947 年底,郭沫若先生和茅盾先生先后离开上海去了香港。之后,许多进步作家也相继赴港。爸爸身上的压力更大了。1948 年末,黎明前的黑暗更加浓重,国民党反动政权进行垂死挣扎,特务天天抓人,警车到处乱窜,警笛刺耳鸣叫,弄得人心惶惶。人心思变,我们有的老师在课堂上公开谈论淮海战况。反动当局怕学生闹学潮,12 月就宣布放假,让学生回家。爸爸不断收到朋友们送来的消息,说他上了特务的黑名单,催他快点走。1948 年 11 月末的一天晚上,陈白尘先生到家里来,严肃地对爸爸说:"今晚不能在家里睡。"当晚爸爸躲到田仲济叔叔家住了一夜。第二天一早爸爸刚回到家,曹辛之先生的爱人突然来了,说特务昨晚搜查了星群出版社,还逼问爸爸的住处。她催爸爸赶快走。于是,爸爸白天躲到韩易田伯伯工作的地方，晚上去了王辛笛先生家里，在他家躲了两三天，又转移到李健吾先生家……一周五易其居。此时我们也被人从北四川路东宝兴路138号赶了出来。幸亏文通书局借了一间原来放书的亭子间，作了我们临时的家。

爸爸在上海再也待不下去了，决定去香港。此时我们真的成了他的累赘。临行前，全家人在十分紧张凝重的气氛中聚在了一起，爸爸说明了情况，提出了安排我们的办法。爸爸说："我跟妈妈商量，我走后，对你们有三个安排方法：一是你们留在上海，托韩易田伯伯照顾，他是山东人，你们认识。二是送你们到浙江黄岩妈妈的娘家暂住一段时间。三是回山东解放区去。我到香港后，也要转去解放区，妈妈把你们安排好以后再去香港找我。你们看怎么办？"我和哥哥毫不犹豫，异口同声地回答："我们回解放区去！"

1948年12月8日，爸爸独自一人秘密离开上海去了香港，我们没有到火车站送行。1949年1月4日，妈妈把我们兄弟俩送上了前往青岛的轮船。

一出吴淞口，船接到了大风警报，便抛锚等待。过了一两个钟头，几个国民党军官不耐烦了，逼着船长开船。结果，到了大海上真的遇上了大风，船东倒西歪，剧烈颠簸，船面上都是水。我们晕得要命，觉得五脏六腑都要吐出来了。本来一天的路程，结果走了整整两天才到，真有死里逃生的感觉。下船上了码头，我们扛着行李卷，还晕乎乎的，眼看着直往海里走。青岛啊，我的出生地，一年多以前我和哥哥离开你去上海找爸爸，现在我们从上海回来了。这一去一回之间，我们长大了，成熟了。

到达青岛后，我们向仍在上海的妈妈报了平安，让她放心。送走我们，妈妈用十来天时间处理完家中的事务，便于1949年1月15日前去香港找爸爸了。

我们在青岛三姑嬷嬷臧纴堪和三姑爷爷王钧五家里待了没几天，两位长辈便把我们送上一条走私的帆船，并嘱咐我们，如果碰上国民党的缉私船盘查，就回答说是在青岛学理发的，回家过年去。多年以后，我们才知道，他们送我们回解放区，不仅是出于亲情，而且是在完成共产党地下组织交给他们的向解放区输送进步青年的任务。

我们乘坐的帆船，在夜幕的掩护下缓缓前行。突然。一艘国民党的舰艇用探照灯横扫海面，我们的帆船立即停下，一动不动，结果他们并没有上船盘查，虚惊一场。黎明时分，我们终于越过国民党的海上封锁线，到达红石崖，转回诸城老家。我们回到了解放区，在诸城城北十里堡和阔别三年多的祖母、姑姑高高兴兴地过了一个欢乐团圆的春节。

爸爸护佑我们走上革命的道路

回到解放区，我们渴望继续上学，便决定闯一闯路子。1949年春节过后不几天，我们来到诸城县人民政府，遇到了爸爸儿时的朋友于明，他当时是县人民政府民政科科长。见到我们，他很热情，领我们去见了县政府的领导山峰。我们向领导自报了姓名，告知他们，我们刚从身处国统区的父亲身边回来，想找学校继续读书。因为县里没有合适的学校，县领导便介绍我们到专区去。

我们来到了专区，专员臧君宇接见了我们。当得知臧克家是我们的父亲时，他高兴极了，原来他是我们的亲戚，我们两家走得很近，早年爸爸在诸城县城里上高小的时候，曾在他家里住过一段时间。论辈分我们是平辈，他让我们叫他“大哥”。他告诉我们，专区也没有适合我们上的学校，他开了介绍信，让我们去潍坊找省教育厅，并发给我们“大众饭票”，凭它可在“大众饭店”免费吃住。

回家告别了祖母和姑姑，我们哥俩便出发了，从家到潍坊有一百多里的路程。我们从来没徒步走过这么远的路。走着走着，我觉得累了，走不动了，就对哥哥说：“咱们找个地方休息吧。”哥哥鼓励我说：“天还早，再坚持走一段。”途中，我们在“大众饭店”住了一夜，第二天傍晚才到达潍坊。不巧的是，省政府刚迁往青州，潍坊青联的几位青年同志都知道爸爸的名字，十分热情地接待了我们。晚上，他们拿来好几条被子，在桌子上搭了个铺，我们睡得暖暖和和的，心里也感到热乎乎的。

接着我们来到青州，找到了省教育厅。在省教育厅我们遇到了爸爸中学时代的老同学李光家伯伯。真是太凑巧，太幸运了！我们详细地向他讲述了爸爸在上海工作、生活及去香港的情况，他听了非常高兴。他十分关心我们，拿《新民主主义论》和《吕梁英雄传》给我们看。这是我们回到解放区最早读到的两本书。我们向他表达了我们迫切希望学习的心情，他让我们放心，省政府马上就迁往济南，让我们跟随前往，并介绍我们到革命干部学校——华东大学学习，我们心里的那个高兴劲儿就不用提了。

1949 年 2 月下旬，我们凭着省教育厅的介绍信进入了华东大学，加入了革命的队伍。这是我们人生中最重要的转折，也是一个崭新的起点。从此，在党的教育下，哥哥和我在革命的大熔炉里经受了锻炼和考验，兢兢业业、踏踏实实为革命工作，在各自的岗位上为祖国和人民作出了自己应有的贡献。

刚入华东大学不久，有一天我们哥俩去图书馆借书。负责借书的是一位身材矮小、白净和蔼的女同志。她满面笑容地问：

“你们叫什么名字？”

“臧乐源。”“臧乐安。”我们同声回答。

“你们的家乡是哪里？”

“山东诸城。”

“是诸城的什么村？”

“臧家庄。”

“你们认识臧克家吗？”

“他是我们的父亲。”

听到我们的回答，她笑逐颜开：“可把你们找到了！”

她告诉我们，她叫丁毅，她和丈夫宁汉戈是爸爸妈妈在重庆时期的好朋友。他们夫妇俩是地下党员，受组织指派在重庆做地下工作，和爸爸妈妈相识后很谈得来。抗战胜利后，他们要去延安，出发的时候，是爸爸妈妈送他们上的汽车。爸爸曾写过一篇短篇小说，题为《小马灯》，就是记述他们之间那一段深厚友情的。如今宁汉戈同志在华大附中当校长，有时也来华东大学讲课。丁毅同志在我们学校图书馆工作。她真是个有心人，为打听爸爸妈妈的消息，见到姓臧的她就问，终于把我们兄弟俩找到了。正是他们和爸爸妈妈之间深厚的友谊促使她这样做的，我们也从中感受到了这友谊的力量和温暖。

抗战胜利后，离开重庆去延安之前，丁毅、宁汉戈夫妇把他们前去歌乐山与爸爸妈妈夜谈时照明用的那盏小马灯，还有一个质地很好的搪瓷脸盆留给爸爸妈妈做纪念。后来，爸爸妈妈从重庆乘拖轮顺江而下，千里迢迢把它们带到南京、上海、香港，中华人民共和国成立后又把它们带到北京。在迁徙中，不管情况多么危急，扔掉了多少东西，这两件物品爸爸妈妈一直精心地保存着。因为这不只是两件物品，而是一段情谊，一段患难之中深深的友情。“文革”之后，宁汉戈、丁毅同志来京到家中做客，爸爸妈妈把这两件饱经沧桑的宝贵的纪念品亲手还给了他们。由此可见，他们对友情是何等忠贞不渝，真是感人肺腑。

我们回到解放区之后这一次又一次的“巧遇”是我们的幸运，而又不仅仅是我们的幸运。我总觉得头顶上有一颗福星在高高地照耀着我们顺利前行，是爸爸一直在身边护佑我们走上了革命的道路。

始终在爸爸的关爱之下

和爸爸汇聚在新中国的红旗下

一个人活在世上，只要父母在，你就永远是个孩子。不论你离父母是远还是近，哪怕在千里之外，也不论你年龄是大还是小，哪怕你两鬓斑白，你永远处于他们的视线之内、牵挂之中和关爱之下。这是世上最宝贵的至高至纯至真至诚的人伦之情。于是，你就永远沐浴着春风，心中洋溢着幸福。而我和哥哥，就是这样幸福的孩子。

1949 年 2 月下旬，我和哥哥进入了济南华东大学，成为社会科学院一部二班的学员，享受供给制待遇。华东大学是我们党创办的培养革命干部的学校。当时，革命形势飞速发展，国民党军队节节败退，解放军以风卷残云之势迅速前进，一座座已经或即将解放的城市需要大批干部南下接收。因为培养革命干部是我们学校的紧迫任务，所以我们的学制比较短，只有半年。

那时我们刚从国统区来到解放区，用爸爸的话说，从地域上讲，从一个旧世界踏进了一个新世界；从时间上讲，从一个旧时代跨入了一个新时代。我们感到眼前一片光明，一切都蒸蒸日上。革命的理论启发我们的头脑，把真理的种子播入我们的心田。我们风华正茂，满腔热情，奋发学习，积极追求进步。那是一个革命的年代，火红的岁月，我们的青春就是一首革命的歌。我们的心完全是透亮的，像水晶一般，没有一丝杂质，没有一点私念，心中装的全是革命事业。

1949 年 3 月下旬，我们从报上看到爸爸妈妈到达北平的消息，真是高兴极了。时间仅仅过了不到三个月，我们全家就从两路汇聚到了解放区春光明媚的蓝天之下。我们决定立即给爸爸妈妈写信，可惜没有通信地址。最后我们商量把信寄到某个单位（现在已记不清是什么单位了），请他们转交。我们在信里向爸爸妈妈报告了回到解放区、参加革命和在华东大学学习的情况，两颗火热的心在纸上跃动。我们祝贺爸爸妈妈平安抵达解放了的北平，从此结束了颠沛流离的生活。不久，回信飞来，爸爸妈妈得知我们参加革命，高兴至极，希望我们努力学习，争取更快的进步。我们虽然同在解放区，但各自忙于革命工作和学习，一时还不能相聚，仅靠通信互相联系。

当时，共产党员的身份尚未公开。1949 年 4 月，我们在报上看到中国先进青年的群众性组织——中国新民主主义青年团成立了，在发展团员，我和哥哥想加入，就去问我们的班主任，怎么能找到团组织。后来由她和一位姓陈的女干事介绍，我和哥哥，还有同班的三位同学于 1949 年 5 月 17 日光荣地加入了新民主主义青年团。入团之后，我和哥哥每人写了一封信向爸爸妈妈报喜，心中洋溢着青春的喜悦和革命的激情。碰巧，《天津日报》的记者在爸爸家看到了这两封信，便拿到《天津日报》上发表了，记得冠有“光荣入团”字样，遗憾的是，把我的信也错署上了哥哥的名字。可惜，这封信没有保存下来。

光阴似箭，革命形势迅猛发展，急需大批干部，我们半年的学习期限接近结束，大家将被分配到不同的岗位去为革命、为人民工作。按最初方案，我和哥哥将被分配到一所中学去当政治辅导员。就在这时，华东大学一位校长从北平开会回来，宣布为迎接革命胜利后即将到来的建设高潮，要留下一批有一定文化的年纪较轻的同志继续学习。学校创设了政治系、中文系、历史系、俄文系和艺术系。起初，我们兄弟俩都被分到了俄文系，但因为哥哥不会“打嘟噜”，于是转到了政治系。由此可见，有时一件小事可以决定一个人的一生，这一个“嘟噜”就决定了我一生的专业方向，决定了后来的工作。现在回想起来，觉得很有意思，似乎这才是最适合我的选择。哥哥臧乐源上了政治系，刻苦钻研马列主义毛泽东思想，后来当了山东大学哲学系主任，专攻伦理学，著述颇丰，可以说是得其所哉。

1950年底臧乐源(右)、臧乐安摄于济南

我们学习的主要方式是集体听大课,然后各班分小组进行讨论,相互交流心得体会。有时开小组生活会,开展批评和自我批评。一开始,我们很不习惯这种学习方式,发言之前,脸憋得通红,鼓足勇气,半天才说出几句话。后来经过锻炼,慢慢地就习惯了。哥哥臧乐源变化特别明显,原来他比较腼腆,后来他当了山东大学老师、教授,在几百人面前讲演,不用扩音器,口若悬河,声如洪钟,富有感染力,深受欢迎,还当了山东大学讲演学会会长。

爸爸教导我俯首帖耳地为人民服务

1949年10月1日,中华人民共和国成立了。爸爸有幸在天安门前亲身参加了伟大的、轰动世界的开国大典,仰望着毛主席亲手升起五星红旗,庄严宣告中华人民共和国成立。五十年后回忆起当时的盛况,爸爸仍是心潮澎湃,感慨万千。而我们在济南收听了开国大典的盛况,参加了庆祝活动。我在学校的仪仗队里,高举彩旗,跟随着五星红旗前进,感到无比幸福和自豪。

中华人民共和国的成立标志着我国从此进入了一个历史新纪元。在人民当家做主的新中国,爸爸可以像他诗中的"春鸟"一样,放开喉咙自由地歌唱,歌颂祖国,歌颂人民,歌颂党,歌颂一切美好的事物。就在这个不平凡的10月,在鲁迅先生逝世十三周年的日子里，爸爸在参观了鲁迅故居之后，写下了《有的人——纪念鲁迅有感》这首传诵了几十年的、中国诗歌史上的经典之作。

1950年3月，山东各界人民代表会议在济南召开。在旧社会，爸爸受压迫、遭排挤，甚至被驱逐、被追捕，颠沛流离，没有安身之地；而在新中国，爸爸生活安定，工作顺利，还当选了人民代表，到济南来开会。阔别故乡已经十多年了，为了熟悉情况、会见老朋友和旧地重游，并回诸城老家看望祖母和姑姑，爸爸提前一个多月来到了济南，我们父子三人终于在泉城相会了。虽然说分别只有一年多时间，但祖国已经发生了翻天覆地的变化，我们相会在灿烂的阳光下，喜悦之情难以言表。

不久，哥哥就随政治系下乡土改去了。2月5日，我到爸爸的住处去看望他，随身带着刚用窗户纸订的一个小本。封面上用俄文写着"华东大学"，还有我的名字。第一页上用中文和俄文写着"原则、真理"，意思是为人处世要讲原则，要不断追求真理。第二页上，是用俄文抄写的高尔基的一句话和中文译文"生命的意义在于为革命服务"。再后面，就是我2月3日抄录的《钢铁是怎样炼成的》一书中保尔的那段名言："人最宝贵的东西是生命，生命于我们只有一次而已。一个人的生命是应该这样度过的：当他回首往事时，他不因虚度年华而悔恨，也不因过去的碌碌无为而羞愧——这样，他在临死的时候就能够说：'我整个的生命与精力都已献给世界上最壮丽的事业——为人类的自由与解放而作的斗争。'"后面是我的一位要好的同学为我写的一句鼓励的话："英勇无畏，永远站在战斗的最前线！"这一切都是我当时心情、心灵的真实写照。

我把小本给爸爸看了，请他给我写几句话。爸爸思索片刻，挥笔写了下面的题词：

> 你是英气奋发的一匹小野马，你所具有的正是我所缺乏的。今天，你这匹小野马找到了一个可供驰骋的自由的原野，你必须为你的主人——人民俯首帖耳的[地][1]服务，对你，我存着一个大希望，千万不要叫我失望呵，我的，我们的小野马呀！

---

① 本书作者勘，下文皆同，不再另注。

亲爱的爸爸，写这个题词的时候，您是否想起了自己青年时代的峥嵘岁月和激烈情怀？那时，您一个后期师范一年级的学生，不满军阀张宗昌的黑暗统治，追求光明，从济南奔赴武汉，考入中央军事政治学校武汉分校（黄埔军校第六期），参加了轰轰烈烈的大革命。大革命失败后，您逃回家乡，又遭国民党追捕，流亡关外，受尽磨难……您空有一腔革命热情，但没有用武之地。而今天，您庆幸您的儿子找到了“可供驰骋的自由的原野”，谆谆教导他必须“为人民俯首帖耳的[地]服务”，这是对他抱有多么殷切的希望啊！真是语切切、情深深。

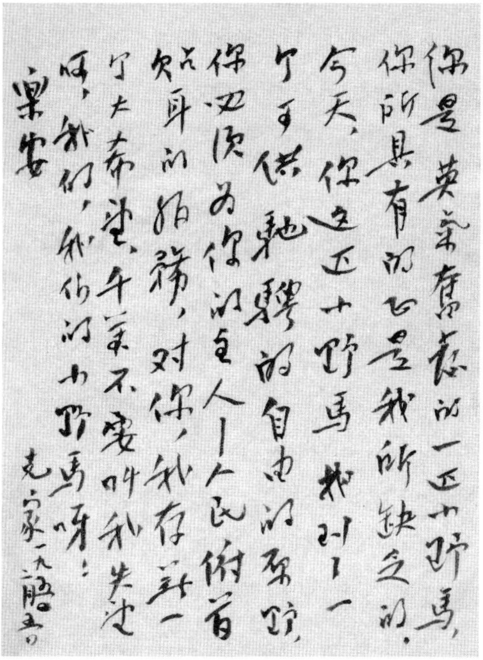
你是英气奋发的一匹小野马，
你所具有的正是我所缺乏的。
今天，你这匹小野马找到了一
个可供驰骋的自由的原野，
你必须为你的主人——人民俯首
帖耳的服务，对你，我存着一
个大希望，千万不要叫我失望
呀，我的，我们的小野马呀！
乐安
克家

臧克家为儿子臧乐安题句

那时我正青春年少，精力充沛，意气风发，革命激情似火。爸爸的题词对我是极大的鼓舞，几十年来我时刻把爸爸的教导牢记在心上，勤奋学习，努力工作，没有辜负爸爸的期望。这个小本我一直珍藏着，1993 年我把小本拿给爸爸看，他看了，说写得不错，并高兴地把题词写成一个条幅给我。这成为爸爸留给我的最珍贵的纪念物之一了。

知子莫如父

1951年初，华东大学与山东大学合校，由济南迁往青岛。哥哥臧乐源在山东大学政治系学习，我在山大外文系俄文专业学习。

1951年5月7日，爸爸从北京寄给我们一张明信片，上面写道：

源安：

信及山大校刊均收到。你们的文章也看到了。可以多写。

《学习手册》即订……源儿要下苦功细啃理论书；安儿要找一门东西，下专门功夫，不然，只能做点普通翻译，不能成专家。可找吕荧先生好好谈谈，就近领教他。如果决定专一门，赶快用功，与俄文相辅而行。我不愿你提前外出工作，争取多学习！多学习！你们的根基太浅。

爸爸为什么给我们写这样一封信？那时，我们正青春年少，热情如火，总想早点出去工作，为建设新中国贡献一分力量。当时，我的一位最要好的同学徐学孟同志，因工作需要提前调出，调令下达三个小时后就背起背包走马上任去了，此事一时传为美谈，大概是我在给爸爸的信里表露的羡慕之情被他看出来了吧。

这个言辞简短的明信片表明，知子莫如父。"你们的根基太浅"，真是一语中的，切中要害。我们的根基不是一般的浅，而是太浅、太浅了。我们的童年和少年时代是在战乱中度过的。1935年秋至1937年秋，我们在山东诸城老家的刘家黑龙沟子小学读了两年书；"七七事变"后，学校停课，在臧家庄本村一位大爷爷家跟他的两个孙子一起学习《三字经》《百家姓》《论语》《孟子》，算是上了半年私塾；1938年春日本鬼子占领诸城后，我们随祖母、姑姑辗转逃难，失学近五年；1942年秋天投奔到诸城城北十里堡祖母的娘家，在该村的小学读了三年书；抗战胜利后，1946年秋至1947年夏在青岛诸城临时中学读了一年初二；1947年秋至1948年夏，在上海私立致远中学读初三；1948年秋至1948年底，哥哥臧乐源在上海私立麦伦中学，我在同济大学附中读了半年高一；这就是我们1949年2月进入济南华东大学前的全部学历——断断续续总共上过八年学，加在一起只相当于初中二年级。确实"根基太浅”了。

在信中，除嘱咐哥哥“要下苦功细啃理论书”之外，爸爸其余的话都是对我说的。深知我们“根基太浅”，爸爸明确表示：“我不愿你提前外出工作，争取多学习！多学习！”同时还给我指出了学习的方向：“安儿要找一门东西，下专门功夫，不然，只能做点普通翻译，不能成专家。可找吕荧先生好好谈谈，就近领教他。如果决定专一门，赶快用功，与俄文相辅而行。”此外，后来爸爸在为我买的《俄汉大词典》的扉页上，也写下了内容相同的题字：“要学好俄文，还要掌握一门专业，否则，不能成专家。”由此可见，爸爸望子成才之心是何等殷切！

我遵照爸爸的嘱咐去拜望了吕荧先生。吕荧先生是著名的文艺理论家和翻译家，曾经翻译了普希金的诗歌体长篇小说《叶甫盖尼·奥涅金》。当时，他在山东大学中文系任教授，住在离海滨鲁迅公园不远的一座教授楼里。他热情地接待了我，但谈话的具体内容如今都不记得了。

我深知自己学历浅、根基差、知识面窄，所以急切地想从各方面充实自己，希望阅读一些有关中国古代和现代作家的传记和他们的作品，于是便写信向爸爸求教。

爸爸在给我的回信中开了一张长长的书单：

安儿：

信收到多日了，知道你工作紧张。哥哥前天到家，昨日返校，我从一号起，去办半天公，还可以支持。你说的那几本名著，真正权威论著足成定论者还没有，开列一点，也只有作参考：

1.屈原

郭沫若：《屈原研究》

游国恩：《屈原》（三联）

2.李白（有李长之、林庚、王瑶等各家的研究小册子，恐均有大毛病）

3.杜甫

冯至：《杜甫传》（书肆上还有别人的《杜甫研究》）

4.白居易

市场上有白居易研究一类的书，但不甚好。

5.鲁迅

①王士菁:《鲁迅传》

②许广平:《欣慰的纪念》

③雪峰

《中国文学史》——长之、林庚、陆侃如均在写作中,有的部分出版,一时很难有最正确的结论,可买了试阅。

爸爸的古典文学功底深厚,大半是自幼刻苦学习的结果。他晚年对我们说过许多次,后悔没有传授给子女更多的古典文学知识。正因为他知道我们的古文根基太薄弱,所以才精心为我开出了这么多顶级名家的作品,希望我能认真研读,从中受益。这绝不是随便顺手写来的一封信,从中可以看出爸爸是多么精心地对我进行指导。

关怀备至 有求必应

1952年2月,我从青岛山东大学外文系调到哈尔滨外国语专门学校本科学习。夏天毕业后,转入该校研究室深造,两年后完成学业,1954年夏天留校任教。当时学校聘请了苏联专家,校内学习气氛十分浓厚,人人追求上进,我自己也心情急切,热情高涨,什么都想学,真想一口吃成个胖子。在完成俄语教学工作之余,许多同志跟苏联专家学习语言学,我选择了旁听苏联文学专家的课,每周两个下午。另外,我还报名参加英文补习班,每周两次,最主要的是抓紧一切时间阅读苏俄文学作品,常常埋头苦读直到深夜。半年下来,感到身体不支,有时阅读书籍,书上的字全都认识,但不明白是什么意思。或许实在是太累了,大脑自动关闭了大门,发出了警告。我把这情况写信告诉了爸爸妈妈。

爸爸给我回信说:

安儿:

好些天来就想念你,想给你写信,你的信却先到了。你的工作太紧张了。我们的意思,觉得你应该集中精力于少数工作,头绪不宜太多。要切实照顾身体,我因为健康关系,少做许多工作,你可引以为鉴。

[1955年12月]二十八日灯下

妈妈也在1955年12月29日给我写的信中说：

我替你担心，你的身体太坏了。身体一定要注意，正如你爸爸在给你的信上所说的，他的身体就是你的前车之鉴。你们还年青，应该多注意，不能整天闷着头看书而不注意锻炼身体。假如有病，一定要去诊治，没有病的身体，越锻炼越强壮，有病的身体，越早治越好得快。希望你特别保重！寒假期中要作适当的休息。

爸爸妈妈的关心让我深深感动。经过认真考虑，我退出了英文补习班，减少了晚间阅读的时间，加强了体育锻炼。由于我的身体底子原来比较好，经过一番调整，半年多就恢复了正常。由此我明白了一个道理：工作、学习都要张弛有度，欲速则不达；只有埋头苦干，持之以恒，锲而不舍，才能成功达到目的。

我在哈尔滨学习和工作期间，爸爸给我购买并寄过很多书籍，对我的要求，从来是有求必应。

1954年，爸爸在给我的一封信中说："俄文文法买到了。《列宁》(指马雅可夫斯基的长诗《列宁》——本书作者注)系人民文学出版社出版，余振系北大外文系教授。俄文《毛选》近日寄去。《牛虻》收到未？"这封短短的信里就涉及为我买的四种书的信息。

爸爸给我寄的书中，有《俄汉大词典》《鲁迅小说集》《普希金文集》《莱蒙托夫诗选》《中国新诗选(1919～1949)》《牛虻》等。还有苏联《政治经济学》十六分册，我用完后，乐源兄需要，就邮寄给了他。

此外，为了帮助我学习、提高，爸爸还按期给我寄《诗刊》《译文》(后改为《世界文学》)，后来就干脆给我订了一份。至今我仍保存着爸爸主编的全部《诗刊》(因年代久远，又经多次搬家，曾丢失三期，2013年大妹妹小平为我在网上购买补齐)。另外，还存有一百多期《译文》(《世界文学》)。

1955年10月，我买到作家出版社出版的《俄国文学史》上卷和中卷。该书《译者前言》中说："这部《俄国文学史》，原书系苏联中等学校八、九年级的课本……中译本将分为三卷出版：上卷自古代文学(十一世纪)起，至普希金止；中卷自莱蒙托夫起，至奥斯特罗夫斯基止；下卷自屠格涅夫起，至契诃夫止。"我非常想得到第三卷(下卷)，便写信请爸爸询问。这件事爸爸一直挂在心上，多次为我四处打听，并在好几封信里都谈及此事：

《俄国文学史》下册，过几天去看看有没有出售。

（十九日灯下）

前寄字典及《诗选》，想已收到。《俄国文学史》三卷未见出版。

（1959 年 9 月 29 日）

《俄国文学史》第三卷未出。

（1959 年）

由此可见，爸爸对我的事情是多么尽心尽力，真是令我感动之极。

20 世纪 50 年代，苏联的新书运抵哈尔滨的速度很快，我常去逛外文书店，看到好的书就买回来。当时我的“胃口”很大，见到什么好书都想翻译，就提笔写信，请爸爸向出版社打听，是否可以翻译出版。仅我记得的就有《高尔基论》《文艺学》《艾青评传》等。爸爸不厌其烦，为我打听，有时还写信询问朋友，然后再告诉我：

《高尔基论》已函友人询问。试译当就可以。

（1956 年？月 15 日）

译高尔基事，今得友人复信，转上一阅。此书俄文版已到中国，也可能有人译，我也没法一一打听。

（1956 年？月 22 日）

《艾青评传》，我早知道，你到京后再决定译否。

（1956 年 6 月 24 日）

当时自己好高骛远，急于求成。动笔一试，才知道自己志大才疏，眼高手低，觉得“啃不动”。经过几番折腾，我才真正领悟到，做一个优秀的翻译工作者，不仅要具备高度的政治水平、广博的知识、熟练驾驭两种语言的能力，还要对要译的图书有全面深入的理解和相应的专门知识。翻译是一种创造性劳动，要做到“信达雅”，绝非轻而易举之事。有了这种认识和体会，我便潜下心来，埋头用功学习，做长期准备。“学海无涯苦作舟”，我相信“功夫不负有心人”，“功到自然成”。

现在回想起这一切，我心中感到深深的惭愧。当时我真是少不更事，竟那么不关心和体谅爸爸的身体和工作，只想到自己的需要，贪得无厌，无休无止。而爸爸对我却是关怀备至，有求必应。

父爱无疆，虽然相隔千里，但我始终在爸爸的关爱之下学习、进步、成长。

爸爸帮我们出版了第一本小书

1953年下半年，我正在哈尔滨外国语专门学校研究室学习。国际书店到我们学校推销俄文书籍，我看到一本小册子《怎样帮助儿童学习好》，觉得很好，便买了下来，与同班同学郭晨光和胡平商量，是否练练笔，试着把它翻译出来，他们表示赞同。该书为斯卡特金著，苏联国家教育出版社出版，共4万多字。我们分头翻译，互相校改，几个月便完成了。译稿由我寄给爸爸，请他看看并给予指教。为了这本小书，爸爸给我写了好几封信，并帮助我们联系出版事宜。

> 信及译稿收到。我这些天很忙，连下午也不得休息。给"青年出版社"编一本诗选[①]，也得天天看材料。
>
> 译稿，我慢慢看，看完后再告诉你们我的意见及处理办法。
>
> （十八日）
>
> 你们的译稿，我看过了，文字很清通，个别地方（甚少）加以修正。我设法去给你们找个出版的地方，有结果时再函告。
>
> （1954年2月6日）
>
> 你们的书稿已交人民教育出版社，嘱他们与你们联系。
>
> （1954年7月31日）

由此可见，爸爸为我们这本小书操了多少心，尤其是在他自己公务缠身又承担了编辑《中国新诗选（1919～1949）》这样繁重的工作之后，还要耗费那么多时间和精力，为我们小书的出版劳心尽力，这如山的父爱，我铭刻在心。

---

① 指《中国新诗选（1919～1949）》。

该书 1954 年由人民教育出版社出版。这是我学习俄文之后参与翻译的第一本书，书虽小，但凡事总有个开端。我真是感到由衷的高兴，并用稿费买了一个硬纸板的帆布箱子。

后来，该书俄文版出了增订本，书名改为《儿童的学习和家长的责任》，我们又根据新版本进行了订正。1956 年人民教育出版社又出了新的版本，书名仍用《怎样帮助儿童学习好》，但在书名下面加了副题“儿童的学习和家长的责任”，以示与 1954 年版的中译本内容不完全相同。

这本小书的出版，凝聚了我们的辛劳，也凝聚了爸爸的心血，值得我永久珍藏。

爸爸给我上了一堂礼仪课

大事小事，都是经历，可以以小见大，可以表露一个人的性格和脾气。

1954 年夏天，我从哈尔滨外国语专门学校研究室毕业，心情十分高兴，对未来充满美好的憧憬。

趁暑期，我第一次前往向往已久的首都北京，探望阔别四五年的双亲。和爸爸妈妈相聚在北京，第一次见到了伶俐可爱的小平妹妹，一家四口共享天伦，其乐融融。

和我一起到北京的还有几位同班同学，我们参观了天安门和其他名胜古迹，游览了八达岭长城，留下了深刻的印象。我们到达居庸关站时已是夜间，下了车我们即去爬山，希望早晨能在山上看日出。因路不熟，我们在山上乱爬，直到大天亮了，还没有看见太阳。

当时发生了一件事，事情虽小，却印在我脑海中，难以磨灭。

一天，爸爸妈妈知道我有同学一道来北京，便热情邀请几位同学到家里吃饭。当时我家住在东城区建国门内笔管胡同七号人民出版社宿舍。院中有一棵高大的椿树，枝繁叶茂，铺满一地荫凉，我们就在树荫下安了一张小桌，围坐吃饭。爸爸妈妈为了犒劳我们，特地精心为我们准备了饺子。妈妈包的饺子真香啊，我和同学们放开肚子尽情地吃起来。

一会儿，同学们一个个吃完了，我的饭量比较大，所以仍在吃个不停。这时爸爸走到我身边，悄悄地告诉我，招待客人吃饭，应请客人先动筷子，主人随后再吃；而当客人吃完放下筷子，主人也应立即停止，否则太不礼貌。听了爸爸的话，我自知失礼，赶紧收拾碗筷，和同学一起聊起天来。

中国是礼仪之邦，讲究礼节是中华民族的传统美德。一个人的成长过程中，不仅要努力学习文化知识，提高自己的学识，也要注意提升个人素养，自身优良品格的养成不可或缺。我是农村出来的"土孩子"，平时根本不懂礼节，爸爸这次给我上了一课，使我了解了待客之道，对我日后如何待人接物起了很大的指导作用，使我受益匪浅，永志不忘。

一本《诗刊》创刊号背后的故事

我手中有一本爸爸题词的《诗刊》创刊号纪念本，这本《诗刊》内封面左下方有爸爸亲手用钢笔题写的“出版第一本　五七年一月廿六日下午三点四十分”，落款为一个“家”字，并钤以“克家”印章。我珍藏它已经有半个多世纪，这也是爸爸留下的最珍贵的纪念物之一。这本《诗刊》为何在我的手里？它背后又有一些怎样的故事呢？这还要从 1956 年爸爸调到中国作家协会任书记处书记说起。

《诗刊》创刊号毛边本

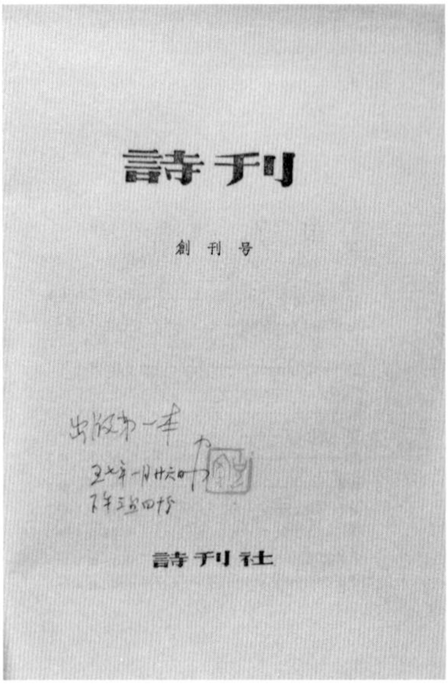

刊内藏克家题字

爸爸调到中国作家协会

1956 年 6 月的一天，我收到了爸爸的一封信："我已调'作协'，搞'书记处'书记工作，在家办公，有时去开会，身体平平。"读了信，我非常高兴，当时想，爸爸终于能脱开繁重的编辑工作，能够有些时间从事自己喜爱的文学创作了。

1949 年 3 月爸爸由香港抵达北平后，5 月任华北大学文艺学院文学创作研究室研究员。从 10 月起担任《新华月报》(先隶属出版总署，后隶属人民出版社)文艺栏主编，直到 1956 年 5 月调到中国作家协会。

爸爸是怎么调到作家协会的呢?

1956 年春夏之交，周恩来总理在中南海紫光阁设宴招待作家，约有七八十人参加。总理与大家亲切交谈，关切地询问大家的工作、写作、生活情况。临到爸爸的时候，总理问："臧克家同志，你是作家，怎么不在作家协会工作，而在人民出版社工作?"这突然一问，出乎爸爸的意料，爸爸回答说："在哪里工作都一样。"爸爸知道总理对文艺工作者非常关心，常对他们嘘寒问暖，估计是总理看到介绍自己的资料，随便问问。

时隔不久，周扬同志约爸爸谈话。见了面，寒暄几句，他便亲切地说："臧克家同志，我们想请你，还有吴组缃同志，到作家协会书记处工作，你看怎样?"爸爸说："服从组织分配，就怕做不好工作。"

后来，爸爸在回忆周总理的文章里，讲述了调动的过程和自己的感受：

> 回家之后，把这件事和周总理在宴会上对我工作的提问联系在一起，我才恍然大悟。这是件关系我一生的大事，把我从一天八小时办公室生活中解放了出来，回到文艺队伍，可以专心从事文艺工作和写作了。对总理的关注和组织上的安排，我心潮翻腾，充满感激之情。过了不多的日子，葛一虹同志来访，对我说："告诉你一个消息，前几天《光明日报》上，还有关于你工作的事，你看到没有?"我说："我没有看到。"找来报纸一看，果然其中有这么几句：把臧克家同志安排在人民出版社达七年之久，这是不应该的……(大意)。我读后，再一次感到，周总理领导的国务院工作是多么的深入和细致!

爸爸对自己工作调动的过程的描述是准确的，感受是真实的，但都是个人的直觉感受，只知其然，而不知其所以然。

最近，我在学习《中国共产党历史》第二卷的时候，联系到1956年爸爸的工作调动问题，很有感悟。

我认为，爸爸的工作调动不是一个个别的事例，不只是由于周总理个人的关照，而是得益于党的知识分子政策在当时形势下的落实，是众多的事例之一。曹禺先生和吴组缃先生与爸爸同时调到作协任书记处书记，就是证明。

当时的形势是，社会主义改造即将完成，需要大力展开社会主义经济建设。1955年11月23日，党中央决定召开全面解决知识分子问题的会议，周总理亲自布置并直接组织对知识分子情况的详细调查，还指导起草了11个有关知识分子问题的专题报告。中共中央统战部当时把有关方面对知识分子问题的反映归纳为"六不"：估计不足，信任不够，安排不妥，使用不当，待遇不公，帮助不够。认为知识分子问题得不到解决，势必会影响社会主义经济建设的大局。

1956年1月14～20日，中共中央关于知识分子问题的会议在北京召开。14日，周总理代表党中央作了《关于知识分子问题的报告》。《报告》中说："我国知识界的面貌在过去六年来已经发生了根本的变化。知识分子中的绝大部分已经成为国家工作人员，已经为社会主义服务，已经是工人阶级的一部分。""发展社会主义建设……必须依靠体力劳动和脑力劳动的密切合作，依靠工人、农民、知识分子的兄弟联盟。"《报告》还提出了最充分地动员和发挥知识分子力量的三项措施："第一，应该改善对他们的使用和安排，使他们能够发挥他们对国家有益的专长。""第二，应该对所使用的知识分子有充分的了解，给他们以应得的信任和支持，使他们能够积极地进行工作。""第三，应该给知识分子必要的工作条件和适当的待遇。""必须保证他们至少有六分之五的工作日（即每周40小时）用在业务上。"

这就是当时爸爸调到作家协会书记处的大背景和直接原因。

爸爸在出版机构主编《新华月报》文艺栏长达七年之久，工作稳定，我从未听见他对工作有什么怨言。而且，1949 年之前在上海他也为报纸主编过文艺副刊，也曾一人编辑《文讯》月刊，做杂志编辑工作，可以说是驾轻就熟。但是爸爸毕竟是个作家，文学创作应该是他的主要工作，把他长期留在人民出版社，虽不能说是用其“所短”，但确实是未能用其“所长”，大概是属于“安排不妥，使用不当”吧。

“这是件关系我一生的大事，把我从一天八小时办公室生活中解放了出来，回到文艺队伍，可以专心从事文艺工作和写作了”，这些话道出了爸爸内心的深切感受和体验，是他心灵的真诚的坦露。当客观的需要、工作的安排和个人的愿望完全契合的时候，就能激发出人的最大积极性和创造力。工作的调动为爸爸提供了一个舞台，使他能够发挥自己的专长，为国家、为人民更好地服务。

总而言之，从爸爸工作的这次调动中，我感悟到政策是党的生命，感悟到党的知识分子政策的力量是多么巨大。

爸爸与《诗刊》编委给毛主席写信

爸爸调到中国作家协会任书记处书记之后，分工主管诗歌创作。1956 年下半年，在一次聚会上，徐迟等一些诗友积极倡议作协筹办一个诗歌杂志，希望爸爸积极促成。爸爸把这个倡议书面报告给作协党组，并由党组同意后上报中宣部。中宣部很快批准了作协党组的报告，《诗刊》编辑部正式成立。

1957 年 1 月 8 日，爸爸给我来信说：“《诗刊》由我主编，廿五号开版创刊号。”由一个非中共人士担任全国性文学刊物的主编，这在当年绝对是凤毛麟角，充分体现了党组织对爸爸的信任和支持。爸爸深感责任重大，为办好《诗刊》废寝忘食，殚精竭虑。

1956 年 11 月，《诗刊》筹办工作进入关键阶段，第一炮应该怎样打响？编委们忙于征稿，东奔西走。爸爸拜访过郭沫若、冯雪峰，徐迟去找了艾青、冯至，听取意见并请他们大力支持。徐迟等同志搜集到社会上流传的毛主席诗词 8 首，大家如获至宝。在冯至同志的倡议下，编委会决定给毛泽东主席写信，请他亲自审定这 8 首诗词并允许在《诗刊》创刊号上发表。当年这一举动，表明《诗刊》编辑部有眼光、有胆识，有突破传统观念、勇于开拓创新的精神，令人敬佩。

这封写给毛主席的书信是由谁起草的，由于年代久远，众说纷纭，加之当事人均已过世，现在已无从知晓。至于这封信是由谁誊抄的，若干年后也有过不同的说法，有人在文章中说是吕剑同志执笔。直到 1997 年 5 月底，爸爸派我和我爱人汪本静二人去中央档案馆取回上书毛主席的信的复印件，“争议”才涣然冰释。信是爸爸用毛笔抄写的，写信的时间是 1956 年 11 月 21 日。信中写道：

亲爱的毛主席：

“中国作家协会”决定明年元月创办《诗刊》，想来您喜欢听到这个消息，因为您一向关心诗歌，因为您是我们最爱戴的领袖同时也是我们最爱戴的诗人。全世界所爱戴的诗人。

我们请求您，帮我们办好这个诗人们自己的刊物，给我们一些指示，给我们一些支持。

在诗歌的园地里，已经显露了百花齐放、百鸟啭鸣的春之来临的迹象。西南的诗人们，明年元旦创刊《星星》诗杂志；《人民文学》《长江文艺》都准备来年初出诗专号；诗歌在全国报刊上都刊登得很多。这是一个欢腾的时代，歌唱的时代。热情澎湃的诗歌的时代是到来了，《诗刊》因而诞生。

我们希望在创刊号上，发表您的八首诗词。那八首，大都已译成各种外国文字，印在他们的《中国诗选》的卷首。那八首，在国内，更是广泛流传。但是，因为它们没有公开发表过，群众相互抄诵，以致文句上颇有出入。有的同志建议我们：要让这些诗流传，莫如请求作者允许，发表一个定稿。

我们附上那八首诗词的抄稿一份，请加订正，再寄还给我们。如果您能手写一首，给我们制版发表，那就更好了。

其次，我们希望您能将外边还没有流传的旧作或新诗寄给我们。那对我国的诗坛，将是一件盛事；对我们诗人将是极大的鼓舞。

《诗刊》是二十五开本，每期一百页，不切边；诗是单行排的，每页二十六行。在编排形式上，我们相信是不会俗气的；在校订装帧等方面，我们会恰当的求其讲究。

我们深深感到《诗刊》的任务，美丽而又重大；迫切的希望您多给帮助；静下来要听您的声音和您的吟咏。

《诗刊》编辑部

主　编　臧克家

副主编　严　辰　徐　迟

编　委　田　间　沙　鸥

袁水拍　吕　剑

一九五六年十一月二十一日

1997年6月1日爸爸在给时任《诗刊》副主编的丁国成同志的信中说："《诗刊》上书毛主席的信，原稿（应为原稿复印件——作者注）大力弄到，从中看到亲切、希望、天真之情。将给吕剑同志一份，当年签名的，他与严辰健在，其他均已逝世，能发表一下，有历史意义。"

《诗刊》1997年第12期发表了这封爸爸亲手誊抄的写给毛主席的信的复印件。

喜从天降

1956年11月21日给毛主席的信送出之后，《诗刊》编辑部的同志们一面积极组织编排创刊号的稿件，一面焦急地、殷切地期待着上面的回音，真可谓"万事俱备，只欠东风"。突然，喜从天降，1957年1月12日，毛主席给爸爸和《诗刊》编辑部回了亲笔信，还随信附来了18首诗词，除了《诗刊》抄呈的8首，又加上了10首。这是多么令人兴奋的大事啊！整个《诗刊》编辑部和作家协会都沸腾了，大家奔走相告，欣喜若狂！

爸爸曾在一首诗中描述了收到这封信时的心情：

一封信吹起了一阵猛烈的风，
每一颗心像鸣报喜讯的一口洪钟，
这封信，它的分量抵得上千金重，
触动它一下，也要把手放得很轻，很轻。
它来了，它终于来了，
写它的那只大手呵，
写下了多少光辉的大作，
成了真理的星座，
永恒地照耀在人类的上空。

毛主席的回信是这样写的：

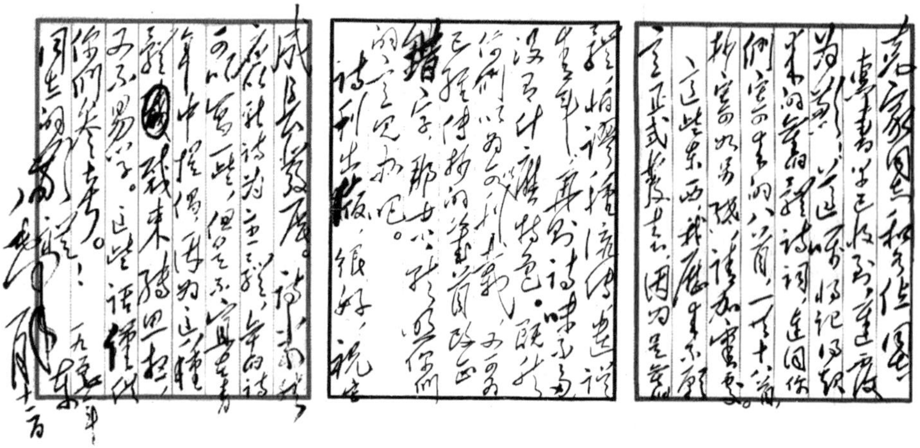

克家同志和各位同志：

惠书早已收到，迟复为歉！遵嘱将记得起来的旧体诗词，连同你们寄来的八首，一共十八首，抄寄如另纸，请加审处。

这些东西，我历来不愿意正式发表，因为是旧体，怕谬种流传，遗[贻]误青年；再则诗味不多，没有什么特色。既然你们以为可以刊载，又可为已经传抄的几首改正错字，那末，就照你们的意见办吧。

诗刊出版，很好，祝它成长发展。诗当然应以新诗为主体，旧诗可以写一些，但是不宜在青年中提倡，因为这种体裁束缚思想，又不易学，这些话仅供你们参考。

同志的敬礼！

毛泽东

一九五七年一月十二日

《诗刊》创刊号编后记中说：毛主席“这封信对于新诗、旧体诗词，新诗和旧体诗词的关系，表示了明确的意见。这封信，对于我们的诗歌运动，诗歌创作，都是极为重要的”。

收到毛主席的信和18首旧体诗词之后，爸爸兴高采烈地写道：

你说这可不有点奇怪？这个信封
居然装得下那么多瑰丽的诗篇，
那些气势奔腾的诗句，
装下它们需要一个广大的空间。
《诗刊》呵，你这个尚未出世的婴儿，
一个伟大的兆头已经预言了你远大的前程，
明柱似的诗句一行又一行，
将支起一座神圣美丽的诗的殿堂。

毛主席用自己关于诗的一封信，用自己雄伟瑰丽的诗篇支持了刚刚诞生的《诗刊》，因为毛主席不仅是我们伟大的领袖，也是赢得了一个新中国的伟大诗人呵！

同在一个诗的世界里

1957年1月20日，爸爸给我写了一封信：“毛主席给我和《诗刊》编委们来了亲笔信，给了我们十八首诗词。又在14号下午召见了我和袁水拍同志，十分亲切随便地畅谈了两个小时。多令人兴奋的事啊。”

这真是一连串的惊喜，爸爸兴奋喜悦的心情，跃然纸上。我看到之后，也衷心地为爸爸感到高兴。

爸爸的信中没有详细讲述毛主席召见他、和他谈诗的情况，具体情况我也是看到爸爸的回忆文章后才了解的。

1957年1月14日上午11点，时任《人民日报》文艺部主任的袁水拍同志给爸爸来了电话："毛主席要召见我们，下午3时我坐车来接你。"爸爸后来在一篇文章中回忆了当时的情形：

> 车子驶入中南海，直达颐年堂门前。进入殿门，房间宽阔，静寂无人。对面有一副屏风，别的没有任何摆设，长长的沙发，一个又一个，十分简朴。殿内静静的，静静的，我的心却很紧张，很紧张。一会儿，一个高大的身影从东边门里出来，一步一步向我们走来，呵，毛主席站到我们身旁了。他安详和蔼地同我们握手，让座，自自然然地从烟盒里抽出支香烟让我，我说："我不会吸。"主席笑着说："诗人不会吸烟？"毛主席的神态和谈话，使我的心平静怡然了。主席问："你在北大教书？""不是，我在作家协会工作"，我回答。接着他以赞许的口吻说："你在《中国青年报》上评论我的咏雪词的文章，我读过了。"我趁机问："词中'原驰腊象'的'腊'字怎么解释？"主席反问："你看应该怎样？"我说："改成'蜡'字比较好，可以与上面'山舞银蛇'的'银'字相对。"毛主席说："好，你就替我改过来吧。"话没说几句，心和心近了，可以放言无忌了。谈起《诗刊》创刊，我向主席提出了印数问题。我说："现在纸张困难，经我们一再要求，文化部负责人只答应印一万份。同样是作家协会的刊物，《人民文学》印二十万，《诗刊》仅仅印一万，太不合理了。""你说印多少？"主席问。我说："公公道道，五万份。"主席想了一下，说："好，五万份。"我天真地说："请主席给黄洛峰同志打个电话。"水拍用眼睛向我示意，赶忙说："不用了，不用了。"
>
> 上面的话，仅仅是个开场白，随着情绪的高涨，无拘无束，越谈越多。主席先从国际重大事件开头，谈了他的看法。这方面，我们知之甚少，只默听，没法插嘴。他忽然向我们发问："几百年后，全世界实现了共产主义，还有没有斗争？"问得突然，我们说："不知道，主席看呢？""我看，还是有斗争的，但不是在战场上，而在墙壁上。"我们会意了。

诗人嘛，谈话总是离不开诗，不多时，话入到主题上来了。毛主席是喜欢、看重民歌的。他说："《诗经》是以四言为主体的，后来是五言，现在七言的多了，这是顺着时代演变而来的。现在的新诗，太散漫，我以为新诗应该在古典诗歌和民歌的基础上求发展。我个人喜欢用词的形式写作，习惯了，用起来得心应手。"毛主席喜欢三李，是人人皆知的了，但他对我们并没有提及，只说："杜甫诗写得不少，好的不多。"他又说："他们给我弄了部《明诗综》，我看李攀龙有几首诗写得不错。"毛主席湖南口音太重，李攀龙这名字，经水拍重复了一下，我才明白。

一看表5点了。不能再多占用主席的宝贵时间，我们便告退了。他送出殿门，站在那里远远地向我们招手，高声地嘱咐："把你们的诗集送我一份呵！"

回到家中，想起与毛主席亲切会见的情景，我心情激动，诗思潮涌，21日，一气呵成了《在毛主席那里做客》这首长诗。

毛主席与袁水拍和爸爸一起谈诗后，爸爸遵嘱把自己的诗集送给了主席，而主席也在自己的诗词发表之前送给爸爸看，希望爸爸提出可改之处。爸爸了解毛主席平等待人、真诚相见的高尚品格，所以不揣冒昧，敢于坦率表示个人的意见。而主席果然虚怀若谷，采纳了爸爸给他修改的几点意见。在给爸爸的一封信中，主席写道："你细心给我修改的几处，改得好，完全同意。还有什么可改之处没有，请费心斟酌赐教为盼！"

爸爸曾经坦诚地说："我个人所以不避嫌疑，对毛泽东同志的诗词敢于提出自己的意见，完全是他伟大的胸怀和品格使我心情激荡，觉得同在一个诗的世界里。"

爸爸把珍贵的《诗刊》创刊号寄给了我

毛主席的一封信，一次谈话，把自己的诗词交给《诗刊》发表的消息不胫而走，传遍全国。这是《诗刊》创刊号成功的最大保证，为《诗刊》的诞生营造了绝佳的气氛，把大家的胃口吊得足足的，全国都殷切地等待着。

《诗刊》创刊号于1957年1月25日面市，那天正逢春节前夕，漫天飞雪，大地一片银白，而大街上新华书店门前早早排起了长队，人们并不是买年货，而是争相购买《诗刊》，这成为当年一道独特的风景线。

《诗刊》创刊号的出版轰动了文坛，轰动了全国，这不仅是文坛盛事，也是全国人民生活中的一件大事。在此之前，广大人民并没有接触过毛主席诗词，因为正如主席所说，“这些东西，我历来不愿意正式发表，因为是旧体，怕谬种流传，贻误青年；再则诗味不多，没有什么特色”。而《诗刊》提供园地，在创刊号上集中地把毛主席的 18 首诗词推介给全国人民，使主席诗词家喻户晓，迅速普及，让人民第一次发现和认识到自己的伟大领袖原来还是位伟大的诗人，可谓功莫大焉。

《诗刊》出版后，各大报刊竞相转载，音乐、广播、戏曲、曲艺界人士也相继谱曲、朗诵、演唱，全国各界人民纷纷组织学习，神州大地上迅速掀起了学习毛主席诗词的热潮。

那时我在哈尔滨外语学院任教，我们学校的老师们也纷纷成立了学习小组，学习材料有的是报纸转载的，有的是杂志刊发的，我用的是爸爸寄给我的一本《诗刊》创刊号，上面还有“安儿存阅”的题字，很是令人羡慕。和我同组学习的一位好友看到了，对我说：“把你的《诗刊》创刊号借给我，你爸爸是《诗刊》主编，你写信向他再要一本。”我感到有点为难，因为爸爸在 1957 年 1 月 20 日给我的信中曾说“《诗刊》因纸张困难，印得少，你抢着自己买本吧，我也没法代买”，但好友的要求我又实在不好拒绝。抱着试一试的心态，我还是给爸爸写了信，把情况告诉了他。接到我的信，爸爸就把自己珍藏的《诗刊》创刊号纪念本给我寄来了，并在信上嘱咐说：“《诗刊》创刊号不易找到了，这是一个纪念本，你要好好保存。”（1957 年 11 月 24 日）

岁月沧桑。1957 年 11 月这本《诗刊》创刊号纪念本千里迢迢被寄到了哈尔滨；1963 年 6 月，我调到北京时又千里迢迢把它带了回来；至今已经过去六十多个春秋，它依然保存完好。

前些日子，我对小妹苏伊说：“《诗刊》创刊号纪念本在我手里，是否交给你与爸爸的其他书籍一起保存？”小妹善解人意，说：“爸爸既然给了您，就属于您了，还是由您继续保存吧。”

这个《诗刊》创刊号纪念本是独一无二的，已经成为一件难得的文物。因为《诗刊》创刊号，爸爸和毛主席结下了诗缘，成为文坛佳话。而爸爸为了我能够更好地学习毛主席诗词，又忍痛割爱，把自己珍藏的纪念本寄给了我。这个《诗刊》创刊号纪念本，我已经珍藏了半个多世纪，还将继续珍藏下去。

爸爸终身最大的遗憾

人生一世，不断地追求，不停地奋斗，成败得失寻常事，万事如意实在难，因此，总会留下大大小小的遗憾在心头，在人间。

而我的爸爸，也有一个终身最大的遗憾。

未能成行的一次京外之旅

1957年6月，一周期间收到爸爸两封信，希望我7月1日前赶到北京，陪他去外地旅行。

6月16日的信中爸爸说：

> 你几时到京？顶好七月一号以前。我希望我们七月初从北京出发，可能也带小平。路线大约是洛阳、西安，因为太湖一带太热了！
>
> 我对东北（大连、沈阳、长春、哈尔滨）也不无兴趣，将来再说吧。

没过几天，爸爸又发来一封信：

> 七月一号，我外出旅行，路线有二，尚未决定：1.太湖—西湖，2.洛阳—西安。为时一月，也许多一点。本约源儿同行，他甚乐意，但整风运动，他怕去不了，你能去吗？路费由我出。小平妹妹也许跟着。
>
> 我的身体还可以，每天只能用脑两三小时，开会不能超过三小时。

爸爸在信中提出了三条路线，洛阳—西安一线是首选。我知道，这后面有一段爸爸亲身经历的刻骨铭心的往事，也有一个久蓄心中的向往。他想通过这次旅行实现自己的夙愿。

有机会陪爸爸旅行，我当然高兴；但当时尚未放假，而且党内正在开展整风运动，实在无法抽身。爸爸这次京外之旅的计划未能实现，成为一件憾事。

一段刻骨铭心的往事

1937年，“七七事变”爆发，中国人民神圣的抗日战争全面展开。1937年11月底，爸爸和妈妈王慧兰（深汀）、九舅王牲珙来到第五战区司令长官部所在地——徐州。那时，五舅王深林在司令长官部做随从秘书。司令长官李宗仁通过他约我爸爸去晤谈。爸爸后来在回忆录里写道：

> 他和我对坐寒暄，态度和蔼平易。他说：“各方面的著名人士来到徐州，希望能在这里从事抗战工作，我想办个青年军团，正在筹备。”话虽然这么说，但是虚的，没有安排工作，怎么能留住人呢？停留了不多几天，下定决心，到延安去！这是蓄愿已久了的。我们三人行，告别了徐州，到了西安。到七贤庄一号八路军办事处，见到秘书李初梨同志，感到很亲切，他是创造社的成员，中学时代就读过他的文章，熟悉他的名字。他很高兴地接待了我，说：“我马上打电报到延安去，回电一到，就请你起身。把住址留下。”等了五六天，没收到延安的电报，而王深林同志追我们赶快返回徐州，抗敌青年军团已成立的电报却先到了。经过商量，决定回徐州，把王牲珙（他现在冶金工业部做司长）送过黄河，到山西去参加游击队，转去延安。我同王深汀两个踏上了征途。

当时，爸爸曾写过两首诗记述这段往事，抒发自己的情怀。一首是1937年12月11日写的《从军行——送珙弟入游击队》。诗中写道：

> 大时代的弓弦
> 正等待年轻的臂力，
> 今夜，有灯火作证，
> 为祖国你许下了这条身子。
> 明天，灰色的戎装，
> 会装扮得你更英爽，
> 你的铁肩头
> 将压上一支钢枪。

今后，
不用愁用武无地，
敌人到处，
便是你的战场。

新中国成立后，爸爸曾把这些诗句写成一个条幅送给九舅王甡珙，九舅把它装裱好，挂在客厅里，作为纪念。

爸爸在回忆录中还写道：

1938年1月2日我写了一首四十五行短诗《别长安》，虽说这次没去延安，但也留下了对它的向往与歌颂：

陕北，
你身旁最光明的部分，
太阳挂在它的头上，
黑暗在那里扎不住根。

结尾一节，表现了我所以回到徐州的原因和心情：

长安城，
你问我匆匆何处去？
我要去从军，到徐州，
因为那儿最接近敌人。

这次未能去向往已久的延安，给爸爸留下了终身最大的遗憾。

对此事，爸爸念念不忘。四十多年后，1985年2月4日他还写了一首旧体诗《别长安》：

古都神往二十年，
行脚匆匆八九天。
胜迹有情空处处，
号角唤我去铜山。

诗后有附记："1937年尾到西安，旋应友人电召，去徐州战地工作。"这里所说的"友人"，就是指我们的五舅王深林。

1974 年臧克家(左)与王深林摄于赵堂子胡同 15 号寓所

终身最大的遗憾

与延安失之交臂，这个难以释怀的遗憾一直伴随了爸爸几十年。后来他曾多次赋诗，表达萦绕在心头的这份深情。

1977 年 5 月 28 日，他在《短歌唱给延安听》一诗中写下了这样的诗句：

人生不喝延河的水，
总觉缺少点革命味。
向往延安，未到延安，
是我终身最大遗憾。

1993 年 9 月 28 日，爸爸 89 岁高龄时，又写了一首旧体诗《延安颂》：

生平求索转蓬身，
不负男儿报国心。
未饮延河留憾意，
延安对我觉情亲。

写到这里，我记起了一次难得的聚会。那是 1965 年夏天，我们的五舅王深林(时任农工民主党中央组织部部长)、七舅王笑房(时任北京第三十中学校长)在九舅王斐(即王甡珙,时任冶金部人事司司长)东四五条家中聚会,我也去了。当时在北京读研究生的五舅家的表妹王恩多(她现在是中科院院士)、七舅家的表妹王永宁都在场。

不记得哪位舅舅对我说:"乐安,去把你爸爸接来,就缺他了,机会难得!"大家都赞成。我先打了个电话,说几位舅舅请他去,爸爸欣然应允。好在赵堂子胡同离东四五条不远,我坐24路公共汽车把爸爸接来。

老友相聚,分外亲热,高谈阔论,海阔天空。爸爸半抱怨半玩笑地对五舅说:"当年,就因为你一封电报,我没有去成延安,终生遗憾。"五舅哈哈笑着说:"你现在不是很好嘛!"

在我的记忆中,这是唯一一次爸爸和三位舅舅在一起聚会,十分难得!现在四位老人均已作古,让我们这些后辈永远怀念他们。

爸爸的哈尔滨之行

1952 年 2 月，教育部一纸调令把山东大学外文系俄文专业的 18 名学生从海滨城市青岛送到北国江城哈尔滨，转入哈尔滨外国语专门学校加速培养，我是其中的一员。当时国家实行“一边倒”政策，向苏联学习，急需俄语人才。这里的学习条件确实很好，每个班 20 人左右，有两位俄国老师，一位中国老师。那时，哈尔滨有一万多苏侨，随处都有用俄语交际的机会。记得秋林公司的售货员全是苏联侨民，平日顾客很少，我们有空就去那里跟售货员聊天，练习口语，这对提高我们听说俄语的能力大有助益。

谁曾想到我在哈尔滨一待就是 11 年。我最后在那里完成学业，留校任教；在那里我和同事汪本静相识相恋，从此伉俪情深，携手走过六十个春秋。哈尔滨成了我的第二故乡。作为一名市民，我也为哈尔滨尽了一点微薄之力：1956 年松花江发大水，我们学校也参加了全市的防汛抗洪工作，我被评为哈尔滨市二等防汛模范，哈尔滨江畔的防洪纪念碑上也有我们的汗水。爸爸在赠我的《中国新诗选（1919～1949）》上题词“安儿防汛有功以此志庆”。

因为我们工作、生活在哈尔滨，坐落在松花江畔的哈尔滨又是个美丽的城市，夏季气候凉爽宜人，是避暑的好地方，所以我们多次鼓动爸爸到哈尔滨一游。1962 年夏，爸爸终于动心了。

为爸爸当信使

1962 年 6 月，爸爸有意到哈尔滨一游，给延泽民同志写了一封信，让我面呈并和他具体联系。延泽民当时是黑龙江省委宣传部副部长、省文化局局长、省文联和省作协主席。我到省委宣传部找到了他。他个子不高，态度和蔼，笑眯眯的，戴一副厚厚的高度近视眼镜。我自报家门，呈上爸爸给他的信。令我惊讶的是，他又拿出一副圈圈很多的眼镜，架在原来的眼镜上，然后才开始看信。读完信后，他热情欢迎爸爸到哈尔滨避暑，表示会作好一切安排。

爸爸妈妈及两位妹妹来到哈尔滨之后，延泽民同志和夫人王雪燕非常热情地接待了他们，安排他们住进了道里的友谊宫。当时，延泽民同志正为举办第一届哈尔滨之夏音乐会而忙碌，但他们夫妇还是抽出时间来，陪同爸爸妈妈去松花江边赏景、散步、拍照，隔岸遥望太阳岛上各式各样的奇异的建筑。他们的热情和真诚，令爸爸妈妈非常感动。我的小妹妹和延家的小女儿也相处甚欢，至今我们还保存着许多当年的合影。

1962年夏，臧克家（后左二）、郑曼（中左二）、臧乐安（后左一）、郑苏伊（前左）及友人摄于哈尔滨

哈尔滨之行以后，爸爸和延泽民同志成了好朋友。改革开放以后，延泽民同志调到北京，先后在中国作家协会和中国文联工作，爸爸与他交往更为密切。1998年，爸爸生病住进协和医院，恰巧和延泽民同志住在同一层楼上。我时常去陪护爸爸。爸爸和延泽民同志在走廊上散步相遇时，总要站下交谈几句，互相探问病情，互相关心，互相祝福，延泽民同志脸上那憨厚的笑容一直留在我的心里。

陪爸爸访老友

在哈尔滨，爸爸见到了几位老朋友，高兴之极。

一天，我随爸爸到南岗大直街秋林公司东边的严辰同志家去拜访，巴波和李琪树同志也在。爸爸和严辰同志是老友，《诗刊》刚创刊时又分别担任主编和副主编，合作非常愉快。巴波和李琪树夫妇在香港时与爸爸比邻而居，爸爸当时高烧不退，李琪树同志悉心照料，无微不至，直至爸爸恢复健康。解放初期，爸爸妈妈又与她同在人民出版社工作，关系极好。老友见面，谈天说地，相谈甚欢。

当爸爸看到严辰同志客厅里那一排整整齐齐、十分壮观的书柜时，啧啧称赞，表露出艳羡之情。主人当即表示，黑龙江木材比较多，可以找人给打一套。第二年（1963 年）夏天，数个米黄色的平拉的书柜由哈尔滨运抵北京，把爸爸刚刚乔迁不久的赵堂子胡同 15 号新居两个房间的墙壁占得满满的。爸爸的宝贝书籍被分类摆进这些书柜里，看着舒心，使用方便。这是老友的一份用心和情意，爸爸甭提有多么高兴了。这些书柜一直用了将近四十年。只是北京的平房夏天比较潮湿，因此后来平拉门稍有变形，开关不大顺畅了。2002 年，赵堂子胡同寓所拆迁，经爸爸同意，小妹苏伊与北京市东城区图书馆联系，把这些书柜捐赠给了他们，同时还捐赠了一千多册书刊。

听爸爸亲口讲述流亡东北的往事

一天晚上，我和本静赶往松花江畔的友谊宫去看望爸爸妈妈和小妹。不巧妈妈带小妹听音乐会去了。正赶上吃晚饭，我们要了一盆面片，美美地吃了一顿。因为那时困难时期尚未完全过去，我们平时都吃进口的油麦面。连我们尚未出世的小儿子也沾了爷爷的光，享受了一顿美餐。

那天晚上，爸爸特别兴奋。大概是来到哈尔滨，爸爸想起了 1928 年被国民党县党部追捕流亡东北时曾在哈尔滨停留一宿的往事，触动了内心的情感，冲开了记忆的闸门。爸爸第一次十分动情地亲口向我们讲述那段伤心的往事。

1928 年，爸爸在诸城老家从事革命活动，国民党县党部派人到家里来抓捕。爸爸当时和慧兰妈妈新婚不久，正在家中，听到家里人报信，飞快地跑到院内厕所豁口的围墙边，踩着慧兰妈妈的肩膀跳出围墙，逃脱了抓捕。

爸爸后来跑到了东北，栖身在沈阳的老乡大机匠家里，等候消息。一天，大机匠的弟弟六机匠突然从家乡来了，他撕开夹衣取出曾祖父写在绵纸上的一封血书。谈到这里时，爸爸用浓重的山东口音，悲凉地、抑扬顿挫地给我们背诵起他祖父写的这封血书：

> 铁案如山，无从解决，时局不变，恐终成亡命人矣！翔千幼女，监禁六年，指为祸首者，更无论矣！天涯埋头，务求隐秘，勿效小儿思家哭也。正可借此时机锻炼身心，十年之内勿作家书。

情况是如此严重，信是如此沉痛和深情，迫使爸爸再作千里远行。正如爸爸的诗句所说：

> 一封信冲我又是千百里，
> 火车一程，水路一程，
> 一程一程孤身向天涯，
> 依兰截断了我的远征。

第二天，爸爸即乘火车前往哈尔滨，借宿一晚，随即乘船顺流而下前往三姓(依兰)，投奔到一位早年闯关东的族伯家，暂且隐身。为了糊口，在那边的审判厅里找到了个录士的差使，并在一个小学里兼点课，苦熬那些艰难的日月。

听了爸爸满怀深情讲述的那段刻骨铭心的经历，我们心里真是难以言表地感动。当时爸爸背诵曾祖父家信的情景，深深地留在了我的记忆里。

多年以后的1981年，爸爸曾写了一首诗《哈尔滨》，回忆他1928年路过哈尔滨和1962年夏天重到哈尔滨时的情形和心情：

> 哈尔滨，想想看，
> 记否五十三年前，
> 有个过路的“黑人”①

---

① 1928年，我带个假名字，流亡东北，在哈尔滨停一宿，即乘船去三姓(依兰)。1962年，重到哈尔滨，住在友谊宫，与文艺界朋友谈诗论文，散步松花江边，其乐也无穷。(原注——引者加)

曾向你借宿一晚？

那时整个大东北，
一片荒凉，
一片黑暗，
我的一颗心半空里悬。

换了地，换了天。
我又重到你身边，
“友谊宫”里消长夏，
松花江上飘飘然。

“哈尔滨之夏”的歌声，
如同仙乐入耳间，
长风万里送清凉，
暑气不出山海关。

陪爸爸游太阳岛

一天，爸爸一行要去游太阳岛，我正有空，就决定陪爸爸妈妈一游。太阳岛与哈尔滨隔江相望，风景秀丽，全国闻名，是我们暑假常去消夏、游泳的地方。本静有一次得了急性肾炎，学校领导送她到太阳岛一个疗养院住了将近半年，我常去看望她。太阳岛对于我们就更加亲切了。

去太阳岛要乘船，爸爸坐的小船由船工来划，我自己单独划一条小船，我要在爸爸面前表现一下自己，用力地划，结果赶在船工前面到达。爸爸赞许地说：“你划得比艄公还快啊！”听到爸爸的赞扬，我十分得意。

太阳岛之游给爸爸留下了美好的印象。后来他写了一首诗《太阳岛》：

太阳岛，
一个发光的名字，
木头房，
五颜六色，百样千式。

每一座，
有自己的个性，
每一座，
有自己的风姿。

分开来看，
各自独立，
合起来看，
浑然一体。

是儿童
用积木堆成的标本？
是神仙
有意创造的奇迹？

一座木头房子——
一座艺术宫殿，
好似只供美的欣赏，
不是为了住人才建立。

美丽的太阳岛，你的倩影永远留在了爸爸的诗篇里。

未随爸爸游镜泊湖——遗憾

在哈尔滨，延泽民同志和许多朋友鼓动乃至力劝爸爸去镜泊湖一游，说到了哈尔滨，不去镜泊湖，会一生遗憾。本来因为路途遥远，爸爸还有些犹豫，但与爸爸一同疗养的八十二岁名医施今墨老先生决定前往，他对爸爸说："不看镜泊湖我死不瞑目！"听了这句话，爸爸决定和妈妈、小妹去镜泊湖一游。

1962年夏，臧克家（左三）、郑曼（左四）、郑苏伊（左二）等摄于镜泊湖

爸爸问我们去不去，因为学校尚未放假，学生即将考试，我们不能放下工作随爸爸前往，只能留下遗憾。在那个时代，革命工作永远摆在第一位。

镜泊湖旅游回京，爸爸写了一篇游记《镜泊湖》，刊登在1962年10月7日《人民日报》上。这篇游记，几十年来被选入各种散文集。

爸爸这篇游记，我特别喜欢，把镜泊湖写得太美了，读这篇散文，真是一种美的享受。我曾向爸爸谈了自己读后的感受，爸爸告诉我：镜泊湖的美，平铺直叙很难描写，很难写好。自己用了许多著名的湖泊与它比照，就把镜泊湖独特的美丽和它的神韵，一下子凸显了出来，呈现在读者的眼前，印在他们的心里。

这篇散文的开头就是：

> 我国有许多著名的湖。“气蒸云梦泽，波撼岳阳城”的洞庭湖，茫茫千顷、气象万千的太湖，我都是闻名而心向往之的。西湖，我曾经踏着苏堤端详过她那动人的姿容，孤舟深夜三潭上看过印月。至于大明湖，那更是家乡的湖，我更是一个熟客了：盛夏划一条小船，在荷花阵里冲击，在过去那些黑暗的岁月里，何止一次和朋友们寒宵夜游，历下亭前狂歌当哭？
>
> 镜泊湖却是一个陌生的名字……

然后就写进入镜泊湖区域的所见所闻、所感所思。在对镜泊湖的风姿进行一番大力描绘之后，爸爸笔锋一转：

> 真是山外青山湖外湖。比起波浪汹涌的洞庭湖，镜泊湖是平静安详的。比起太湖的浩渺浑圆来，镜泊湖太像水波不兴的一条大江。大明湖和她相比，不过是一池清水。西湖和她相比，一个像“青山滴翠，秋水凝眸”的美艳少妇，一个像朴素自然、贞静自守的处子。镜泊湖，没有半点人工气，她所有的佳胜都是自己所具有的。岸上没有一座庙，没有什么名胜古迹，真有“犹恐脂粉污颜色”的意味。早晨，她可以给天仙当镜子从事晨妆，晚上，她可以给月里嫦娥照一照自己美丽的倩影。在炎夏的日子里，如果神话里的仙女到幽静的湖边来裸浴，保管没有人抱走罗衫使她们再也回不到天上去。

这段对比，把镜泊湖的美丽幽静描绘得淋漓尽致，令人心向神往！

读了这篇游记之后，我心里真的有点遗憾，当时怎么未跟爸爸一起前去……

爸爸还告诉我，这篇散文里有他当年流亡东北的影子。我读了好多遍，找了好多遍，想了好多遍，怪我愚钝，我还是没有找到爸爸“当年流亡东北的影子”，找到的却是爸爸的一片清新、舒畅、欢欣、愉悦之情。

“非常时期”漫忆

1966年夏天，中国大地刮起了史无前例的“文革”风暴。

一个“五一六通知”，一篇《横扫一切牛鬼蛇神》的社论……社会一下子陷入了分裂和混乱。

这场由“大革文化命”开始的“文化大革命”是一场浩劫。文化界和知识分子首当其冲，无数优秀的祖国文化典籍被付之一炬，各种文化遗产遭到惨重破坏；很多文化名人受到严重冲击和迫害，受到人身侮辱，被关进“牛棚”或下放“改造”，一时间中国变成了文化沙漠……

我们的爸爸当然也在劫难逃。

两瓶安眠药和两百多块钱

其实，在“文革”爆发的前几年，爸爸的处境就非常不好。后来我们才知道，当年爸爸在《诗刊》的一些做法，比如自掏腰包请诗人朋友吃饭，在饭桌上为《诗刊》组稿等，被当作一种“资产阶级的腐化生活”，爸爸的领导方法也被称作“家长式领导”，受到批评。《诗刊》也被看作是由爸爸这样的“旧文人”把持的“同人”刊物。1964年9月，作协党组向中宣部打报告，要求《诗刊》暂时停刊。中宣部批准了作协党组的报告，1965年初《诗刊》被暂时停刊。爸爸整日赋闲在家，情绪低落。

“文革”开始后，我心里老是牵挂着爸爸的处境，不时回家看望，和爸爸谈谈心，希望能给他一些安慰。爸爸对“文化大革命”很不理解，想不通，对国家的前途和个人的命运深感忧虑。而我又何尝想得通，但我仍宽慰他说：“这次‘文化大革命’不是针对你一个人的，有的国家领导人已在大字报上被点名了，事情总会弄清楚的，要坚持住，想开点儿。”

但当时的形势对爸爸的压力不断加大：家里的电话被撤了，银行的存款被冻结了，工资被扣发，每月只给几十元生活费。家里的房子被迫上交，爸爸被“革命群众”“揪出来”，每天要到单位打扫卫生，挨批斗，家里一次次被抄家……爸爸的处境变得日益艰难了。

在单位挨批斗、受折磨的情况，爸爸很少对子女提起，大概是怕我们为他担心和难过吧，就像他在一首诗里写的：“什么都由我承当！”我们子女怕勾起和加重爸爸的痛苦，也不敢问他。我曾好几次向爸爸表示，想到文联大楼去看看他，爸爸坚决地说：“你绝对不能去！到那里去，首先得填表：来人姓名、单位、会见何人、事由、与被会见人关系，等等。本来没有事，你一去，弄不好，会惹出新的祸端。”我只好作罢。

一次我回家后，爸爸刚从外面回来，满脸的委屈和沉郁。我关心地上前询问，爸爸说，上午他们被拉到郊外一个地方去劳动，后来就开起了斗争大会，让他们跪在石头地上，造反派煽动一些不明真相的人，一边辱骂他们，一边向他们身上扔石头。爸爸说：“当时真是感觉斯文扫地啊！”爸爸还告诉我，前几天因笔误——把“造反”写成“造犯”——惹了大祸，罪名是“污蔑造反派”，写了几次检查，造反派仍不依不饶。这正应了爸爸早年的诗句：“这可不是混着好玩，这是生活，/一万支暗箭埋伏在你周边，/伺候你一千回小心里一回的不检点。”只有这一次，爸爸心情十分沉重，万般无奈地对我说：“活得太痛苦了，我现在是为了你们这些孩子活着！”听了爸爸的这些话，我感到非常揪心，也非常心疼，但我能做什么呢？我只能赶紧劝他要坚持住，宽慰他要想开些。当时有许多人在重压之下自寻短见，我真怕爸爸坚持不住，会出什么意外。

之后不久，一次我回家看望爸爸妈妈，爸爸悄悄对我说：“我这里有两瓶安眠药，你拿回去替我保存着，需要时再向你要。”爸爸长期身体不好，高度神经衰弱，天天服安眠药才能入睡，有时不止服一片。爸爸被“近忧”逼出的“远虑”让我感到些许高兴和安慰，紧张的心情放松了下来。我说：“好的，我拿回去保存，需要时我会送来。”然后，爸爸从上衣口袋里掏出两百多元钱，对我说：“这两百多元钱你也拿回去保存。”我对爸爸说：“即便抄家也不至于搜身,钱你就放在口袋里,随时想买点什么吃的用的,方便一些。"我还对爸爸说:"我们还存有几百元钱,需要时我可以给您拿来。"多年以后爸爸告诉我,他当时听了我的话,心里很高兴,也很感动。这是患难之中的父子真情。

万不得已的万全之策

"文革"初期,造反派抄家之风随即兴起,人人自危,不知何时临到自己头上,对自己的东西、藏书和信件,特别是可能构成罪名的,要立即处理,或以火焚之,或以水泡之,或撕成碎片,以免后患。爸爸也忧心忡忡,不知厄运何时临到自己头上,对自己多年的珍藏,也不知如何处理是好。

爸爸最宝贵的珍藏,是他担任《诗刊》主编后,毛主席写给他的六封亲笔信(毛主席本来给爸爸写过七封信,但1959年的一封信收到后很快就被组织收回,所以爸爸手中只保存了六封信)。他把这些宝贵的信件装进一个大信封里,再放在皮包里。他曾经给我看过,但不许我翻动一下,可见爱护之精心。如果造反派来抄家被抄走了,万一弄坏了或者丢失了,那将是无法弥补的损失!如何是好呢?无论交给谁、藏在哪里都不保险,真是万般无奈啊。爸爸妈妈和我经过仔细商量,终于想出了个万不得已的"万全之策":按照组织系统交给中央档案馆保存,这样才能万无一失。但附带提出一个要求:将来给一份复印件作为纪念。就这样,毛主席给爸爸的六封亲笔信上交了,这一件最大的心事才放下来。

1997年夏天,爸爸因病在协和医院住院时,派我和本静从中央档案馆取回了这六封信的复印件,我们当年的要求实现了。

至今我们仍珍藏着这些毛主席亲笔信的复印件作为宝贵的纪念。

永远的愧疚

毛主席给爸爸的六封亲笔信,按组织系统上交,妥善保全可以无虞;可是,爸爸还珍藏着朋友们写给他的许多重要信件,如何处理,决心真是难下啊。据爸爸说,这里面有王统照先生给他的一百多封信,每封都是厚厚的;这里有老舍先生40年代从美国寄给他的信,信中充满了对祖国怀念的肺腑之言……这些信他平时都放在自己存放重要信件的黑色皮包里,藏在衣柜里面，从不示人。王统照先生和老舍先生与爸爸都是恩师兼挚友的关系，是爸爸登上文坛的提携者。他们的信件是真诚友谊的记录和见证，也是珍贵的文学遗产和文学史资料。但这些珍贵的信件却极可能成为造反派用来批判打击爸爸的“罪证”。

爸爸问我能不能把这些珍贵信件拿到我家保存？我犯难了。我对爸爸说了自己当时在单位的处境。“文革”一开始我就和一些观点一致的同志成立了个“七一支队”，贴大字报，但一下子就被打成了“保皇派”，被人注目；我们自己多年积累的中文和俄文书籍，在当时看来，都属于“大洋古”“封资修”之列，我已列好目录，准备上交或者销毁；我也心神不安地时时等待着被抄家。我知道这些信件在爸爸心中的地位和分量，所以不敢把这些珍贵的信件带回家去保存，万一……

爸爸很理解，再没有说什么。

爸爸把这些信件东藏西藏，妈妈甚至一度把它们藏在爸爸卧室的顶棚上，但总觉得哪里都不保险、都不安全……万般无奈，最后只好狠一狠心把它们付之一炬！安全倒是安全了，但这些珍贵的信件却永不可能复得了。呜呼！

后来爸爸说：“受侮辱，挨打挨批，咬咬牙也就挺过来了，最让我痛心的是‘文革’初期的焚烧书信，那真是一种最残酷的精神折磨。”

爸爸后来这样回忆焚烧书籍和信件时的情景和心情：“我用颤抖的手划燃了火柴，火光中那些烧焦的页子轻轻飞起，欲去还留地充满依恋之情。望着满屋飞舞的纸灰，我的心，碎了。”

我从未拂逆过爸爸的意旨，这是我平生头一次未遵从爸爸的愿望行事，却造成了无法弥补的损失。这件事在我的心中留下了永远磨不掉的愧疚。每当我读到爸爸上述文字的时候，心里便感到悔恨、难过、痛心和愧疚，我真想大喊：“这不是我的过错！这是时代的错误！！！”但这于事何补？就让这永远的愧疚留在心里吧。

一本小书的命运——历史沧桑

抗战初期爸爸曾写过一本通讯报告集《津浦北线血战记》，平日就放在家中的南书房里。封面是台儿庄战役示意图，“津浦北线血战记”七个大字竖排印在封面左侧，十分醒目。书中有许多战场实地拍摄的照片。这本书我读过，曾被中国抗日将士英勇杀敌、不怕牺牲、为国捐躯的伟大精神深深感动，战场惨烈情景的描绘令我惊心动魄。台儿庄战役是中国军队在正面战场取得的第一个重大的胜利，大大鼓舞了全国抗战军民的士气。

《津浦北线血战记》封面

“文革”兴起，一切与国民党沾边的东西都逃不出被“横扫”的命运，这本书也不例外。最要命的是，书中有第五战区司令长官李宗仁的照片和长篇题词，还有白崇禧的照片和简短题词。在那个“欲加之罪，何患无词”的时期，保存这样的书，一旦被查出，该当何罪？一次我回家，问爸爸这本书是否已烧掉，爸爸回答还没烧掉。我说赶紧烧掉。于是，爸爸保存了将近三十年的一个珍本，就同许多别的珍藏一起化为了灰烬！可惜啊，可惜！

《津浦北线血战记》一书，是爸爸应第五战区司令长官李宗仁之邀，于1938年4月上旬台儿庄战役行将结束之际，迎着尚未熄灭的炮火硝烟，冒着敌机轰炸的危险，三进台儿庄实地体验观察，采访国民党军队高级将领、参战官兵和普通百姓所作的忠实的记录。爸爸在《我的诗生活》中描绘了当时前去战地采访的情况:“我立在了光荣的民族革命的战场——台儿庄上。我的马儿迎着炮声嘶鸣,我在炮弹缝里乱穿,争来争去的这焦土的寨子我三次进去凭吊过,我看见敌人丢下了坦克和许多东西败退了下去。”

为了早日将台儿庄大捷的真实状况展示在读者面前,爸爸夜以继日,奋笔疾书,仅用了数日便完成了该书的写作。1938 年 4 月 22 日,爸爸即乘火车赶往武汉出版此书。4 月 25 日到汉口生活书店,受到了张仲实同志接待并见到了邹韬奋同志。书店高兴地接受了书稿。为抢时间,以最快件付印,5 月即印行了初版。

后来爸爸在回忆录《诗与生活》中写道:

> 五月,我带着印制得颇好的《津浦北线血战记》回到了潢川,李宗仁拿着书,望着他站在台儿庄站旁的一幅照片,没说什么,他的得意由他的神态作了含蓄的表现。放下书,他问我武汉文化界对台儿庄战役的观感如何,我用“很好”二字简单地回答了他。他天真地神色飞动,好似一个小孩子做了件好事受到大人们夸奖一样。

这大概是最快捷、真实、生动地记录和描绘台儿庄战役的第一本书。这不仅是爸爸个人的一段亲身经历,也是一段中国军民以自己的血肉之躯英勇抗击日寇、保卫祖国的悲惨壮烈、可歌可泣的历史,我们永远不能忘记。

“文革”中促使我们烧掉此书的李宗仁和白崇禧的题词是什么呢?

李宗仁的题词如下:

> 暴日前受巨创于津浦路南段,野心犹未稍戢,近复挟其精锐数万之众,恃犀利之器械,左攻临沂县,右取临峄,直逼台儿庄,炮火连天,所过为墟,气焰炽张,有囊括我徐海之势。幸我将士用命血战,兼旬旅[屡]进旅[屡]退,反复搏击,卒将顽敌击退。双方伤亡惨重,为第二期抗战以来所仅有。余偕臧君克家巡赴前线督战巡视,台儿庄已成一片焦土,人民未及逃避死于敌人炮火之下者不计其数,敌尸未焚或已焚而残肢未化者累累皆是,臭气熏天,满目凄凉,极尽人间之悲惨。因日军阀逞侵略之野心,致两国人民罹此极度之牺牲,良可痛恨。希我军民不以小胜

而骄，受挫而馁。吾人为求我中华民族解放而抗战，必须以大无畏之精神再接再厉，扫荡顽敌，还我河山，奠定民族复兴之基础，树立永久之和平焉。

李宗仁写于前线(李宗仁印)

四、十四日

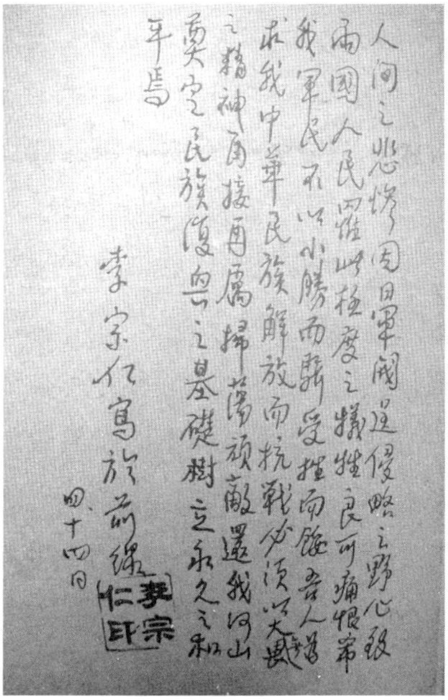

人間之悲慘因日軍閥近侵略之野心致
兩國人民罹此極度之犧牲良可痛恨希
我軍民不以小勝而驕受挫而餒吾人為
求我中華民族解放而抗戰必須以大無畏
之精神再接再厲掃蕩頑敵還我河山
奠定民族復興之基礎樹立永久之和
平焉

李宗仁寫於前線 李宗仁印

四、十四日

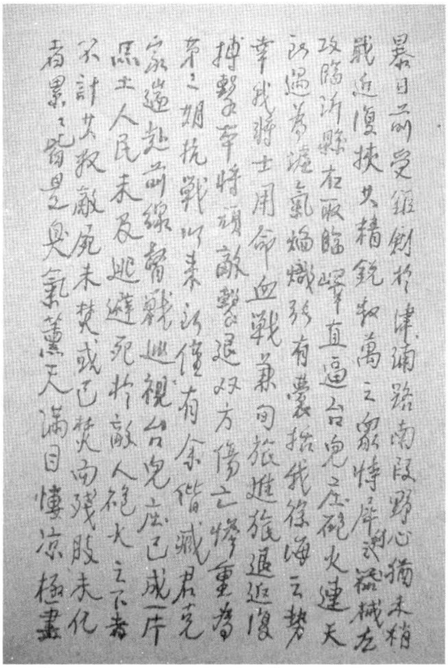

暴日前受挫創於津浦路南段野心猶未稍
戢近復挾其精銳數萬之衆恃犀利器械左
攻臨沂縣右取臨嶧直逼台兒莊砲火連天
以遏萬騎氣焰熾張有囊括我徐海之勢
幸我將士用命血戰兼旬旅進旅退迭復
搏擊卒將頑敵擊退此役方傷亡之慘重為
第二期抗戰以來所僅有余偕臧君克
家遍赴前線督戰巡視台兒莊已成一片
焦土人民未及逃避死於敵人砲火之下者
不計其數敵屍未焚或已焚而殘肢未化
者累累皆是臭氣薰天滿目悽涼極盡

李宗仁为《津浦北线血战记》题词

白崇禧的题词是：“战胜不骄，受挫不馁。”

暴雨过后，阳光灿烂。斗转星移，光阴荏苒。1994 年爸爸年届九十，全家决定把《臧克家文集》出齐。前三卷(诗歌部分)已由妈妈编辑，1985 年由山东文艺出版社出版。时隔 9 年之后，后三卷(散文部分)的具体选编工作由小妹苏伊和我们来做。爸爸决定把《津浦北线血战记》收入文集，可原书在“文革”期间已付之一炬，我们只好从图书馆借来此书，抄写勘校。这是《津浦北线血战记》新中国成立以后首次收入爸爸的文集。但 1938 年 5 月初版的插图和李宗仁与白崇禧的题词均未收入。与初版相比，减色不少。

2012年6月，三联书店为创建80周年推出《三联经典文库》第一辑100种图书，《津浦北线血战记》列在其中。2012年7月17日《人民日报》在《记录历史　传承文明》的标题下发表长文，推介《三联经典文库》第一辑，文中特别提到了“描述台儿庄战役的《津浦北线血战记》”。《三联经典文库》推出的《津浦北线血战记》本着忠实原作的编辑原则，把初版中的26幅插图全部收入，并将初版的书影加入其中，使该书图文并茂。

“文革”初期被我们匆忙烧掉的，原来是一本“三联经典”。这一本书的遭遇给人多少启示啊！不知是我们和历史开了个玩笑，还是历史嘲弄了我们。记得有人说，“历史是要拉开距离来看的”。只有拉开距离才能除掉主观偏见和成见，才能看得更客观、更真实。

老舍殉难

1966年8月25日，我回家去，看见爸爸脸上表情非常复杂，一半是悲伤，一半是恐惧。怕被别人听见似的，爸爸小声对我说：“老舍先生昨天跳太平湖了。”我的脑袋“嗡”的一声像要爆炸！这位文学大师、人民艺术家，就这样在“文革”中遇难了！老舍先生是爸爸的好朋友，我们两家素来交好，情深谊厚。爸爸此刻心里的悲痛，定是难以言说，我只能劝慰爸爸要好好保重自己。

爸爸与老舍先生的交谊渊源很深。他们第一次见面是在1935年夏天，那时爸爸在临清中学教书。关于这次见面，爸爸曾回忆道：

> 暑假还没放，因为一点私事便早早结束了功课赶到青岛去了。青岛是老熟的地方，可是这一次却不是去温旧梦，而是去会见一些未会过的好朋友。第一个就是老舍兄，我们在信件上已经有过两年的交往，人却是第一次见。

后来，爸爸在另一文章中回忆起自己的处女诗集《烙印》自费出版时老舍先生和其他前辈对他的提携：

> 我和老舍相识，相交，至死不渝，还有一个重要的原因。1933年7月，我的第一本诗集自费出版了。一个无名小卒想出本书，比登天还

难。这本《烙印》由闻一多先生写序，王统照先生作出版人，他们两人既出了力，每人还出了二十元钱作为印刷纸张费用。书出不久，在当时影响很大的《文学》杂志上，一期刊登了两篇文章，一篇是茅盾先生写的，另一篇是老舍先生写的。老舍评诗，不但别人，我自己也为之既惊且喜！他的评文，也很别致，至今还记得几句，他说：“设若我能管住生命，我不愿它又臭又长……我愿又臭又硬。克家是否臭？不晓得。他确是硬，硬的厉害。”由于这两篇评介，书店才接受了《烙印》这本小小诗集，我也算登了龙门——上了文坛。

可以说，老舍先生对爸爸有知遇之恩。知音难得啊！从此，这深深的友情伴随了他们一生。

1937年“七七事变”之后，10月间爸爸前往济南探听消息，看望朋友，在空袭警报间隙，特地到齐鲁大学看望在那里任教的老舍先生，见到了胡絜青先生和年龄尚小的舒济和舒乙，并在老舍先生家吃了午饭，这是多么难能可贵啊。送别时，老舍先生说：“不论在哪儿，来个消息啊。”爸爸老远回头答应着：“一定，一定。”

1938年三四月间，爸爸从前线到了武汉，那里汇聚了许多文艺界的朋友。爸爸去拜访老舍先生，为抗战他只身来了武汉。爸爸问起家人的情况时，老舍先生怀着对家人歉疚的心情说：“国难当头，抗战第一，我们不能老把个人和家庭挂在心上呵！”他告诉我爸爸，中华全国文艺界抗敌协会已经成立了，它号召“作家下乡，作家下厂，作家入伍”。

1942年10月14日，爸爸从待了五年的战地前线来到了重庆张家花园65号中华全国文艺界抗敌协会。老舍先生是“文协”的总管。老朋友又见面了。“文协”是个统一战线文化组织，老舍“当家”最合适。如文友们所说：老舍“外圆内方”，“外”不“圆”，就转不动，“内”不“方”，就丧失了立场。老舍在重庆，脚不停，口不停，笔不停，他一劲地写，写抗战戏剧，写新诗，写曲艺，搞通俗文艺……他是一个大忙人，他为抗战文艺工作，尽了个人的全力，作出了出色的贡献。

1944年4月18日是老舍先生创作20周年，时年老舍45岁，爸爸从歌乐山寄了一幅字，表示热烈祝贺，题为《甘苦回味二十年》：

二十年不算长，比那些沿一条路走完了一生的文艺巨人；可是，二十年也不能说短，回头望一望就可以知道。二十年是一个站口，生命的前路迢遥，伟大的文艺工作者是以八百岁为春八百岁为秋的。

书贺舍予兄创作廿年

值得特别提一下的是，1944 年秋，爸爸和老舍先生在创作上进行过一次合作。老舍先生创作了一部四幕话剧《张自忠》，爸爸为这部剧作写了四段幕前诗《诗颂张自忠》(一、他回到他的队伍里来了；二、他在临沂揭开了胜利的序幕；三、他用自己的牺牲掩护大军的安全；四、他完成了自己)。据记载，“此剧一经上演，立刻引起轰动”。这是诗人爸爸和剧作家老舍先生一次成功的创作上的合作，多么令人高兴啊。

新中国成立后，爸爸和老舍先生重聚在北京。同住在东城，同在作家协会工作，时常晤面，不时过从，互相记挂着。

我只说两件小事。

老舍先生家的院子里有几棵柿子树，人称“丹柿小院”。每年到柿子收获的季节，老舍先生总是让胡絜青伯母给我家送几十个，方的，尖的，大的，小的，奇形怪状，活枝鲜叶。爸爸把它们摆在宜兴泥茶盘上当艺术品欣赏。我有幸品尝过，很甜噢！老舍先生逝世后，爸爸 1972 年从干校回京，胡伯母每年秋天依然送柿子来给我们尝鲜，年年不落。后来胡伯母年岁大了，就派舒乙夫妇送柿子来，直到他们搬家。我常想，每年爸爸收到的不仅仅是金黄的柿子，更是老友的一片深情厚谊。

还有一件事情。1962 年春节前的寒假，那时三年困难已出现转机，形势初步好转，学校领导不知通过什么渠道为老师们弄到一批奶油，我们倾囊中所有，买了 10 块，托回京度寒假的同学带回家中，让爸爸妈妈和两个妹妹补充一点“油水”。爸爸后来告诉我，他把我们带回的奶油送了一点给老舍先生分享，我们心中感到十分高兴。真如爸爸的诗句所说：“老友老友，心中老有。”

1976 年 10 月，“四人帮”被粉碎了。1978 年 6 月 3 日，爸爸参加了老舍先生骨灰安放仪式。归来之后，心中积压了十多年的对老舍先生的思念之情喷涌出来，化成一篇文情并茂的散文《老舍永在》，登载于《人民文学》1978 年第 9 期。我们在中国国际广播电台搞俄语广播，发现 1986 年苏联《远东问题》杂志译载了此文。我们把这一消息告诉了爸爸，他十分高兴。

1999 年 2 月，为纪念老舍先生一百周年诞辰，爸爸还写过一首诗，以表达对老舍先生的深情厚谊和无比思念。

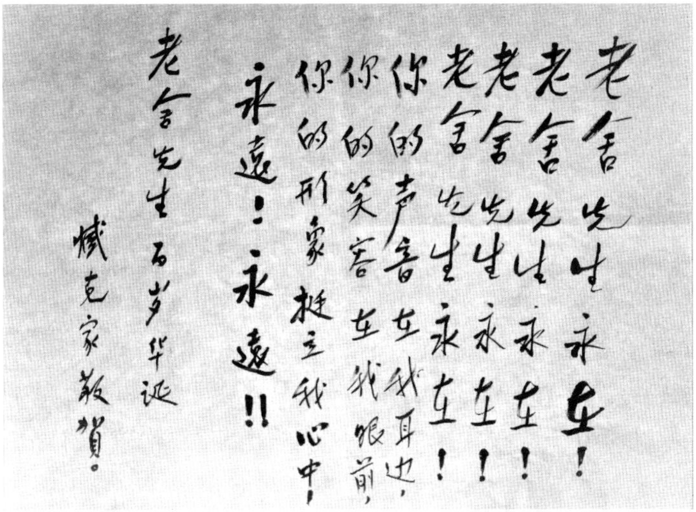

1999 年，臧克家 94 岁时为纪念老舍一百周年诞辰写下的诗句

送爸爸去干校

1968年,"文化大革命"已进行了两年,国内形势一团混乱。遵照毛泽东主席的"五七指示",当年5月,中国第一个"五七干校"在黑龙江柳河成立。此后各单位纷纷效仿,在各地兴建了许多"五七干校"。毛主席很赞赏这个做法,曾批示说:"广大干部下放劳动,这对干部是一种重新学习的极好机会,除老弱病残者外,都应这样做。"文化部这个"文革"重灾区当然也不例外,在湖北咸宁向阳湖畔建立了"五七干校",文化部所属的许多单位被"连锅端",数千人被下放到那里劳动改造。

本来爸爸是属于"老弱病残",可以不去干校的,但随着10月林彪"一号通令"的下达,战备形势陡然紧张。11月,我们得到消息,爸爸也将被下放到湖北咸宁干校劳动改造。

1972年9月底,臧克家、郑曼合影于湖北咸宁干校驻地

这个消息并不使我感到意外，因为在此之前的三四个月里，我已经三次到北京站送走了我的亲人。6月，20岁的大妹妹小平踏上了前往黑龙江生产建设兵团的征程；而妈妈也先行一步，于9月随人民出版社的大部分同事到湖北咸宁文化部“五七干校”去了；在爸爸行前一天，托妈妈人民出版社的同事把13岁的小妹苏伊带到咸宁县汀泗镇妈妈身边。北京赵堂子胡同15号家中只剩下爸爸孤身一人。而今爸爸也要离开北京，过不了几日就会人去屋空了。一个完整的家，现在变得四分五裂，只剩我们一家在北京留守。

送爸爸去干校，我的心情难以言表，心里酸酸的。爸爸长期身体不好，年逾六旬，已属老年，但亦不能幸免。爸爸到干校能吃得消吗？能坚持得住吗？这一别，我们父子何时才能再见面？我们还能不能再见面？只有天知道了！这时，我的心中反复响起苏东坡著名的词句：“人有悲欢离合，月有阴晴圆缺，此事古难全。但愿人长久，千里共婵娟……”

最好吃的一顿“盛宴”

1969年11月29日，星期六。中午送走了小妹苏伊，第二天爸爸也要搭上去湖北咸宁的列车去干校了。这天正巧我上夜班，让我有机会回家为爸爸准备一顿送别宴。我的厨艺稀松平常，平时自己做饭自己一家凑合着吃。这一次却不同，我想，这也许是我们父子的最后一顿团圆饭，一顿告别饭，因此我用心竭尽所能。我买了一只爸爸平时爱吃的烧鸡，买了一块老豆腐，做了一个盐煎豆腐条，做了一个红烧鱼，炒了一盘青菜，烧了一锅肉丝鸡蛋汤，主食是从胡同口的烧饼店买的新出炉的热腾腾的火烧。餐桌上，我和爸爸父子相对，百感交集，互道珍重，互相祝福。这不是一顿普通的午饭，是患难时刻充满父子深情的一顿大餐，让人回味无穷。饭后，爸爸满怀深情地对我说：“我一生吃过许多盛宴，但今天这顿饭是最好吃的一顿！”我听罢深受感动，父子连心，这是人间真情啊！

这顿饭的每一样菜，我都多做了一点，留一些让爸爸晚上热一热吃。吃完饭后，我让爸爸好好睡一觉，休息休息，准备明天远行。我也回家睡觉，晚上上夜班。我告诉爸爸，我第二天一早再来。

心灵感应

第二天一大早，我下了夜班，匆匆吃了点早饭，便赶到赵堂子胡同15号爸爸家。爸爸一见到我，便表情神秘地小声说："你猜猜昨天晚上谁来了?"我一时猜不出，爸爸十分高兴地对我说："三爷爷来了!"这真是出乎我的意料，我有点惊讶地回应说："是吗?!"

我的这位三爷爷，名字叫臧绾城，是爸爸的庶祖母所生，比爸爸小15岁。1934年夏，爸爸山东大学毕业去山东临清中学任教，就带着这个小叔叔到该校读书，直到"七七事变"后该校解散。抗战时期，在爸爸不在家的一段时间里，作为臧家我们这一支唯一的男性长辈，三爷爷对我们多有照顾。20世纪40年代末，爸爸介绍他到北京工作。爸爸从香港到北京之后，和这个小叔叔经常往来。每年秋末冬初采暖季节，三爷爷都来帮爸爸安装火炉。1963年我调来北京后，三爷爷还对我进行了"传帮带"。"文革"开始后，大家都被审查，交往大为减少。爸爸多次让我叫三爷爷到家来玩，三爷爷很谨慎，对我说，这时节来往太多，对谁都不便。

爸爸告诉我："三爷爷很久没来了，我很想念他，我就要走了，真怕见不着他了。我正想他，昨晚他突然来了，真是太巧了!"

我并没有告诉三爷爷爸爸要下放的事，他怎么会知道的?后来我曾经问过他，三爷爷回答说，总觉得克家那里有什么事，放心不下，得去看看。就这样，叔侄在这最微妙的时刻相见了。这也许就是天意，就是所谓的"心有灵犀"吧!

爸爸还告诉我，他们一起吃了我中午做的那些菜，老侄少叔一番夜话使爸爸心里感到了很大的快慰和温暖。三爷爷还答应今天到火车站为他送行，爸爸很感动。为此，1972年爸爸从干校回到北京后，特地买了一块上海牌手表送给他的小叔叔、我的三爷爷作为纪念。

弄巧成拙

开往湖北咸宁的列车于11月30日下午1点30分发车。我们1点钟就买站台票早早进了站台。三爷爷、我和本静带着我们七岁的儿子臧小龙到车站为爸爸送行。不一会儿，作协下放人员集体来了，一时间一阵忙乱，大家忙着上车，安排座位。爸爸被安排在离站台远的一侧临窗的座位上。我们上车和爸爸紧紧握手告别，叮嘱他千万要善自珍重，祝他平平安安、健健康康。大家心中都充满了依依惜别之情。安排好爸爸的行李后，我对爸爸说，我到站台前面火车头那边去等着，好多看看他。可能是人多杂乱，爸爸没听明白我的话。1点30分到了，汽笛一声长啸，列车缓缓开动，从我身边开过，我睁大眼睛用力盯着车厢的窗子，但是没看见爸爸的影子，不禁心中怅然。爸爸就这么走了。何时才能再相见呢？

爸爸到干校后来的第一封信说："乐安，火车开的时候，我怎么没看到你？"我在回信中说："爸爸，我也没看到你呀。"本想多看爸爸一眼，不想反而没看到他，这真叫弄巧成拙，事与愿违。

《〈理想之歌〉赞歌》发表的前前后后

《忆向阳》油印本的命运

在人们的心目中，作家是一种崇高、神圣而又令人羡慕的职业。作家的使命，就是为人民写作，创作出为广大读者所喜闻乐见的作品。但“文革”开始后，几乎所有作家都被生生剥夺了创作的权利，他们被迫无休止地写检查交代材料。这些“人类灵魂的工程师”，他们的灵魂经受的痛苦和折磨真是难以言表。他们被关进“牛棚”，被送往“干校”……他们是多么热切地盼望着重新拿起笔来为人民写作的那一天早日到来。

形势慢慢开始有了转变。在经历了六年炼狱般的生活之后，1972 年 9 月，我们 67 岁的爸爸终于获得“解放”。因爸爸在干校犯了几次比较严重的心脏病，经领导批准，10 月初爸爸结束了三年的干校生活，从湖北咸宁文化部“五七干校”返回北京休养。从此有一段较长的时间赋闲在家，境况有所改善。在此期间，爸爸与许多“文革”中失去联系的朋友恢复了交往，互相拜访，书信往还，并开始以诗赠答，乐此不疲。

1974 年，爸爸开始回忆“干校”那一段生活。作为“农民诗人”，爸爸对乡村有着特殊的感情，三年的干校生活的经历，回想起来心潮澎湃，激起了爸爸的创作热情，于是他提笔写起了“干校诗”。当时并没有准备发表，也没有地方发表，而只是在文朋诗友之间，特别是干校战友之间传观，征求意见，以求改进，精益求精。没想到一发而不可收，竟写下了几十首旧体诗。写成之后，爸爸编辑好请青年诗人钱世明刻成蜡版，油印出一批大约三十多页的小册子，题目是《忆向阳》，钤以“克家吟草”印章。后来，爸爸回忆说：“这组诗，未定稿之前，我请一位同志给油印了60份，准备送给诗友们提提意见，刚发出20本，警告就来了，不但不敢再发，把已发出的也要了回来。1975年是什么年头？是‘四人帮’横行霸道、实行文化专制之秋啊。”

现在我们手头仍保存着爸爸当时送给我们的一本，可以作为这段历史的见证。油印本封面上题写着：“乐安本静读：绝不示人！”足见情况之严重。

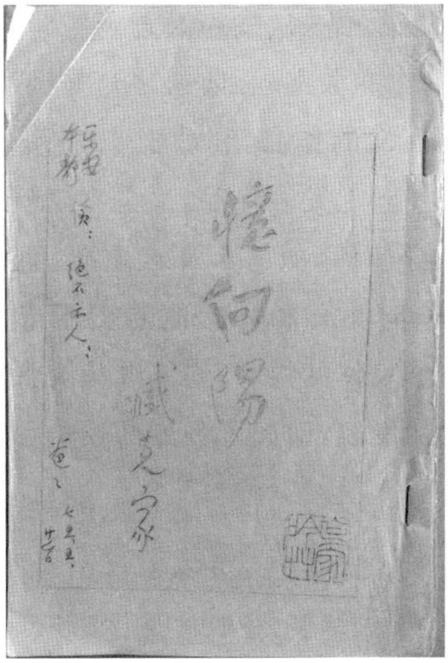

臧克家送给臧乐安的油印本《忆向阳》

当时作家们的处境较前有所宽松和改善，大家虽然心情急切，跃跃欲试，但都不敢轻举妄动，因为限制仍多，动辄得咎。爸爸曾经举过两个例子。其一：“那时，靖华同志的散文集《飞花集》，陕西人民出版社给重印了，这件事被‘四人帮’的鼻子嗅到了，调查一番，意思是：‘这些老家伙不安于室！’”还有一例，“人民文学出版社再版了贺敬之同志的《放歌集》，被判以‘不甘寂寞，急于复旧’的罪名，把贺敬之同志弄到石景山钢铁厂去劳动改造……”高压之下，老作家们都小心翼翼，噤若寒蝉。

发表《〈理想之歌〉赞歌》

1975年12月26日，爸爸在《光明日报》上发表了一篇诗作，占了满满一大版，那是为北大“七二级创作班”工农兵学员的《理想之歌》写的“一点读后感”，题目是《〈理想之歌〉赞歌》。现在看来，这首长诗当然不可避免地带有“文革”的色彩。

这是爸爸十年沉默之后第一次发声。爸爸“文革”前发表的最后一篇文章是1965年7月2日创作的散文《心向往之》，是因读了吴伯箫同志从井冈山茨坪的一封来信有感而发的作品，刊载于1965年7月9日《羊城晚报》。十年之后爸爸第一次在报刊上发表作品，又是在《光明日报》这样的大报上，自然引人注目。作品本身如何，似已不那么重要，且不去说它，最重要的是发表出来了，这等于爸爸向关心和怀念他的文朋诗友和读者宣告：十年久违，今日重返文坛，又有了写作的权利，还能继续为大家奉献作品。

《〈理想之歌〉赞歌》的发表，引起了强烈的反响。爸爸1976年1月13日在致黎丁的信中说：

> 《赞歌》反应强烈，已接得文友来函二十余封（云南的、广东的、茅公、靖华、冰心……）。王瑶同志来信说：“《赞歌》在北大反应强烈。领导及学员皆在谈论。除现实意义外，诗的确写得很有感情，反映了老当益壮的面貌。”

得知爸爸在《光明日报》上发表了诗作，我心里感到特别高兴：憋了整整十年了，爸爸终于又能发表文学作品了！有一位同事告诉我，香港《文汇报》转载了《〈理想之歌〉赞歌》，1976年1月5日上午我即去中央广播事业局资料室查阅，午间即给爸爸写了一封信，描述了这一情况：

> 爸爸：
>
> 昨晚一同志告诉我，香港《文汇报》转载了《〈理想之歌〉赞歌》。今天上午我去资料室查阅了。情况如下：
>
> 登在头版左下角，约占整版六分之一篇幅，套红标题是“臧克家赋诗赞理想之歌”。最后注明原载《光明日报》十二月二十六日。可惜我

没注意《文汇报》是几号的。

写信告诉你，让你高兴高兴。

乐安

1月5日午

我的这封信引出了爸爸1976年1月13日致黎丁同志信的下面一段话："我已设法去弄一份香港《文汇报》，以头版六分之一篇幅转刊此诗，标题《臧克家赋诗赞〈理想之歌〉》——套红。群众对我的热情与期望，可感！这首诗的发表，应归功于你的敦促与鼓励，再谢！"

黎丁同志是《光明日报》文艺部的高级记者，也是爸爸的知心好友。1943年曾在桂林为爸爸出版了诗集《泥土的歌》。1958年起他负责编辑《光明日报》文艺版"东风"栏目，因为他与文学界众多作家都是好朋友。爸爸最赞赏他的一点，是患难见真情："'文革'期间，他不怕沾边，照旧去看望茅盾先生和受审查的我们。"爸爸从干校回到北京后，黎丁同志是最早去看望他的人之一，我在家中遇到过他几次。他中等个，留个平头，满头白发，但精神矍铄，十分健谈，平易近人。他喜欢游泳，特别是每年冬天坚持冬泳，非常值得敬佩。他住得离玉渊潭公园不远，我们游泳时遇到过多次，非常亲切，我都一一告诉了爸爸。这次爸爸在《光明日报》上发表作品，黎丁功不可没。所以爸爸对黎丁同志一再表示感谢。

1985年10月8日爸爸八十寿辰的时候，黎丁同志写了一篇祝寿词。从中可以看出爸爸和他不是泛泛之交，有着深厚的友情：

一九八五年十月八日是克家老友八十大寿，忆起四十年前来，涂抹几句，聊博一粲。黎丁泳后顿首。

大天池，君四十，我从湘桂逃入渝，多年鱼雁欣相见，祝寿诗会列席。亚平颂诗篇，挥手呼啸似昨日。翻一番，又是春秋四十。想当年，君已不惑我而立，如今子孙绕膝；想当年，鬼魅横行，"祝寿"也是一种战斗方式。今日四化建设，"不祝寿"，老也不放手中笔。你是作者，还是作者，我是编辑，还是编辑。风风雨雨半个世纪，豪情之花常开，友情之火不熄。倒转来，重开始，青春正十八、十七。前途浩浩荡荡，无边无际。

随爸爸陪姚雪垠先生看望茅公

“文革”期间，爸爸和许多朋友的联系被迫中断了，虽然心中记挂，但因自身难保，又怕牵连师友，所以数年间音信皆无。1972 年 10 月，爸爸刚从湖北文化部“五七干校”回到北京，便抑制不住心中的思念，急匆匆地去拜望了茅盾先生和其他许多朋友。茅公见到久违的爸爸，心中也十分欣慰，提笔写下“惊喜故人来，风霜添劳疾。何以报赤心？亦唯无战栗”的诗句。从此，爸爸与茅公来往较多，通信频繁，互相关心，互相安慰。爸爸经常给茅公带来一些久违的朋友的消息，给茅公带来很多欣喜，因此茅公曾对人说爸爸是“灵耳朵”。从 1972 年底到因病去世，茅公一共给爸爸写了七十多封信。外地朋友来京，像徐迟先生和黄碧野先生的女儿黄铮等，想拜访茅公，往往请爸爸陪同前去。

1940 年 5 月，臧克家（左三）与姚雪垠（左二）、碧野（左一）、田涛（左四）摄于老河口

1975 年 12 月，闻听姚雪垠先生要从武汉借调到北京，在中国青年出版社干部宿舍里修改他的长篇历史小说《李自成》，爸爸非常高兴。爸爸和姚雪垠先生有着深厚的情谊。抗战时期，他们曾组成“文艺人从军部队”，并肩辗转数千里，在鄂豫皖境内历经艰险，宣传抗日。他们曾冒着枪林弹雨，上前线对参加随枣战役的前线将士进行采访报道。爸爸曾说，他们的生命是从炮弹缝里漏下的。正是基于这种生死之交的友情，12 月 20 日，从来没有到火车站接过人的爸爸，在北京火车站于寒风中迎接远道而来的姚雪垠先生，老友相见，分外亲切。

爸爸对姚雪垠先生的《李自成》这部鸿篇巨制十分关注。从干校回京后，爸爸闻听姚雪垠先生正在撰写《〈李自成〉1～5 卷内容概要》，非常高兴。他把这个消息及时告知了茅公，又将茅公的通信地址转告姚雪垠先生，在爸爸的牵线搭桥之下，自此茅公与姚雪垠先生恢复了联系。茅公在姚雪垠先生创作《李自成》的过程中给予他许多帮助，姚雪垠先生非常感激他。爸爸在收到姚雪垠先生寄来的《概要》后，也认真阅读，提出了中肯的意见，并在叶圣陶先生、胡绳、张光年、严文井等诸位同志面前热情介绍这本《概要》。

姚雪垠先生到京之后，与爸爸时有往还。1976 年 5 月下旬，姚雪垠先生约请爸爸 7 月 3 日一同去看望茅盾先生。他事先从出版社借了一辆吉普车，约好 3 日下午两点半到家中接爸爸。因为此前不久爸爸自己一个人乘公交车去医院看望一位从干校回来生病住院的同志，下车时因动作稍慢，头被车门夹出了血，我们全家都非常紧张，所以大家约定从此爸爸出门必须有人陪同。去看茅公的头一天，爸爸打电话给我，要我随行照顾。

7 月 3 日下午大约 3 点钟，我们一行来到了后园恩寺 13 号茅公的寓所。茅公在院内西厢房客厅里接待了姚雪垠先生和爸爸。茅公显得有些苍老，但精神很好，见到老友，非常高兴。他们互致问候，互相通报了文坛上朋友的一些消息和情况，然后便转向交流和谈论对《李自成》的看法和意见。三位老友谈得起劲，我只是在一旁默默地听着。

时间过得飞快，不觉快 4 点了。姚雪垠先生和爸爸怕茅公太累，便起身告辞。出了大门后，姚雪垠先生对爸爸说，他还要去西郊看望朋友，便乘车走了。分手后，爸爸用羡慕的口吻对我说：“他身体真好，还有精力跑到西郊去看朋友。”

爸爸那一段时间身体不佳，腰疼病刚好，这一折腾已经很累了。那天天气很热，太阳晒得很厉害。我扶着爸爸走了相当长的一段路，来到大佛寺104路电车站。车站上人很多，我们好不容易上了车，经过美术馆北站，到灯市西口下了车，准备转111路电车，经灯市东口到米市大街下车，这样离赵堂子胡同的家有一条胡同的距离，就相对比较近了。一下车，爸爸对我说他头很晕。我看到爸爸额头上冒出了许多汗珠，衬衫背上也透出一大片汗渍，心里一阵紧张，生怕爸爸出什么意外，就赶紧搀扶爸爸到树荫下的马路牙子上坐下休息，到旁边商店买了一根冰棍让他解解暑。爸爸吃下了随身携带的一片药，休息了十几分钟后，才慢慢缓过劲来。我问爸爸是否转坐111路电车回去，爸爸说，头晕不能坐车了。从灯市西口到赵堂子胡同，有将近两公里的路程，这一段路程对于年轻人可能不算什么，但对于一个七十多岁又有病在身的老人来说，无疑是一段“长征”。但除了走路，实在没有别的办法，于是我就搀扶着爸爸，慢悠悠，慢悠悠，一步一步走回了家。

当年扶着爸爸艰难回家的情景深深地印在了我的心里。爸爸对朋友一片赤心，热情似火，自己身体不好，还陪姚雪垠先生去拜望茅公，真可谓是“舍命陪君子”了。

拜望茅盾先生后第三天，爸爸于1976年7月5日即给姚雪垠先生写了一封信，信中所述情况，与我回忆中写的完全一致：

雪垠：

一道去拜望茅盾先生，大家都极愉快。归途，车挤，徒步多时，不能支持，吃了“眠尔通”镇静一下，又就地小坐，勉强回到家。幸亏儿子同去，一个人，决然要出小事故。

我，这些年来，按精神、心理状态讲，堪称“恢复了青春”，但，自然规律抗不了，实在无法。这一点，你比我强万倍。精力好，能做出贡献。我，心有余而力已感不足。但还有不服之气。

……

我身体虽差，但不敢枉抛时光，能读则读，能写则写，严格认真，决不苟且。年景虽暮，而霞光犹灿然也！

握手！

梅采嫂好

克家

7月5日

短诗《泪》的遭遇

一个作家最看重的是什么？是他的作品的社会影响。

一个诗人最看重的是什么？是他的诗句是否打动人心，在读者的心灵中引起强烈的共鸣。

1976年1月8日，敬爱的周恩来总理逝世。噩耗传来，全国人民陷入了深深的悲痛之中。人民总理爱人民，人民总理人民爱。周总理一生为革命大业，鞠躬尽瘁；为人民服务，殚精竭虑，劳苦功高。单说在“文化大革命”中，周总理忍辱负重，巧妙而又艰难地与林彪、江青两个反革命集团周旋，保护了大批革命干部，义无反顾、苦苦地支撑着我们的国家。林彪反革命集团覆灭后，“四人帮”加速了篡党夺权的步伐，视周总理为最大障碍，攻击诬陷周总理，搞“批林批孔批周公”，司马昭之心，路人皆知。在人民群众沉痛悼念周总理逝世之际，“四人帮”等以“简化治丧礼仪”为名，作出种种规定，压制和阻挠人民群众的悼念活动。除了禁止自发的悼念活动外，还控制舆论工具，不准报道人民群众的悼念活动，加紧开展“反击右倾翻案风”的宣传。“四人帮”的倒行逆施惹得天怒人怨，兆示着他们多行不义必自毙。

1月11日下午，总理遗体送往八宝山火化，首都百万群众汇聚到十里长街两侧为总理送别，我们也在人群中，站在王府井大街东南口的高台上，送总理最后一程。总理的灵车缓缓地、缓缓地向前行驶，人人热泪纵横，真是“人的汪洋，泪的潮水”。我们从未见过一个人的逝世竟会有这样巨大的力量，真是震撼人心啊！总理遗体火化后，骨灰安放在劳动人民文化宫内，供各界人民吊唁，我们也去进行了悼念。我们把所见、所闻的一切和全部感受都告诉了爸爸。

爸爸与周总理虽然见面不多，但感情深厚，此时因总理逝世哀伤过度，脉搏间歇频繁。但为了悼念总理，爸爸蘸着心血和泪水写了两首诗，一首长的，一首短的，二者相较，短的一首更简洁而沉痛有力：

泪

——悼念敬爱的周总理

（写于周总理逝世后第五天）

八亿赤心，哀伤袭击！
千言万语，声声啜泣。
英姿笑貌，已成遗容，
伟词宏声，犹在耳中。
半旗悠悠，悲风漫吹，
人的汪洋，泪的潮水。
泪是丰碑，泪是誓言，
泪是动力，泪是火焰！
昂起头来，揩干眼泪，
红旗指向，无坚不摧！

1976 年 1 月 13 日

当时“四人帮”权倾一时，控制着所有的宣传舆论工具，千方百计地压制有关周总理逝世消息的宣传规模，我们爸爸这首沉痛悼念周总理而矛头又指向“四人帮”的富有战斗性的诗自然也就不可能发表。在粉碎“四人帮”之后，我把这首诗交给了时任中央人民广播电台文艺部副主任的张伟中同志（他过去曾在俄语部工作过，是我们的同事和好友）。1977 年 1 月 8 日，也就是周总理逝世一周年的时候，中央人民广播电台编的《广播诗选》才第一次刊登了这首悼诗。

《泪》一诗写好后，爸爸曾抄了一份给茅盾先生。茅盾先生 1976 年 1 月 23 日在回信中说：“赵朴初悼总理诗，我曾先见抄件，诗写得好，五言仄韵，读时自然有沉痛之感。然赵诗用典，恐一般读者不能尽解……至于尊作，用四字句，既典雅而沉痛，亦慷慨以激昂，后二节尤佳。鄙意，哀挽总理如从叙述总理丰功伟绩、品德风采方面着笔，则千万言亦不能尽，实写不如虚写，赵作与尊作都妙在此处，然尊作大众化，则胜于赵也。”

爸爸对这首诗念念不忘。1998 年 1 月 19 日，他在致友人的一封信里说：“总理逝世时，我写了一篇悼诗——《泪》，是首好诗，当时‘四凶’在，不能发表。《百年恩来》摄制组到医院去拍了几个镜头，我热泪不止，以全心、力朗诵了《泪》。总理的亲侄子及导演——总理的亲侄媳邓在军夫妇均为之感动。”

邓在军 2013 年 11 月 18 日在《北京晚报》发表的回忆录《人格的力量》中也提到此事：

> 拍摄《百年恩来》时，当年和恩来伯伯有过交往的大多是年事已高的老人。有些已经不在人世，有的长期住院，医院谢绝了一切探视，更不用说采访拍片子了。但得知拍摄《百年恩来》，总理亲属希望采访他们时，让我们感动的事情发生了：这些老人和他们的亲属以及医院，无不破例为我们开了“绿灯”……著名诗人臧克家，已是九十多岁高龄了，一直在医院治病。臧老的夫人告诉我们，为了接受我们采访，他一夜没有好好睡觉。臧老谈话的声音有些喑哑，可是一说起周总理，顿时精神矍铄，好似换了一个人。臧老说：“我对周总理很崇敬，很崇拜。他在 1949 年第一次文代会上的讲话，现在我能一字不落地背出来。”他激动地抒发出诗人情怀，放开洪亮而悲怆的嗓音，逐字逐句为我们朗诵了他专为悼念周总理写的诗《泪》。听着他发自肺腑的心声，在场的人也一个个随着臧老流下热泪。

尽管茅盾先生给这首诗以高度评价，尽管总理的两位亲人二十多年后听了仍为之感动，但在“四人帮”横行时期，爸爸用心血和泪水写成的这首沉痛悼念周总理的诗未能公之于众，知道的人很少，未能广泛流传，是爸爸的一个大遗憾，一个无法弥补的大遗憾。

我们忽发奇想：如果有哪位作曲家能为这首《泪》配上悲且壮的音乐，如果有哪位朗诵家用悲且壮的声音把它朗诵出来，并配到百万群众十里长街送总理的画面上，那将会何等契合，那这首诗的内涵将会发挥得多么淋漓尽致！

我们为爸爸操办茅公和靖华老伯的寿宴跑腿

我们在萃华楼碰了钉子

爸爸是一个好交朋友的人，对朋友满腔热忱，对文坛前辈师友更是敬爱有加。1976 年 7 月是茅公和曹靖华老伯八十大寿：一位是周岁，一位是虚岁。爸爸早早地就开始筹划，要为两位老前辈祝寿。

1976 年 6 月底，爸爸打电话叫我和本静回家，说让我们为他办一件事。我们回到家里，爸爸告诉我们，他准备在萃华楼为茅公和靖华伯伯两位前辈设寿宴，有十几位朋友作陪。他当即给萃华楼饭庄经理写了一信，说明要在萃华楼订一桌酒席，宴请中国作家协会主席茅盾先生，并说明有哪些人作陪。

我们奉爸爸之命来到了萃华楼，把信交给饭庄负责人并说明来意。他看了信，为难地说，我们这里没有位置，已经全部订满。我们说，推迟些时日也行。他说，那也没有。看到负责人毫无转圜余地的样子，我们只能失望地回家复命。

这也难怪。那时候，天安门“四五”运动刚刚过去不久，形势非常紧张。“四人帮”权倾一时，正加紧篡党夺权的步伐，大搞批邓、“反击右倾翻案风”。十多位老作家，老“权威”忽然聚在一起，是否“不安于室”，想搞什么阴谋?!在这种情况下，哪家饭庄敢于接待？有的同志也对爸爸说，当时这么搞恐怕不妥。

爸爸写信把这个意见告诉了茅公，他回信说：“杯酒话旧，于今不宜。当俟异日，我亦有同感。”

为爸爸给靖华伯伯送祝寿锦册

寿宴一时未能办成,“当俟异日”。但爸爸一直记着为两位前辈祝寿的事。他特意从荣宝斋买来两本锦册,满怀深情地构思贺词贺诗,用清秀的小楷字体誊写在贺册上。

爸爸给茅盾先生写了两首祝寿诗。一是:

著书岂止为稻粱,
遵命前驱笔作枪。
携手迅翁张左翼,
并肩郭老战文场。
光焰炯炯灼子夜,
野火星星燎大荒,
雨露明时花竞发,
清风晚节老梅香。

这首祝寿诗真实恰当地反映了茅盾先生在中国文坛的地位和丰功伟绩。

另外一首祝寿四言诗,爸爸工工整整地誊抄在锦册上:

文苑老将,著作等身,名高望众,海内同钦。
——序句。
“望众”者,为众所仰望也

壮士暮年　心意葱茏　如松之茂　如月之恒
丹桂飘香　欣逢时清　晚节劲朗　共沐东风
常健永年　攀登高峰　笔走龙蛇　气吞长虹
吟诵佳句　歌颂革命　令人气壮　头白心红
先生有喜读毛主席词新作三首
三十年前　识荆山城　雾重息室　道远任重
抵抗敌顽　布列文阵　乡居僻处　茹苦守穷
徒步往返　小伞一柄　时光流逝　印记犹浓
沪渎旧居　“大陆新村”　“内山”在迩　比邻迅翁

协力奋战　“子夜”煌煌　黑云压城　败墙将倾
近在咫尺　“横浜桥”横　相濡以沫　反蒋斗争
山河重光　同在京华　时接謦欬　情亲意兴
尊宠前辈　年富八秩　受哺后生　七十挂零
年景虽暮　霞光鲜明　天高地迥　锦绣前程

锦册上爸爸祝寿诗的复印件我还一直保存着，从这首诗中可以看出爸爸对茅公的崇敬和爱戴之情。

茅公对爸爸的确有知遇之恩。1933年爸爸的处女诗集《烙印》刚刚出版不久，茅公就撰写了评论文章《一个青年诗人的〈烙印〉》，对爸爸的诗作进行了评论。茅公充分肯定了爸爸的诗集“全部二十二首诗没有一首描写女人的‘酥胸玉腿’，甚至没有一首诗歌颂恋爱。甚至也没有所谓‘玄妙的哲理’以及什么‘珠圆玉润’的辞藻！《烙印》的二十二首诗只是用了素朴的字句写出了平凡的老百姓的生活”。他说：“我相信在目今青年诗人中，《烙印》的作者也许是最优秀中间的一个了。”正是因为茅公、闻一多、老舍、梁实秋等诸多前辈的称赞和提携，爸爸才登上诗坛。因此，爸爸对茅公有着深厚的感情。

1946年12月5日，茅盾(左二)、孔德沚(左一)夫妇赴苏联访问，臧克家(右一)与郭沫若(左四)、于立群(左三)、任钧(左五)、范泉(右二)等到上海码头送别

而靖华伯伯也是爸爸的多年老友，20 世纪 40 年代结识于重庆，50 年代又一同在中国作协书记处任书记。靖华伯伯性格开朗直率，和爸爸脾气相投，来往密切。他非常喜欢养花，一次坐公共汽车来访，还给我们家捧来了一盆含苞待放的“令箭荷花”，令我们感动不已。“四人帮”倒台前他来我家，经常与爸爸一起讽刺和怒骂“四人帮”的倒行逆施，毫不掩饰对这帮家伙的反感和蔑视，即使受到好心朋友的善意提醒也从不在意。

1976 年 7 月 14 日上午，爸爸叫我回家，说有重要事情。我到家后才知道，那天是靖华伯伯的寿辰。爸爸当着我的面，展纸挥毫给靖华伯伯写了一封贺信：

靖华同志：

欣逢您八十大寿，亲题纪念册为您祝寿，当不以句拙字劣见笑也。

近日，我头晕，出门为难，特命我的孩子乐安代我向您拜寿，俟身体好些时，再登门祝贺。

秋凉后，再寻合适机会，邀集几位老友，为您和茅盾先生长寿、健康干杯。

祝

康乐永年！

克家

一九七六年七月十四日

爸爸命我把贺信和祝寿锦册送给靖华伯伯并代表他给伯伯拜寿。

我十分乐意履行这一光荣使命。到了靖华伯伯的家，见到他精神矍铄、满面慈祥的笑容，我心里非常欣慰，立刻献上封面上写着“靖华同志八秩寿辰纪念”的锦册和贺信，并深深鞠了一躬，代表爸爸和我自己给靖华伯伯拜寿，祝他生日快乐，健康长寿。靖华伯伯十分高兴，让我坐下，拿糖给我吃。他先看了贺信，然后打开贺寿锦册，只见扉页上的题词是“为靖华同志八十大寿祝嘏”，后边一页上是爸爸的一首贺诗：

堪笑"七十古来稀"
我今为君寿八十
壮怀常留青春在
头上白发莫相欺
小诗一首祝靖华同志八十大寿

祈正

克家
七六年七月

靖华伯伯看后，高兴之极。我圆满地完成了任务，不便过多打搅伯伯，随即起身告辞，回家复命。

1987 年 5 月 6 日，臧克家到北京医院探望曹靖华先生

一次欢畅盛大的祝寿宴

1976 年 10 月 6 日，党中央一举粉碎了"四人帮"，全国人民一片欢腾。一场暴风雨过去，绚烂的阳光又普照中国大地。转眼 1977 年 6 月到了。爸爸又重新筹划为茅盾先生和靖华伯伯祝寿之事。6 月 20 日前后，爸爸把我们叫回家去，这一次他给丰泽园饭庄的经理写了一封信，说明打算在丰泽园宴请沈雁冰等先生。

我们不懂预订酒席之道，问订什么标准的酒席，爸爸告诉我们，酒席有

“参席”“翅席”等之分，说订一桌“翅席”，由他们酌情安排就行了。

那天天气很热。我们来到丰泽园饭庄，向负责人递交了爸爸的信，说明了来意。饭庄经理看完信，立即热情地表示欢迎。我们记下准确的时间、地址，任务顺利完成，高高兴兴地回家复命。归途中我们心中十分感慨，真是两次订餐，两个天地。

之后，爸爸又忙着分别给诸位老友发邀请信。给茅盾先生的信上写道：

茅盾先生：

今年7月4日，是您八十一岁寿辰，14日是靖华同志八十寿诞，您二老是我尊敬亲密的老师和朋友，为了表示一点敬意，我决定邀请要好的老友，为您和靖华同志杯酒祝嘏。望届时光临！

时间：7月4日晚6时半

餐馆：珠市口西街　丰泽园

克家上

1977年6月27日

拟邀请参加宴会的同志：

叶圣陶　姚雪垠　冯　至　何其芳　唐　弢　张光年

严文井　李何林　葛一虹

连我共十二人

请勿外传，恐有变动。

给曹靖华伯伯的信和给茅公的大同小异：

靖华同志：

欣逢您八十大寿，茅盾同志八十一岁诞辰，您二老是我尊敬亲密的师兼友，为了表示一点祝贺之忱，我决定邀请一些老友，为您二老杯酒祝嘏。届时请光临！

时间：7月4日下午6时半

餐馆：珠市口西街　丰泽园

克家上

1977年6月27日

宴会7月4日如期举行。爸爸曾在文章中描绘了这次聚会的盛况。十二位著名作家、老朋友、文艺老战士欢聚一堂，总岁数加起来超过八百四十岁。大家心情愉快，精神焕发，开怀畅谈，频频举杯祝茅盾、曹靖华、叶老三位文坛前辈长寿健康。快乐使大家忘了时间，不觉已到了晚上9点。临散场时爸爸忽然想起，对大家说："今天的集会太难得了，一切都圆满，只差一点，可惜忘了带照相机，留一张合影啊！"这次难得的历史性聚会没有留下一个影像，真是太可惜、太令人遗憾了！在相当长一段时间里，爸爸还在享受、回味并津津乐道这次老朋友的聚会。

我们能为十二位文坛宿将难得的聚会跑跑腿、尽点力，真是我们的荣幸。

可惜，聚会之后二十天，何其芳先生就逝世了。至今，与会者都已先后辞世，但他们的作品将永存于世，他们将永远活在人民的心中。

一家四代山大人

1986年5月，山东大学迎来了建校八十五周年校庆。

那时，爸爸从山东大学毕业已经五十多年了，但之前从未亲自参加过母校的校庆活动。不是不想参加，只因中华人民共和国成立之前战乱频仍，辗转流离；新中国成立后爸爸又工作繁忙，身体欠佳。但是，每当母校有重大校庆活动，爸爸都会以各种方式——或题词，或写诗，或撰写祝词，表达一个老学生对母校的深情。

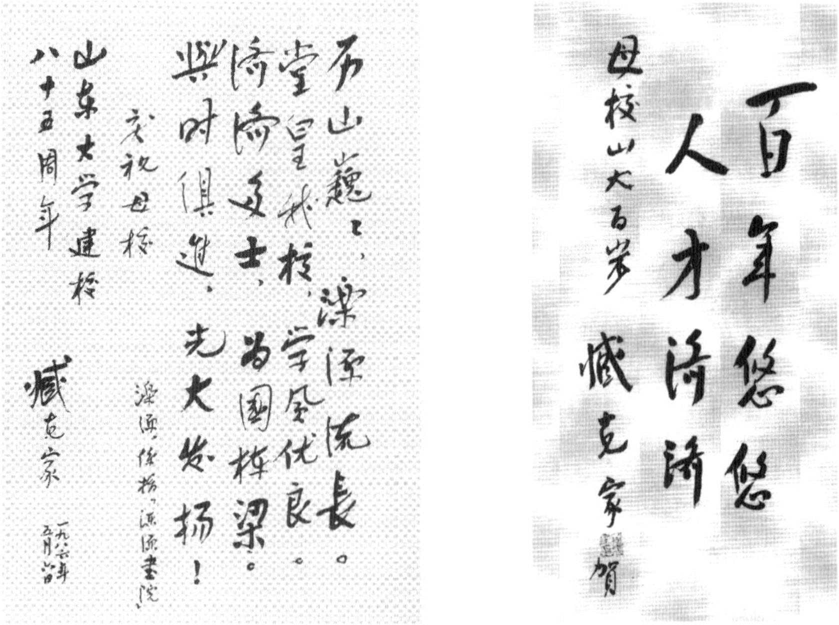

臧克家为山东大学校庆题词

爸爸上大学时，母校的校址还在青岛，名称也还是“国立青岛大学”，“国立山东大学”是爸爸入学两年后，也就是1932年才改的。在入学考试时，经历过大革命失败和流亡东北生活的爸爸，用凝结了自己二十多年生活经历得出的二十八个字的《杂感》，打动了时任中文系主任的闻一多先生：

人生永远追逐着幻光，但谁把幻光看作幻光，谁便沉入了无底的苦海。

尽管高中没毕业就成了中央军事政治学校武汉分校学员的爸爸数学考了零分，但这并没有阻断他跨入国立青岛大学的脚步。闻先生从二十八个字的《杂感》中看出了爸爸文学方面的潜质，破格录取了他，并在拒绝了许多学生的同时批准了爸爸从英语系转到了中文系。就这样，爸爸在闻先生的教导下一步一个脚印地步入了诗歌的殿堂，成了“闻门二家”之一，另一“家”，是诗人陈梦家。

1982年7月，臧克家(左一)在原国立青岛大学石头楼旧址门前向刘知侠(左二)等讲述当年自己在此住过四年，受教于闻一多先生的经历

大学生活在爸爸的记忆中留下了深深的烙印。

爸爸忘不了闻一多先生对自己的教诲和指点：

我向闻先生和他的诗学习。学习着怎样想象，怎样造句，怎样去安放一个字！

……

这时候我的创作兴致很高，用心也很苦！每得一诗便跑到他家里的书斋中去找他，吸着纸烟，朋友一样地谈着。他指点我这篇诗的好处，缺点，哪个想象很聪明，哪个字下得太嫩。……有时，一个句子，一篇诗，得到了他的心，他古井似的心上（他久已把诗心交给一堆故纸了）立即泛起澎湃的热流，眉飞色舞地读着它，同时，把一个几乎是过分的夸奖给了我。他，每次在那诗句上划了红圈（多难得到的一个红圈啊），那个句子恰是我最得意的，我们的眼睛和心全叫诗连在一起了。

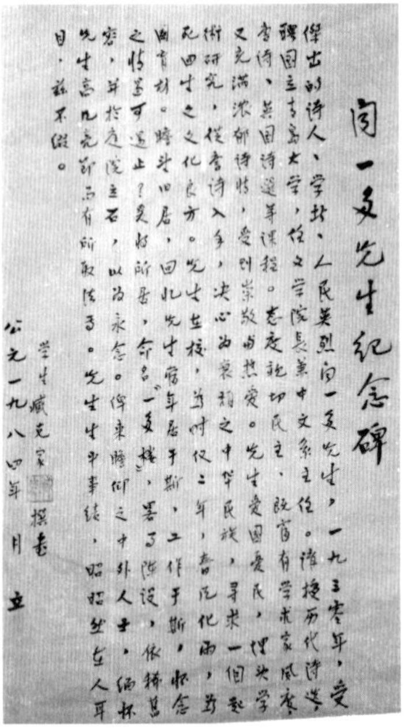
闻一多先生纪念碑

杰出的诗人、学者、人民英烈闻一多先生，一九三零年，受聘国立青岛大学，任文学院长兼中文系主任。讲授历代诗选、唐诗、英国诗选等课程。态度认真，既有学术家风度，又充满浓郁诗情，受到崇敬与热爱。先生爱国爱民，毕生学术研究，从唐诗入手，决心为衰病之中华民族，寻求一付起死回生之文化良方。先生在校，为时仅二年，春风化雨，为国育材。时光四居，回忆先生当年居于斯，工作于斯，怀念之情岂可遏止？爰将所居，命名“一多楼”，略了陈设，依稀当年，并於庭院立石，以为永念。俾来瞻仰之中外人士，缅怀先生高风亮节而有所取法焉。先生生平事迹，昭昭然在人耳目，兹不缀。

学生臧克家撰书

公元一九八四年 月 立

臧克家撰写的闻一多先生纪念碑碑文

闻一多先生是爸爸铭记终生的恩师，他不仅教会了爸爸如何作诗，也指导了爸爸如何做人。他那“等到青天里一个霹雳，爆一声‘咱们的中国’!”的诗句，他那不畏强权、为国捐躯的壮举，永远激励着爸爸为祖国、为人民歌唱。

爸爸一生中为恩师闻一多先生撰写了几十篇纪念诗文。1984年，当爸爸得知闻一多先生在青岛大学的故居“一多楼”前要树立起一座闻先生雕像且雕像底座上需要镌刻碑文时，他欣然命笔，写下了一篇深情的碑文，寄托了自己对恩师的无限怀念之情。爸爸的散文《说和做——记闻一多先生言行片段》多年来被收入中学语文课本，为弘扬闻一多先生伟大的爱国主义精神和严谨的治学态度起到了很大的作用，产生了积极的影响。

爸爸忘不了自己在大学期间为创作新诗呕心沥血的经历：

我破命地写诗，追诗，我的生命就是诗。我真像东坡眼中的孟郊一样，成了天地间的一个“诗囚”了。推开了人生的庸俗，把一个理想投得很远，拒绝了世俗的快乐（其实就是无聊残忍的口腹耳目之欲），我宁愿吃苦，看破世事人情我才更觉得事业是唯一“不空”的东西，它是一支精神的火炬，虽在千百年后也可以发热发光。一切皆朽，唯真理与事业永存。诗，就是我以生命全力去倾注的唯一事业！

……

这一个时期，我写了《老哥哥》《洋车夫》《难民》《渔翁》——这黑暗角落里的零零星星。我正眼在瞪着人生，然而没有抓住大处，要害处；只抓住了这一星点；虽是这样，然而，在象征诗风吹得乏力时，这也成了照耀现实生活的一盏小灯，给了黑暗中的人们一点光亮，一股生活的力。谨严的生活反映为谨严的内容，谨严的内容配上了谨严的形式。……

我的每一篇诗，都是经验的结晶，都是在不吐不快的情形下写出来的，都是叫苦痛迫着，严冬深宵不成眠，一个人咬着牙龈在冷落的院子里，在吼叫的寒风下，一句句、一字字地磨出来的，压榨出来的。没有湛深的人生经验的人是不会完全了解我的诗的，不肯向深处追求的人，他是不会知道我写诗的甘苦的。

眼里飘来一道鞭影，
它抬起头望望前面。

——《老马》

我这样写照人生。

这可不是混着好玩，
这是生活，
一万支暗箭埋伏在你周边，
伺候你一千回小心里一回的不检点！

——《生活》

我这样描绘生活。

爸爸的大学时代，是在新诗园地里辛勤耕耘的时代，也是取得丰硕成果的收获的时代。1933年，也就是大学毕业的前一年，爸爸在闻一多、王统照两位前辈和我的七舅王笑房的资助下，自费出版了诗集《烙印》，闻一多先生为之作了序。这本薄薄的小书甫一问世，便给诗坛带来了一股清新的现实主义诗风，因此得到了茅盾、老舍、梁实秋等诸多文坛前辈的赞誉，不到一年就被开明书店正式出版。1934 年，爸爸又在生活书店出版了诗集《罪恶的黑手》。这两本诗集的出版，奠定了爸爸在中国现代诗坛的地位，为爸爸日后在文学事业上的发展打下了坚实的基础。

爸爸忘不了母校众多老师对自己的谆谆教诲。

几十年过去了，谈起自己的老师，爸爸还是充满尊师之情。他上学期间的两任校长杨振声、赵太侔，爸爸与曾教过自己英文的赵太侔先生较熟，以前每去青岛，必去看望。教《楚辞》的游国恩先生，教小说史的沈从文先生，爸爸在京也与他们时常联系。

英语系主任梁实秋先生，在爸爸第一本诗集《烙印》出版时就撰文评论，给爸爸这本诗集以很好的评价。20 世纪 80 年代初，爸爸收到了梁先生寄来的两部著作，十分惊喜。1987 年 11 月 3 日，爸爸刚刚写完散文《致梁实秋先生》，5 日就传来梁实秋先生逝世的消息，爸爸悲痛之余，也为没能让梁先生看到自己的文章扼腕叹息。

教《词选》的萧涤非先生，虽年龄比爸爸还小一岁，但爸爸一直对他尊敬有加，每次写信必称“老师”。萧先生数次告诫爸爸，不能叫他“老师”，但爸爸还是以“您”尊称。萧先生回信幽默地说：“你何必多此一‘心’？”一次萧先生来看爸爸，正赶上爸爸身体不适，家人劝他去看病，他就是不去。萧先生见此情形，对爸爸说：“你必须去医院！”爸爸见老师下了命令，二话不说穿衣就走，到医院就被医生留下住了院。1991 年，萧先生去世的消息传来，爸爸万分悲痛，立即给萧先生家属发了唁电。在给大哥臧乐源的信中他说：“萧先生逝世，使我精神受到打击甚重！”

还有当年在中文系教过爸爸的张怡荪、丁山、闻在宥、方令孺、孙大雨诸先生，甚至没教过爸爸的理学院的黄际遇、化学系的汤腾汉、生物系的曾省之先生，爸爸都数次在校庆祝辞或回忆录中提及，对他们念念不忘。

正因为四年的大学生活是爸爸人生历程中的一个极其重要的节点，在这里，爸爸不仅汲取了丰富的文化知识，还收获了文学创作的硕果，所以爸爸对自己的母校——山东大学有着非常深厚的感情。

1956 年 8 月 3 日，我接到了爸爸的一封来信。信中告诉我，他到青岛已经二十天了，“参观了‘山大’，看了一下当年我住过的房子”。

1956 年夏，臧克家重游青岛，为山东大学中文系学生朗诵自己的诗

这个爸爸住过的房子，被称作“石头楼”，是德国占领青岛时的兵营。当年爸爸住在宽敞明亮、一举目就可以望见大海的石头楼上，日日苦吟，夜夜失眠。有时半夜想起一个好诗句，爬起来亮灯，提笔记下，同屋的三位同学经常在睡梦中被惊醒，嘲讽地说：“诗人又发神经了。”

入学二十六年后，爸爸在几位老同学的陪同下，又一次来到了熟悉的“石头楼”。那次在“石头楼”发生了一件趣事，后来爸爸曾饶有兴味地回忆说：

房门锁着，找来钥匙，他们一个打不开，换一个还是打不开。我说：“这房门是等待它的旧主人啊。”我一转钥匙，门豁然应手而开。我们好几个人，哈哈大笑不止。

我对母校是有深情的，母校的房子对我也是念旧的。

故地重游时的趣事虽小，却折射出爸爸重回母校的快乐心情。当年爸爸在青岛读书时，眼看着外国军舰在青岛海域接踵而至，外国水兵们在中国的土地上酗酒打人，追逐妇女，他眼中冒火，曾写下《文明的皮鞭》一文，痛斥他们的恶行。而这次重游母校，祖国早已换了天地，人民当家做了主，在爸爸的眼中，青岛的水更蓝了，山更青了，红房绿瓦更漂亮了，他写下了一组《海滨杂诗》，寄托自己的欣慰和喜悦。

1981 年，山东大学又一次隆重举办校庆，爸爸因身体情况不好，未能前去参加。3 月 6 日，在一封信中爸爸告诉我："我昨天挂号寄你哥哥祝词一篇约 4000 字，是篇有浓情的散文。"在这篇祝词中，爸爸深情回顾了母校的光辉历史和为国育才的成绩、贡献，回忆了教育过自己的师长、共同寒窗苦读的同学以及自己当年在校学习时的情况，并寄语年轻的在校学生，希望他们努力学习，为国争光。

一晃又过了五年。在 1986 年 5 月山东大学 85 周年的校庆活动中，出现了爸爸的身影。

1986 年 5 月 6 日，臧克家在山东大学 85 周年校庆庆典上讲话

1986 年 4 月 22 日，由山东大学等六个单位联合主办的"臧克家学术讨论会"在山东大学召开。会议请来了爸爸的诸多老友，举办得隆重热烈。为了报答主办方的盛情和老友们的深情，年逾八旬的爸爸不顾年老体弱，坚持赴济南参加盛会，就住在山东大学的留学生楼。

这是爸爸最后一次回到山东，回到母校。爸爸非常珍惜这次难得的机会。他不但亲自参加了学术讨论会的开幕式，在开幕式前还特意和众多老友见面，对他们前来参会表示深深的谢意。会议间隙,他还特意拜访了因身体不好未来参会的老友、著名的朗诵诗人、山大教授高兰先生。为了表达自己对年轻的母校学子们的殷切希望,爸爸克服了由疲累造成的头晕,与学生代表们见面,勉励他们珍惜宝贵的在校学习机会,勤奋刻苦,多学知识,报效祖国。

这次学术讨论会,我也请假参加了。毕竟这是一次前所未有的盛会,而且山东大学也是我的母校。儿子臧小龙当时正在山东大学读书,正好也去看看他。

其实,山东大学并不只是爸爸和我们哥俩的母校。哥哥的女儿、我的侄女臧耕,学习成绩非常好,高考时顺利被山东大学数学系录取。想到爸爸五十多年前考山大时数学得了零分,如今他的孙女却进入山大数学系深造,也真是一件很有意思的事。

我的儿子臧小龙,高考时第一志愿也是报的山东大学,后被山东大学经济系录取。当年我们共同商定让儿子报考山大,不光是因为山大有雄厚的师资力量、优美的校园环境和完善的硬件设施,主要也是希望儿子在我们的母校这座有着悠久的历史传承、踏实严谨的学风的高等学府好好历练自己。

在这次学术讨论会之前,我们陪同爸爸游览了山大校园,爸爸、大哥、我以及我的侄女和儿子,我们一家三代山大校友,在山东大学校门口照了一张非常有纪念意义的照片。

因为单位事多,不能请太长时间假,参加完学术讨论会我就返回了北京,5 月的校庆我没能参加。但我知道,爸爸一定会在会上用他那洪亮的乡音朗读自己写给母校的祝词:

历山巍巍,泺源[1]流长。
堂皇我校,学风优良。
济济多士,为国栋梁。
与时俱进,光大发扬!

① 泺源,指济南泺源书院。

1986年5月6日,臧克家在山东大学85周年校庆大会上

我见到过爸爸在校庆大会上的一张照片,他高举双手,满面春风,笑逐颜开。从他的笑容里,我看到了他对母校过去辉煌成绩的无比骄傲和自豪,以及对母校未来前途的坚定信心!

后来,听哥哥臧乐源说,山东大学历史系教授、爸爸的山大老同学王先进先生告诉他,我们的爷爷臧统基曾经就读的法政学堂,经考证也是山东大学前身。这样,我们一家就有四代人都是山东大学的学子了。这在中国的高等教育历史上恐怕也是凤毛麟角的事了吧!

爸爸曾说,他对母校"一往情深",而母校对爸爸这个老学生,也是同样一往情深。

1986年,山东大学不仅作为主办方之一组织召开了"臧克家学术讨论会",还一力承担了接待来宾的繁重任务。会后,爸爸希望去曲阜和泰安拜谒孔子陵墓和冯玉祥将军墓,母校不但派出专车,还贴心地派了一名医生随行前往。

1994年爸爸九十岁诞辰,山东大学又与中国作协、中国文联等单位一起，主办了“臧克家文学创作研讨会”，并派专家携带长篇贺词专程前来祝贺。

2004年2月5日，爸爸病逝，山东大学校长和副校长专程前来北京吊唁并送了花圈。4月2日，遵照爸爸遗愿，我们全家携爸爸骨灰到诸城老家撒放，母校又派副校长出席骨灰撒放仪式并致辞。

2005年爸爸百岁诞辰，2015年爸爸110岁诞辰，母校山东大学都为爸爸举行了隆重的纪念活动。

母校对爸爸的深情厚谊，我们全家都铭记在心。

2002年，我们赵堂子胡同15号的家面临搬迁。此时，爸爸已经是沉疴在身，借住红霞公寓。他了解了拆迁情况之后，郑重地给我的小妹苏伊写了一封信，叮嘱小妹把自己的一部分图书捐赠给母校山东大学。信上说：“捐书给国家、人民，使人看书、读书，长长知识，这是件大事。”对于爸爸的嘱托，小妹心领神会，她精心挑选，把爸爸珍藏的《二十四史》《闻一多全集》等三千多册图书捐给了山东大学。母校特意为此次捐赠举办了赠书仪式。

2013年，我们兄妹四人决定遵照爸爸生前的遗愿，把他几十年精心收集珍藏的几十幅名人字画，他的部分著作、手迹、书籍等捐赠出去。当我们商讨捐赠给哪个单位时，兄妹四人都不约而同地想到了山东大学。我们觉得山东大学为我们家培养出四代人才，我们也应该对山大有所回报。而且，在捐赠的珍贵名人字画的作者中，闻一多、王统照、老舍、沈从文、萧涤非等诸位先生都与山东大学颇有渊源，把这些珍贵字画捐赠给山东大学，也算是得其所哉。同年10月15日，在山东大学112周年校庆的日子，我们的母校隆重举办了“大爱永在——山大杰出校友臧克家先生遗物捐赠仪式”，接受了爸爸和我们全家对山东大学的真诚馈赠。

2013 年 10 月 15 日，臧乐源在“大爱永在——山东大学杰出校友臧克家先生遗物捐赠仪式”上讲话

“祖国万岁！母校千秋！”这是爸爸在山东大学九十周年校庆时给母校的祝词，也是我们全家人从心底发出的呼声！

小事琐忆

爸爸向我们“检讨”

人生一世难免说错话，做错事。常言道：“人非圣贤，孰能无过；有过则改，不为过也。”“君子之过如日月之食，过也，人皆见之，更也，人皆仰之。”

“文革”期间，大大小小的图书馆统统关闭，不对外借书，中国成了文化沙漠。大人无书可读，渴求知识的孩子尤甚。就说我的儿子臧小龙吧，他1962年9月出生，“文革”期间正上小学。他酷爱读书，《三国演义》《水浒》《西游记》等几本名著已读得滚瓜烂熟。《水浒》中的一百零八将，只要一提诨名，他能立刻准确无误地说出他们姓字名谁。有一次他们学校举办一个关于《水浒》的展览，他竟能挑出其中的错误。《三国演义》同样如此。有时我们爷俩躺在床上休息，我让他讲一段《三国》故事，他就给我讲“诸葛亮三气周瑜”，讲得活灵活现，引人入胜。看到他如此热爱读书，而我们自己家中又没有那么多适合他读的书，于是，我们便向在北京三十中学工作的赵慧英舅母求助。

当时，妈妈在人民出版社资料室工作。一次我们回家谈及此事，请妈妈看看他们资料室和图书馆有没有“史话”之类的书，可借来给小龙读。爸爸在旁边听见了，当时他并没有说什么，没想到第二天便给我们寄来一封口气严厉的信，告诫我们教育孩子踏踏实实，刻苦用功学习，不要好高骛远，读什么“诗话”。我们一看信便知道爸爸是误会了我们的意思，因为在我们的家乡话中，四声中的平声和去声（如“妈—马”“诗—史”）分不清楚，所以也就没有在意。爸爸的一片关爱之心，我们心领神会。没想到，爸爸很快又追来一信。大概是妈妈告诉了他我们在家里谈话的内容，他知道错怪了我们，来信向我们“检讨”：

> 前去信，听错了二字，使“史话”成“诗话”，是大错误，应向你们检讨。对所提其他各点，仍不变。“史话”，孩子读读，当然好，但不知是最近出版的，抑系以前旧本？如系文化大革命前出版的，也不会完全正确。
>
> 具体谈谈《三国》。最近前在杂志上读到大批关羽的论文，肯定关是坏的。龙龙读后，可问问他对“关圣人”的印象，是“好人”还是“坏蛋”。“水浒”，对宋江如何看法？这些问题很大，没有正确指导，一定会起一些反作用。望注意及之。

接到爸爸这封来信，真是出乎我们的意料，哪有爸爸给儿女写信“检讨”之理？区区小事，见面时说一句就行了，心照不宣，不言自明亦可。爸爸这封“检讨”信令我们感动不已，知错必改，这是爸爸的为人处世之道，非常值得我们学习。

我们为爸爸买裤子

20 世纪 80 年代初期，夏季流行一种“派力司”面料做的服装。这种料子质地轻薄，常为灰色、米色、浅棕色等较浅色泽，挺括，漂亮。很快，便出现了一种仿制品，好像是加了亚麻（代替了精纺毛纱），外表看起来同样轻薄、挺括、漂亮，价格却便宜许多。

我买了一条这种质地的浅灰色的裤子，爸爸看见了，觉得很好，问我在哪里买的，穿着感觉如何。我说，在王府井买的，穿着很舒服，轻薄凉快，出汗不粘腿，不易起皱褶。爸爸说：“你们去给我买两条！”妈妈在一旁听到了，说：“干吗买两条，买一条就行了！”爸爸坚持说：“我就要买两条！”我们便奉爸爸之命立即去王府井买回两条。爸爸看了，非常喜欢。

我们家勤俭持家的家风是出了名的。爸爸妈妈的衣服破了，总是补了又补。1949 年春爸爸在北京隆福寺旧货市场上买的一件人字呢大衣，穿了五十五年，袖口都磨光、磨破了，还在穿，一直穿到 2004 年去世。这件大衣现已捐赠给老家诸城名人馆收藏。1990 年 5 月，我从中国国际广播电台驻莫斯科记者站离任回国时，专门为爸爸买了一件颜色、式样与爸爸一直穿的那件相当的人字呢大衣，但他仍恋着自己几十年老朋友似的那件，很少穿我给他买的那一件。

我们给爸爸买的这两条裤子，爸爸也一直穿了二十多年。2014 年 4 月中旬，我们兄妹应邀去山东电视台做了个“中华家风”节目，编辑让我们的小妹苏伊带件说明“勤俭家风”的实物。真也凑巧，小妹苏伊在山东电视台录制大厅所展示的实物，正是我们当年在王府井给爸爸买的裤子。裤子的屁股部分都磨得几乎透亮了，里面衬上一块薄布用缝纫机补好，再继续穿……当时爸爸离开我们已经十年了，睹物思亲，真让我们感慨良多。

父辈这种自奉俭约的精神，我们要永远继承。

爸爸生气

每个人都有自己的性格和脾气。爸爸性格倔强，脾气急，认准的事情一定要做到，而且越快越好。在这种时候，最好别违拗他的意志，否则他便会生气。

记得那是 1982 年夏季的一天，爸爸打电话让我下班后早点回家。我不知何事，急急忙忙往家赶。推开大门走进院内，眼前的场景让我一惊：大妹妹小平站在东厢房门口，气呼呼的，一脸委屈；爸爸站在院子当中，脸拉得老长，上面布满了乌云。

我一看这架势不对，便问：

“这是怎么了？”

爸爸和小平妹妹争相回答。

爸爸说：“我叫她给李健吾叔叔送书，她不去！”

“谁说不送了，我和健吾叔叔的女儿李维永在一个办公室工作，明天一早上班我交给她，让她带回家去就行了，何必还跑一趟！”小平妹妹辩解道。

爸爸说：“不行，我的事情今天一定要办完！”

我明白了，本是小事一桩，急忙接过爸爸的话说：“我去一趟。”

不快立刻云消雾散……

在这件事情上，谁对谁错，难以公断。爸爸没有错，小平妹妹也有她的道理，也没有错。今天送去和明天带去有什么区别？一般说来，没有什么区别。

但对爸爸来说,区别可就大了。爸爸做事,喜欢雷厉风行,今天送去,他就了却了一件心事,晚上可以安安稳稳地睡一个好觉,否则,他在梦里也会记挂着这件事情。我觉得,小平妹妹毕竟还年轻,在这方面可能缺少一点理解。

爸爸要送的书是自己刚刚出版的两本著作《诗与生活》和《甘苦寸心知》,已签名盖章,准备妥当,除了给李健吾叔叔的,还有送给卞之琳和林非两位先生的。他们都住在干面胡同社科院宿舍大院里,离赵堂子胡同不远,只隔几条胡同。我拿起书,匆匆出发,不到一小时就返回家中。

回得家来,家中一片祥和,好像什么事情也没有发生。

事后我才知道,爸爸叫我回家就是为了办这件事,但那天大妹妹小平下班先我回到家里,爸爸便差遣她去送,于是就发生了前面的一幕。我心里想:爸爸啊,爸爸,你怎么就那么迫不及待,不能再等几分钟,我去给您送?害得自己白生了一顿气。唉,有啥办法呢,这就是我们的爸爸呀!

言必信,行必果

我们的爸爸是一个办事十分认真的人。对别人托办的事,不答应则已,只要答应了,就一定会办到,不需要再催促。如不按时完成,他会寝食难安。例如,对报刊的约稿,凡答应的,都一一按顺序记在小本上,每完成一件就像卸去肩头的一个负担,了却一件心事。有时他把小本给我们看,对我们说,约稿的有好几十处,真是疲于应付。他的事情可谓是千头万绪,没完没了,我们心中感叹,名人真是难当啊!

爸爸常对我们说:“我的事情和我的朋友的事情已经够多了,我的身体又不好,精力有限,你们千万不要在外边给我揽事情。”我们牢记爸爸的嘱咐,尽量不给他添乱。

但也有少数例外情况。

一次,本静的表妹程美至和表妹夫孟吉平(他们当时都是北京四中的老师)写了诗,请我们转给爸爸看看。因为是自家亲戚,我们就破例转给了爸爸。收到诗稿,爸爸不但没有批评我们,还认真看了诗稿,并且写上了自己的意见。

正当他想把诗稿给我们寄回来时,诗稿却突然找不到了。也难怪,全国各地喜爱诗歌的朋友太多，许多人都通过《诗刊》把自己写的诗转给爸爸，希望爸爸给提提意见或予以发表，《诗刊》的同志隔一段时间就送来一批，家里堆积的诗稿实在太多。爸爸年事已高，身体衰弱，自己还有许多稿约等待完成，所以根本看不过来。收到这些诗稿，爸爸就放在自己的写字台上，写字台上堆积如山。实在堆不下，爸爸就转给《诗刊》编辑部，由他们来处理。这次爸爸不知把美至、吉平的稿子放到了哪里，估计埋没在堆积如山的诗稿中了。

诗稿找不到，爸爸急得不得了，一连找了三四天，还请人到《诗刊》编辑部查找，均未找到。于是，1978 年 1 月 5 日一大早给我们寄来一信，内附一封给美至和吉平的信，让我们邀请并陪他们到家中面谈，以弥补过失，焦急和歉疚的心情跃然纸上。

安静：

昨下午去《诗刊》，稿子没查到。今草一函，请转作者，他们愿来的话，星期天为宜，星[期]五、六来个电话。

爸爸

美至、吉平同志：

收到乐安转来的你们的诗稿后，抽空看了，并在后面写了几句个人的意见。本想叫乐安带回给你们。可是，一连找了三四天，稿子遍寻不得了！我昨天为此事又到《诗刊》去查，没查到。我手头信、稿极多，多半不看，批到《诗刊》(一二日有通讯员来送东西，取回稿子)，如果不是误退《诗刊》，就是放在什么地方去了，一时无法找到。将来也许有一天，突然发现了它。为此事，我甚不安。朋友、读者找我看稿子的极多，无法应付。因为你们和乐安夫妇熟，所以很快就看了。没想到出了事故，真对不起！不知你们有底稿没有？为了补救此过，我拟请你们到我处小坐，面谈一下。叫乐安本静陪你们来。

好！

克家上

元月五日

来前一天打个电话：557607(家中)

东城赵堂子胡同 15 号

事情就是这么奇怪，当你刻意去找一样东西时，可能遍寻不得，但当你认为找不到了，放弃寻找时，没准就在无意中发现了它。就在爸爸发出信没过多久，诗稿又突然找到了，当天上午他又赶紧追来一信告知：

今早发一信。美至诗，找到了，寄去请转给他们，前信作废，也不必约他们来了。

其实，作为一个七十多岁的老人，家里的诗稿堆积如山，每天手头的事情又是千头万绪，一本诗稿找不到实在是情有可原。但我们的爸爸不这么想。作为诗人，他知道，一位诗歌作者创作出自己的诗歌，必定是花费了许多精力和心血，千锤百炼而成，如果丢失了，那将是不可弥补的损失。所以，不管花费多少时间和精力，爸爸一定要将这个损失弥补回来。

从这件小事可以看出，“言必信，行必果”，“受人之托，忠人之事”，中华民族的这些传统美德，在爸爸身上体现得淋漓尽致。

代爸爸回拜旧雨新知

记得大约是 1982 年，爸爸上海的老朋友方平先生陪着上海译文出版社的负责人鲍文棣（辛未艾）先生到北京东城赵堂子胡同 15 号看望爸爸，老友新交相见，高兴之极，相谈甚欢。

方平先生，我早就知其大名。1947 年秋我在上海读初三的时候，他就和爸爸时有过从。他是一位诗人，出版过诗集《随风而去》。那时爸爸曾主编了《创造诗丛》，并为《诗丛》写了一篇总序——《论十二位诗人的诗》，方平先生的《随风而去》就是《诗丛》中的诗集之一。对于方平先生的这本诗集，爸爸评价说：

方平的诗，需要一点忍耐去读它。像对着一个深藏的人，不为他岸然的容貌所冷却，你才可以终于从他那里有所获得。他的诗，并非单单叫人去咀味它本身的那苦涩，一行句子像一条幽深的曲径，带领着你向他感觉的高峰一步步爬去。写它们的时候，他在精神的领域里斩荆披棘，拾起又放下，他不肯在精华里叫一点糟粕浮起。他是很愤世的，他新旧杂陈地布列起他的“讽刺”，这种字句的布列方式，甚至不大习惯于我们的眼睛。他是惯于做生命意义的思考的，他赋予这些以诗的形象；但我们还是盼望他把“深”寄托在“浅”上，更结实地向多数人民站立的地方，一步步走去。

方平先生不仅是诗人，还是一位著名翻译家，翻译过许多世界名著。他每出版一本译著，就会第一时间给爸爸寄来。至今我的书架上还摆着他与王科一共同翻译的薄伽丘的《十日谈》和他参与翻译、校改和编辑的十二卷本《莎士比亚全集》(人民文学出版社版)。

辛未艾先生也是著名翻译家。他翻译了19世纪俄国革命民主主义者的许多著作，我曾读过他译的《杜勃罗留波夫选集》。

两位先生来到北京，下榻北郊，路途较远。爸爸已年逾古稀，不便回拜，便打电话让我代他去看望二位先生。爸爸对我说：“他们都是翻译名家，你们是同行，代我去看望他们，对你也会有好处。”爸爸这话，含义很深，我心领神会。

我对翻译界的前辈十分敬佩。因为我在国际广播电台从事俄语广播工作，也是搞翻译的，对翻译工作的甘苦，有切身体会。我的工作是中文翻译俄文，至于俄文翻译中文，只是在打倒“四人帮”后才初试身手，与同事范信龙、井勤荪同志合作，翻译出版了《三人书简——高尔基、罗曼·罗兰、茨威格书信集》《麦哲伦的功绩》《六十支蜡烛》三本小书，是译坛上的新手。爸爸知道我对翻译俄罗斯文学作品有兴趣，正好这两位翻译界的前辈前来北京，这是一个难得的机会。爸爸让我代表他去回拜旧雨新知，向两位著名翻译家当面求教，是有意为我牵线搭桥。机会难得，我当然乐于前往。

去之前，我询问两位合作者，有什么好书打算翻译，我可以带去征询译文出版社领导同志的意见。范信龙同志说，他在苏联留学时买到一本苏联作家阿纳托利·维诺格拉多夫的《时代三色》，它是一本很有特色的司汤达长篇传记小说，书中还有高尔基写的序言，不知为什么没有引起中国翻译界的注意，可以向出版社推荐。

《时代三色》主要叙述了司汤达随拿破仑大军远征莫斯科，见证了莫斯科的大火，撤回后不久，侨居意大利，后又被迫回国，七月革命时期任驻外领事，直至1842年病逝巴黎的一生传奇经历。书中不仅讲到他跟梅里美、巴尔扎克、雨果、缪塞等其他法国作家以及烧炭党人的交往，也阐明了他在写作《拉辛与莎士比亚》《阿尔芒斯》《红与黑》《巴马修道院》等主要作品时的社会背景。所谓“三色”，是指代表革命的红色、教士道袍的黑色和波旁王朝旗帜的白色。而“时代三色”，则是代指司汤达一生所经历的时代，象征着三种颜色的消长和变迁。此外，该书使用的材料翔实可靠，正如《作者的话》所说，“本书在取材方面绝对新颖之处，在于这些编成一体的材料是摘自屠格涅夫大量的档案文献。这些材料不仅在司汤达的祖国无人知道，就是在俄国也未曾出版过”。我们觉得，这是一本非常值得中国读者阅读的传记作品。

我代表爸爸去回拜两位先生，出乎他们的意料，他们很感动，对我说：“臧老何必如此多礼。”他们亲切随便地跟我交谈了近一个小时。临别时我把带去的书推荐给他们，当时他们未向我作任何承诺，只说把书带回去，请俄文编辑部的同志看后再作决定。

大约两个月后，编辑部给我们来信，让我们试译几万字。我们像参加考试一样，认认真真地翻译了三万多字寄去。隔了两个来月，我们的译稿被寄了回来。编辑同志仔细审阅了我们的译文，提出了二十多条意见，表现出高度的专业水准。对他们所提出的意见，我们逐条进行了认真研究，尽量领会和把握他们对译文的要求。我们理解，译文首先要忠实于原文，也要做到达和雅，但也不能因辞害意。编辑部通知我们，同意接受我们的译稿，这表示我们通过了考试，我们当然高兴。

全部译稿寄出后，我们耐心地等待着。方平先生虽然不是搞俄文翻译的，但给我写过两封信，向我通报了译稿处理的情况，对爸爸老友的这种关照，我心中充满了感激。

1985 年 6 月《时代三色》由上海译文出版社出版了。全书共 48 万字，印数为 27500 册。书的封面设计独出心裁，与书名完全契合，由若干个红黑白的方形和长方形组成，最上方是黑底红字的书名，其下是白底红字的汉语拼音书名，再下面的红方块中是司汤达的画像，引人注目。这确实是一本好书，值得热爱文学，特别是喜爱司汤达的读者一读。

代爸爸回拜旧雨新知，促成了《时代三色》这部译著的出版。爸爸对我的帮助和关爱，我永志不忘。

为爸爸照相

很长时间以来，我们家没有一部像样的照相机，那时照相机属于奢侈品。1956 年夏天，爸爸受全国总工会的邀请，带着我们刚满七岁的大妹妹小平到青岛休养时，一个苏联小朋友送给她一个小照相机，成了我们家一直使用的相机。这种小相机，俗称“135”相机，用的是胶卷是 36 张的，照出的照片很小很小，不放大，人的眉眼根本看不清。这个小相机忠实地为我们家服务了几十年，记录了一段段历史，留下了不少难忘的影像，功不可没。

我总想买一个好一点的相机，因为爸爸年纪越来越大，得抓紧时间多为他拍一些照片，保存下来留作纪念。1988 年春，我受命前往莫斯科建立中国国际广播电台驻苏联记者站，我请我们台在民主德国工作的一位同志花两百美元买了一个日本产的理光照相机。1990 年我们从莫斯科回国之后，爸爸的许多照片就是用这个照相机拍的。每逢节庆假日、家庭聚会、朋友来访，只要我在家，都拿它拍照，留下了大量珍贵的照片。比如有一次，爸爸的老朋友贺敬之和柯岩夫妇来看望爸爸，我为他们拍了照片，照片照得非常好，洗好后爸爸送给他们，他们十分高兴。

爸爸九十岁以后，身体逐渐衰弱，经常住院。那时我已退休在家，便常到医院陪护他老人家。爸爸虽然身在病房，但每天都要看报纸，听广播，关心天下大事。他曾写诗曰：“老来病院半为家，苦药天天代绿茶。榻上谁云销浩气，飞腾意马到无涯。”对爸爸这种不向病魔低头、积极向上的生活态度，我们十分钦佩。在医院中爸爸精神好时，我也给他拍个照，记录下他与病魔顽强抗争的经历。

光阴荏苒，一转眼到了 20 世纪末，21 世纪即将来临。爸爸的身体状况稍有好转，便回到家中。我谋划着为爸爸拍几张照片留念。因为爸爸的一生即将跨越两个世纪，两个千年，这是一个有历史意义的节点。

机会难得，说干就干。1999 年 12 月 31 日下午，我赶到爸爸的住处，说明了我的想法，爸爸很赞成。小妹苏伊和我，搀扶爸爸在藤椅上坐下，然后说明如何拍照。我们告诉爸爸，先拍一张“告别旧世纪”，爸爸非常配合，缓缓站起身来，挥着手，满面笑容，向旧世纪告别。在这挥手之间，爸爸想到了什么？九十五载人生路，多少风云变幻，多少艰难坎坷，酸甜苦辣，弹指一挥间，如云如烟。

1999 年 12 月 31 日，臧克家挥手送别 20 世纪

第二天，2000 年元旦。一大早，我又赶到了爸爸住处，为爸爸照了一张“迎接新千年”的照片。照片上，爸爸身着自己最喜爱的蓝色呢子制服，坐在藤椅上，面带安详舒心的笑容，笑迎崭新的世纪。这张照片，把爸爸“胜景贪看随日好，余年不计去时多”“晚晴白发春风里，常记流年未敢闲”的精神状态显现得真真切切，受到了许多人的赞扬。

这是我的理光照相机为爸爸照得最为精彩的两张照片。

2000 年 1 月 1 日，臧克家迎接新世纪

三封生日信透露出爸爸心境的变迁

人生在世，走的不是一条平坦大道，总要经历许多坎坎坷坷，伴随着种种成败得失、喜怒哀乐，唯其如此，回忆起来才会觉得更有滋有味，丰富多彩。人的情绪、心境，也不是一湾死水，波澜不兴，而是随着各种主客观因素、社会和自然环境的改变，岁月的流逝和健康状况的变化，而不断地起伏波动。

1972年秋天，爸爸从湖北“干校”返回北京休养，较长一段时间赋闲在家。此时已经步入老年的爸爸，劫后余生，精神状态还不错，也与“文革”中失去联系的许多朋友恢复了交往。由于写出的文学作品无处发表，大家此时都处于文学创作的相对停滞期，又都没有工作职务，时间比较宽裕，所以大家互相拜访，书信往还，诗词唱和，互诉心声，有时还相约出游。不知从哪年开始，朋友们每年都张罗着给爸爸过生日。

过去我们年轻，对给爸爸过生日并未特别在意。“文革”期间，一番折腾，全家分离，天各一方，牵挂之深，思念之苦，此种况味，真是难以言说。爸爸从干校回到北京后，我们的心理发生了很大变化。我们觉得爸爸年事已高，非常珍惜和他度过的每一分、每一秒，于是开始重视给爸爸庆贺生日，让他有生之年多享受一些天伦之乐。

70年代初北京还很少有卖西式蛋糕的食品商店。北京动物园旁边有一家莫斯科餐厅，北京人都亲切地称它“老莫”，做的俄式蛋糕味美有名。我的一位同事的哥哥曾在“老莫”工作，每逢爸爸生日，我们就请这位同事麻烦他哥哥代订生日蛋糕，一连数年。经常是下班后，我们坐公交车去动物园，到餐厅取蛋糕，然后乘111路电车，有时乘务员给我们找个座位，有时就把蛋糕放在售票台上，人多时只好一只手提着蛋糕，另一只手紧紧抓住扶手，虽一路颠簸,但我们一门心思保护好手中的蛋糕。每次看到爸爸吃着生日蛋糕那愉悦舒心的样子,我们心里那股高兴劲儿就不用说了。

现在我手头保存着爸爸三次过生日时写给我们的信。当年收到信时并未有任何特殊的感想,现在把三封信放在一起看,可以从中看出爸爸心境的变迁。

第一封信,写于1974年10月12日:

安静:

今年生日,特别高兴。昨天九位老友共进晚餐,花了近60元。你们也破费了不少。接到三份贺电和不少礼品。极高兴!

这几日,颇累,十三号拟约八位友人吃饭,半月后,始可安定……

背心甚合适。

好!

爸爸

从爸爸这封信中可以看出,1974年爸爸的生日过得十分开心,“极高兴”。那一年,爸爸开始构思和写作旧体诗《忆向阳》,感觉生活非常充实,临到自己七十虚岁,又收到贺电和礼品,并且连续有十七位老友与他共进晚餐,为他庆生,爸爸自然心绪颇佳。

至于爸爸信中说的“背心甚合适”,是指一件浅灰色的羊绒背心,是我们在民族宫一楼大厅展销会上特地给爸爸选购的生日礼物。背心又轻软,又暖和,爸爸非常喜欢,穿了很长时间。我们感到特别高兴,这是我们做儿女的一片心意啊。

第二封信写于1976年10月5日:

安静:

……

我这几日甚累,八号是我生日,你们不要来了,我也不加菜,一如平素,所以忘年也。方殷来信问及,我以此答之,并赋诗一首。

好

爸爸

五日下午

爸爸信中所说的“赋诗一首”，是他当年创作的一首题为《自寿答友人》的七言诗：

堪笑“乐天”不乐天，
每逢寿诞感万端。
苦计今生余多少？
命星冉冉叹光残。
我今年过七十一，
心清神朗如月圆。
友朋纷纷来相问：
“良辰美酒共言欢。”
笑答厚意说真情：
“一似往常视等闲。
有酒无客不独酌，
淡饭未加一分钱。
攀登犹自脚力健，
只计前程不计年！”

这首诗收入《臧克家旧体诗稿》和《臧克家全集》时，均未指明这位“友人”是谁，只有在给我们的这封信中说明是答方殷先生的。

爸爸曾把这首《自寿答友人》抄寄茅盾先生，茅盾先生很快就回了信，信上说：“您的自寿诗甚好。乐天自称乐天，其实乃遁世；因为他到老年，已经勿作直折剑，宁为曲全钩了。感慨年华不再之牢骚，似为此种内心矛盾之折光。尊意以为如何？尊诗说乐天不乐天，实是一针见血。”

爸爸在这首诗中首先揶揄了“‘乐天’不乐天”，接着说明了自己的状况：“我今年过七十一，心清神朗如月圆。”一颗晶莹透亮的心，朗若圆月，这是多么美丽的心境啊。“攀登犹自脚力健，只计前程不计年！”爸爸当时已年逾古稀，而诗中所表现的奋进向前的精神却胜似青年，真令我们感动和钦佩。

爸爸常说自己是“七十岁青年”“八十岁青年”。粉碎“四人帮”之后，他被压抑了多年的创作热情重新燃烧起来，创作进入了新的高潮，在文坛上又辛勤耕耘了二十多个春秋，真如他的诗句所言：“老牛亦解韶光贵，不待扬鞭自奋蹄。”

1994 年 10 月，爸爸年届九十(虚岁)。10 月 11 日至 17 日，中国现代文学馆、北京图书馆等单位主办的“臧克家文学创作六十五周年展览”在北京图书馆举行，爸爸出席了开幕式。10 月 18 日至 20 日，中国文联、中国作协、诗刊社、中华文学基金会、山东大学等单位主办的“臧克家文学创作研讨会”在北京举行，爸爸出席了开幕式和闭幕式并讲话。爸爸在展览会和研讨会开幕式上都坚持了两个多小时，并与诸多前来参加活动的老友亲密互动，耄耋之年，实在难能可贵。

岁月不停地流逝，人一天天变老，自然规律不可抗拒。俗话说，天有不测风云，人有旦夕祸福。1994 年庆祝活动的热烈气氛还在心间回荡，转年7 月，一场重病把爸爸送进了医院，房颤、心包积水、病毒性痢疾接踵而来，爸爸的身体大受损伤，两年多的时间大都在医院中度过。赵堂子 15 号寓所由于是平房，比较潮湿，冬天寒冷，不利于爸爸养病，一些朋友向作协领导反映了这个情况。当时的作协领导非常重视，党组书记翟泰丰同志嘱咐办公厅负责同志特地为爸爸向国管局申请，1995 年底在红霞公寓借了一套住房，让他静静休养，只妈妈一人加上小保姆前往陪伴。小妹苏伊仍坚守赵堂子胡同 15 号寓所，应对处理爸爸的各种事务。

转眼间爸爸 92 岁生日到了。1997 年 10 月 24 日，爸爸在给吕进同志的信中说:“你信中谈到我的生日事。生日，友人来电、来信，有一些。我最怕‘节日’‘生日’，因喜静、怕热闹，老人大半如此，我尤甚。生日前几天，我给小平、苏伊、乐安等等家人，写了一封信，大意是:生日这天，你们不要来！送东西，一律退还。有客人，拜谢……我同平常一样，过了这一天。”

爸爸上面提到的这封信，我们一直珍藏着：

> 我的生日到了，我只有感叹，没一点欢情，我觉得生日是个精神负担，因此，决定了几种办法：
>
> 1.和平日一样，要绝对安静，亲人、客人，这一天，一概不见。让我养病。
>
> 2.不收任何礼物，如送来，一律退还，我的话，说了不能改！
>
> 3.有亲友，如来信或来人，客气对待，说明我的病况。

4.你们对我的一片孝心,我心领了。这比万金重得多多。

5.希望你们一定照我的办!

乐安本静;小平,苏伊小罗;另外,望乐安将此意告诉乔女小彬一下。

爸爸这封信透露的心境,不需要任何说明。我们做儿女的十分理解爸爸的心情,遵从他的吩咐,让他在安静中度过了这个生日。在我们看来,这种"无为"也是我们孝心的一种表现。

离合寻常事　天涯近家门

爸爸全力支持我们去莫斯科

爸爸一向非常支持我们的工作，从不因自己的事情而影响我们的工作。爸爸曾对我说："我知道，你们广播电台的工作是以分秒计的，所以非到万不得已我不会轻易动用你的力量。"平时爸爸生病，在家时有妈妈和小妹在身边服侍，从不用我去照顾。有时爸爸生病住院，赶上我上夜班，就白天去看望他；赶上白天上班，就下班后晚上去看望，从未请过假。

1989 年 7 月 29 日，臧乐安、汪本静夫妇摄于莫斯科大学前

一个学习外语的人，如果不到“对象国”进行短期或长期的工作，肯定是个很大的遗憾。我是 1949 年新中国成立后即开始学习俄语的，一心要做中苏友好的桥梁。后来，两国关系恶化，我一直未能去苏联。只是到了 1985 年夏天，我才得到机会随中国电影代表团去苏联参加第十四届莫斯科国际电影节。除欣赏各国的电影，我还参观游览了莫斯科和列宁格勒，算是实现了一个多年的梦想。

臧乐安、汪本静摄于莫斯科克里姆林宫前

1988 年国际台确定要在莫斯科建立记者站，任务艰巨，机会难得。我学习俄语已近四十年，在电台搞俄语广播也已二十五个年头，很想一试身手，迎接这个挑战，经过慎重考虑，便向台领导表示了自己的想法。最后，台领导决定派我们夫妇和许恒声同志前去建立记者站，由我担任记者站站长、首席记者。

当年，爸爸已是 83 岁高龄，我们也颇有顾虑。“父母在，不远游”，爸爸年高体弱，需要有人在身边照顾。虽然当时妈妈和两位妹妹都在身边，但如果有紧急情况，毕竟多一个人就多一分力量。而且我们一去起码就要两年时间，爸爸能同意吗？

我们怀着忐忑不安的心情把去莫斯科的消息告诉了爸爸，没想到爸爸深明大义，全力支持，不仅对自己的事毫不在意，还勉励我们一定不能辜负领导的信任，全力投入工作，早日建好驻苏记者站。

1988年4月17日上午，即将离京去莫斯科赴任之前，我们回到家中向全家辞行。走进院内，两株丁香满树花开，迎接我们，香气扑鼻，沁人心脾，兆示着美好的前程。见到我们，爸爸十分高兴，当即用毛笔在彩笺上给我们写了一幅字：

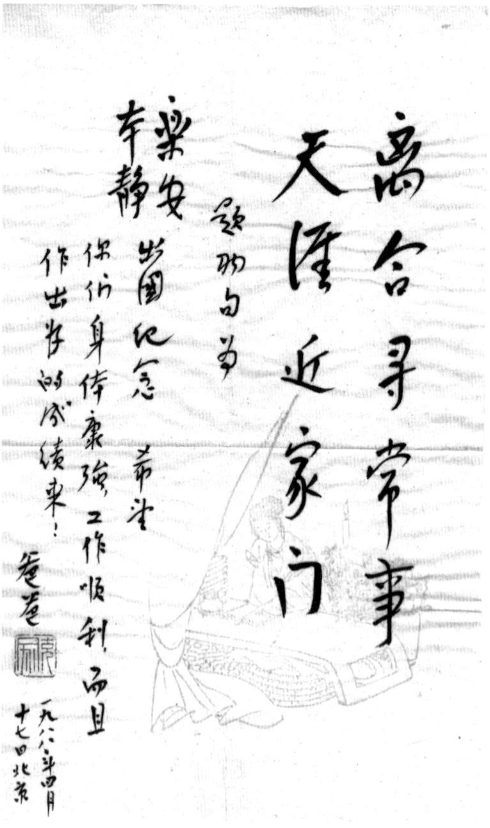

1988年4月17日，臧克家为即将远赴莫斯科的臧乐安、汪本静题词

“离合寻常事，天涯近家门”这十个字对我们是多大的鼓励，令我们感到，无论离多远，家始终在心里，亲人永远和我们在一起。

我们肩负着国际台赋予的使命，带着爸爸及全家的鼓励和祝福，满怀信心地踏上了新的征程。

在莫斯科给家人打电话

“天涯近家门”五个字，今天看来很平常，很容易理解。现代通信技术使地球变小了，把空间距离大大地缩短了。但倒回几十年，情况就大不相同，真可以说是有天壤之别。20 世纪 80 年代，莫斯科和北京之间只有一条公用电话线路，想打电话，要事先预约，何时能通话，只能耐心等待。我们记者站用传真机往国内发稿，只能先发往国际台驻巴黎记者站，再劳驻巴黎记者站的同志转发国内。当年的通讯联络设备就是这样落后，所以我们平时基本上断了给家里打电话的念头。

1989 年 2 月，我和本静离家已九个月了。春节将至，每逢佳节倍思亲，我们策划往北京家里打一个长途电话，向全家祝贺春节，给全家一个惊喜。

除夕中午在使馆会餐后，我们便匆匆赶回家，急着往北京打电话。因为我们知道，每年这个时候，大哥一家都会赶到北京和爸爸妈妈团聚，是我们一家人最全的时候。我们想在全家吃年夜饭的时候向全家祝贺春节，通过电话加入团聚。遗憾的是，可能是因为打长途电话的人太多，我们拨了几个钟头，长途台都叫不通。后来我们觉得太晚了，怕打扰家人休息才作罢，但一直很不甘心。

年初一我们值班，决定继续要长途，打了好半天，总算要到了。我兴奋地从书房走到会客室来（当时我们的苏联老师在我们家做客），手里拿着纸条对本静说：“你看对吗？”本静一看，大呼：“错了！”我马上悟过来了，拍着脑袋连声说：“糟糕，真糟糕！”家里的电话号码，我本来是背得滚瓜烂熟，可不知怎么，在叫电话时，我一边往纸上写号码，一边报给长途台，竟然报错了，把最后一个数字“7”，报成了“5”。赶紧给长途台打电话要求改正。但是烦躁不安地坐在桌旁几乎整整一个小时，也没有叫通长途台，急得我真不知怎么办。老师说，一会儿叫通时还可以改，我这才稍微平静点。

这期间有一条稿子需要发，也不知北京的长途需等多久，我懊丧地去隔壁楼同事的办公室发稿。没想到就在我离开的时候，长途台电话铃响了，本静改了号码，和爸爸、妈妈通了话。她一面通话，一面盼着我快回来，因为她没法撂下这好不容易接通的长途去叫我，当时真把她急坏了。等我回到会客室，电话已经打完，本静不断地埋怨我不该这个时间离开，可我这时心情反倒好了，说："这有什么，你说了也一样嘛！"

虽然话是这么说，但我还是很遗憾的，我们决定第二天再试试。没想到这次竟然比较顺利，我几乎和全家每个人都通了话，可惜的是妈妈和小平妹妹不在。虽然不知为什么电话中途断了，但毕竟还是通了话，我们非常高兴。当然还是没有过瘾，毕竟通话的时间有限，我们多么想多知道一些家人的情况啊！

1989 年 2 月 7 日，我给家里写了一封家信：

> 在外已 9 个多月，都想家了，春节，尤为思念亲人。但今年春节心情甚好……
>
> 大年初一全家的信及时赶到，送来了全家的信息和祝愿，给我们带来了极大的欢乐。本静跟爸爸、妈妈通了电话，向全家贺节。今天，我又和爸爸、大哥大嫂、苏伊小罗、乔女通了话。遗憾的是，妈妈不在家，小平他们也不在，不知怎么搞的，我没跟小田说两句话。真是，相隔万里，近在身旁，话短、情长、心知。爸爸声音洪亮、年轻、有力，全家都好，我们感到欣慰之极。

妈妈在 1989 年 2 月 21 日给我们的回信中写道：

> 初一接到本静电话，高兴极了，遗憾的是没有听到乐安的声音；第二天，乐安来电话，又没有听到我的声音。电话不太清楚……好像有人在干扰似的。接到 2 月 7 日来信，才知道你们打电话还有一段故事。

这样的事情让现在的青年人看来真是天方夜谭。仅仅过了 30 年，通信领域就发生了天翻地覆的变化，想来真让人感叹不已。

光阴似箭，转眼 1990 年春节已经临近。1 月 26 日是除夕，我们又想打个长途电话，参加全家的年夜团聚，但没叫通。初一再打，仍然不通，心中怅怅然，只是埋怨这该死的电话，没往别处多想，就算是心到神知吧。

直到1990年3月15日，我们才收到了全家2月27、28日的来信，得知春节期间爸爸大病一场，现已痊愈出院并开始了工作。

爸爸在2月27日的信上说：

安静：

信，读后得知你们春节过得很快乐。

我，1月18号因喝奶"呛"着了，几乎憋死。晚上高烧入医院，一住24天，春节、元宵全在医院中过的。妈妈、小平、苏伊轮流陪住，以妈妈为最辛苦。出院半个月了，完全恢复了，事情极多。三天就写了三篇短文，今天到《人民日报》参加了座谈会；日内还有别的活动。

苏联情况，在报上看到不少报道。"五一"以后，你们大概回来了。你姑姑，你哥哥，想到京一聚。

爸爸

2[月]27日

我花大气力，编一本《毛泽东诗词鉴赏》，五十篇，约了全国各方知名人士，每人认一题，写一篇，四月可付排。

妈妈在2月28日的信中对爸爸的事情写得比较详细：

这次你爸爸病，一是病前一两个月为主编《毛泽东诗词鉴赏》这本书，实在太忙；主要还是1月18日中午喝奶呛了。他口里有嚼烂的花生米，一口奶喝进去太猛，呛到气管里了。他一个人在房中，当时连喊人的气都接不上了，咳了很久，好容易才缓过气来，可他自己就睡下了，也不告诉家里人。待到下午三时许，说是发烧了，我还以为是菁菁传给他感冒了。谁知到晚饭时，发烧38℃，连饭也不想吃，勉强喝了半磅奶，急诊时也全吐光了，照胸片有问题，白血球25000，医生就留他住院，说是吸入性肺炎，当即输液治疗。19日晚，他渴，我给他小壶，斜侧着头在床上喝了一口水，又呛住了，那情景真是把我吓坏了，气上不来，嘴唇发紫，那真是生死搏斗！我要喊护士，他不让离开，只得拍他的背部，挣扎了六七分钟，才缓过气来，接着咳嗽了半个多小时。他说，上次呛奶比这次还厉害。从此，他十分害怕。大夫也怀疑他是否肺部长东西或是咽喉球麻痹。我每天提心吊胆，怕他再呛。后经神经科大夫及呼吸道专家检查及看断层胸片，诊断结果，排除以上两症，这就放下心了。不过神经科教授还是告诉他：喝奶、水及吃东西时要注意不讲话，不猛吃猛喝，不要躺着，甚至不要分散精力；要预防，不要再发生第三次呛的事；运动健将呛水，医生在旁也无法救活。后来，你爸爸思想负担较当初轻了点。但一提起呛奶、呛水，尚心有余悸。在医院24天，中间反复了一次，到2月12日，总算低烧也没有了，咳嗽全消，医生批准出院。这一段时间，把苏伊、小平都累病了，我倒顶下来了，主要是他退烧以前，心中焦虑。乐源春节前来，初三回济，帮了很大忙。他因为要赶写一本书，集体讨论，不得不回去。

读亲人这些来信的时候，我们的心情十分复杂，很不平静，可谓亦忧亦喜。读到谈爸爸这次凶险病情的地方，我们真是揪着一颗心；身在万里之外，未能在爸爸身边伺候尽孝，深感抱愧，不过此乃无可奈何之事，即所谓“自古忠孝难两全”吧。我们只能在心中默默地遥祝爸爸早日康复。就是辛苦妈妈、大哥和两位妹妹了。

令我们欣慰的是，爸爸终于战胜病魔，出院后身体完全恢复，并开始了工作。“三天写了三篇小文”，去《人民日报》参加了座谈会，还特别告诉我们他主持编了一本《毛泽东诗词鉴赏》，很快可以付梓。后来我们才知道，为了编辑这本书，爸爸费尽心血，亲力亲为，在病床上给每位鉴赏文章的作者都亲笔写了信，为他们挑选篇目，并亲自阅读来稿。《毛泽东诗词鉴赏》出版后大受欢迎，一版再版，印了几十万册，并获全国图书“金钥匙”奖和第五届中国图书奖一等奖，为普及毛主席诗词贡献很大。当时爸爸已八十五岁高龄，仍在祖国文坛辛勤耕耘，真是“老牛亦解韶光贵，不待扬鞭自奋蹄”。这就是我们的爸爸！我们为他感到骄傲，我们要好好地向爸爸学习。当然我们也希望他适度节劳，保重身体。

家书抵万金

家是每一个人的人生起点，家是人一生的依托和永远的牵挂。家是可以打开心扉、倾诉衷肠的地方。当你离家远行的时候，家永远伴随着你，永远在你心里，永远支持着你。古时有鸿雁传书的故事，写家信，报平安，自古如此。在家书中可以毫无顾忌地诉说生活中的酸甜苦辣，工作中的成败得失，心头的喜怒哀乐，高兴事、烦心事、焦虑事……

杜甫有诗云："烽火连三月，家书抵万金。"我们虽非处于"烽火"之中，但也是与亲人相距万里之遥，有着类似的体会。

当年电信不畅通，和家里联系，只好用最古老的方式——写信。也多亏电信不畅，我们得以保存下了大量的信件。我们在莫斯科这两年时间，爸爸给我们写了十六封信和一则附言。爸爸在信中对我们多有鼓励，还会扼要地谈谈他的工作、生活和朋友们的情况。妈妈和两个妹妹的信就更多了，详详细细地告诉家里的一切情况，而且不断地托人给我们带各种各样的食品——酱油、香油、花生米、姜、挂面、方便面、各种酱菜和日用品，还有本静需要的药品……使我们远在异域深深感到亲情的温暖，从中汲取了前进的力量。

1988 年 4 月 25 到达莫斯科之后，我们时刻惦念着家人，急切盼望亲人的来信。但是因为地址的不确定，始终没能收到家里的来信。6 月 13 日，一位同事从北京来莫斯科，我们终于盼来了全家的第一批来信，高兴的心情真是无法形容。

爸爸在 6 月 1 日的信里说：

> 你们工作，生活能适应，我很高兴。这两天听广播，听到乐安从莫斯科发来的消息，都奔走相告。乐安的活动能力是很强。

妈妈在信上说：

> 三封信都收到了。你们的来信，对全家都是一件大喜事，大家兴奋地读着信，谈论着。最近每天听到乐安发回的电讯，更是高兴。我现在每天打太极拳(32 式)，收音机总是带在身边，今天又听到乐安和许同志

发回的消息，就像你们在北京似的。现代的科学，把空间缩短了，真是“天涯若比邻”。

两位妹妹也在信中描绘了听到我们发回的消息时的高兴心情。

在这之后，我们有了固定的地址，便和家里建立了通信联系。

1988年7月6日，爸爸来信说：“经常从广播中听到你发出的消息，十分高兴，倍觉亲切。知道你们工作顺利，身体都好，全家欣慰。”

1988年8月2日《人民日报》上发表了我的文章《苏联如何备战奥运会——苏联奥委会秘书长接受中国记者采访》，家里人看到以后非常高兴。爸爸马上写信勉励我说：“在《人民日报》三版上（八月二日）看到乐安写的访问记《苏联如何备战奥运会》，副标题《苏联奥委会秘书长接受中国记者采访》。写得不错，全家人看了，十分高兴！”妈妈也在来信中告诉我：“乐安的文章是你爸爸先读的，他告诉我们，大家都抢着看。每次听到‘本台记者臧乐安’都感到特别亲切。”

爸爸在一封信中说：“全家给你们的信，是精神财富。”确实如此。在异国他乡，每次读家信都是一次心灵的对话、感情的交流和精神上的享受，从中得到无限的温暖和巨大的鼓励。

读家信时我们真的是全身心地投入，把什么都忘了。一天中午，我们从使馆取回信，高兴之极，我和本静只顾读信，忘了炉子上做着饭，结果饭都烧焦了。我们两人毫不在意，反而美美地吃了一顿糊饭。

我们把这件事写信告诉了家里。妈妈在回信中说：“在异国他乡，看到家书真是值千金！你们看信，吃了一顿煳饭，口虽苦而心里甜。”

在莫斯科两年间，我们给爸爸、妈妈和全家写过32封信，记录下了当年的生活、工作、思想和情感。今日重读一遍，当时的情景仍历历在目。

> 我们离开家已整整两个月，天天都在思念亲人，但又无暇思念。
>
> 6月13日，我们一位同事带来亲人的一厚叠来信，我们真是高兴极了！我们一读再读，读了不下五遍，感情上得到了极大的满足，全家在国内分担我们的辛劳与快乐。
>
> 到莫斯科后，为建站事，终日奔波，忙得团团转，急得如热锅上的蚂蚁。在这里饱尝了苏联官僚主义和文牍主义的苦头，办事真是艰难。

为了安装电话和传真机，我们不到10天五进邮电部，三去电话局，要线路，要号码，借“首脑”会晤的东风，硬闯去找人家的领导，又是请求，又是要求，当然也少不了送礼，终于在5月26日装上了电话和传真机，离高级会晤只剩一天半！好险。否则我们的一切辛劳将付之东流。

我们的记者生涯从报道苏美首脑开始。报道这样一件大事，对我们是难得的机遇，也是十分严峻的考验。我们虽是翻译战线上的老兵，却是记者战线上的新手，“老兵新传”，困难很多。我们是立足未稳，仓促应战，全力以赴，争取打响第一炮。当时5000名记者，包括2500名外国记者云集莫斯科，竞争激烈。我们全力以赴，抢时间，争速度，整天（从早9点到晚11点）待在新闻中心，处在事件的漩涡中心，睁大两眼盯着，唯恐放过事件，失去时机，新闻变成“旧闻”就价值全无。责任感像一条无形的鞭子，催促我们奋进，真是高度紧张，不敢有丝毫懈怠。那些日子，几乎发稿到夜里一点半，一共写了10多条消息，最快的消息，如里根到达，10分钟即发出快讯。我真正体会到了记者生涯的甘苦，食无定规，寝无定时。但到发完稿回到宾馆，打开收音机听到我们一个多小时前发的消息，高兴的心情难以名状！我们没有辜负领导的重托和大家的期望。我们知道，全家在分享我们的欢乐，我们的同志和朋友也会为我们高兴。但这只是初战，我们的报道只是粗线条的，但这也来之不易。

这是我们1988年6月26日给全家的回信，从中可以看到我们到莫斯科两个月来紧张忙碌而又卓有成效的工作状况，也可以看出我们当时的心境。

我们给家里的这些信，留下了我们在莫斯科两年工作和生活的印记，妈妈都细心地为我们保存了下来，后来小妹整理家中的东西时发现了，又还给了我们。如今读来，倍感亲切。

爸爸的几位老友为我们当“信使”

电信不畅通，邮路也不快捷，寄一封信要走半月二十天，令人心急。我们只好想方设法，多管齐下：邮寄，通过信使传递，托朋友捎带。

不但我们想方设法往家里带信，爸爸妈妈和妹妹也利用一切机会托人给我们带信和吃的、用的东西。当年苏联生活用品的供应十分紧张，家里托人带来的东西帮我们解决了很多生活上的困难。

爸爸请托给我们带信的第一位“信使”是吴泰昌同志。他当时在《文艺报》做副主编，是爸爸的同事，也是青年朋友，我们全家都跟他很熟。他比我们年轻，跟着我们的两个妹妹呼我们二哥二嫂。

当年在湖北咸宁“干校”时，泰昌同志和爸爸同住一室。一天夜里，爸爸突发心脏病，多亏他及时找来干校的医生抢救，才转危为安。后来爸爸曾写诗相赠：

赠泰昌

诗句抒真情，往事两心知

老来长忆旧，江南连床亲。
土屋大地窄，与鸡共三人。
夜深心病发，赖君报医勤。
转危蒙天相，健在九十春。
饷食十里外，一挑二百斤。
扁担压弓腰，吱呦作呻吟。
五年六万里，磨难练真身。
双肩成钢铁，于今当大任。

泰昌同志是1988年9月6日随中国期刊代表团抵达莫斯科访问的，第二天他就给我们打电话，说带来了家人的信，我们高兴极了，立即去宾馆看他。他乡遇故知，感到特别亲切。他找出爸爸妈妈给我们的信交给我们，打开一看，不禁哑然失笑，原来他给我们带来的是爸爸写给他的信，而把全家写给我们的信落在了他家里。当时我们是既高兴，又失望：高兴的是他带来了全家的信息，失望的是没看见爸爸妈妈的亲笔信。本静1988年9月15日执笔写的家信中，表述了我们当时的感受：

> 吴泰昌来莫斯科带来了家里的信息。遗憾的是，我们最盼望的爸爸妈妈的信，他却没带来。他把应该属于我们的信件落在了家里，而带来了爸爸给他的信。瞧，这位同志真够可以的，弄得我们啼笑皆非。

现在回想起来，这类“意外事故”也给我们的生活平添了几许情趣。

吴泰昌同志回国不久，作协党组书记唐达成同志又来莫斯科访问。我和达成同志原来就有过交往，那是1985年，我作为广播局的代表出席党的全国代表会议，达成同志也是代表，在会上我与他相识。1988年9月28日下午，他出席中国图书展开幕式并讲了话，我们见了面。当天晚上，中国大使馆举行内部会餐，庆祝国庆，我们又相会，相谈甚欢。那天晚上我和他在使馆的院子里散了一会儿步，还在白桦树林里照了一张相。他是作协的领导，跟我爸爸也熟，于是我就请他带一封信给爸爸，他欣然答应。

9月中旬泰昌同志刚从莫斯科回京，我们为什么又急着往家带信呢？一则国庆节将至，想请达成同志带回对全家的节日问候；二则10月是我们的家人生日最集中的月份：10月8日是爸爸的生日，14日是妈妈的生日，31日是小妹苏伊的生日，我的生日是10月4号。当时我们远在异国他乡，不能和亲人共庆生日，只能通过书信和贺卡遥祝爸爸、妈妈和苏伊小妹生日快乐，身体康强。在信中，我们汇报了近来的工作和生活情况，特别讲述了9月24日前去参观列夫·托尔斯泰故居雅斯纳亚·波利亚纳的情况。我们参观了托翁居住了半个世纪之久并写下世界三大名著的二层黄色小楼，还参观了树林深处的托尔斯泰坟墓，且拍照留念。我们把在托翁故居的树林里拣的两片枫叶，连同托尔斯泰故居的画片一套，请达成同志带给家人作为纪念。

收到达成同志带回的信，爸爸在回信中说：“‘信使’往还，通信颇勤，可喜事也。我与妈妈的生日，全家过得很愉快。”妈妈也回信说：“托达成同志带来的信收到了，生日卡、红叶、托翁故居照片，有的压在玻璃板底下，有的放在案头，故居照片，你爸爸收藏着。”

收到我们信的第三天，爸爸在给我大哥大嫂的信中描写了这样一幅场景：7日，“夜间，梦中，你弟弟推门而入，高个子，戴副眼镜，刚认出他来，梦醒了。真巧，8号就收到他带来的信，并托尔斯泰坟墓照片和坟前的一片红叶”。这是什么？是思念，是牵挂，是心有灵犀！我们带回的托尔斯泰故居的这片红叶，爸爸一直压在写字台的玻璃板下面，天天相对，天天看见，如同我们就在眼前。真是亲情永在，大爱无疆。

时隔一年,在1989年9月的中国书展开幕式上,我们又见到了时任出版局局长的王子野同志。他是爸爸当年在人民出版社时的老同事、老邻居,也是爸爸亲密的老朋友。1954年暑假我第一次从哈尔滨到北京探亲时,爸爸就和他住在同一个院子里。后来虽然各自搬了家,但两家仍相距很近,经常来往,关系极好,我们兄弟姐妹都亲切地叫他子野叔叔。子野叔叔是大学问家、翻译家,虽然学历不高,但凭惊人的毅力自学成才,精通好几种外语,令我们非常敬佩。

和泰昌同志一样,子野叔叔一到莫斯科就给我们打来电话。书展开幕式第二天晚上,我们去"十月"饭店看望子野叔叔,畅谈达一个半小时,真如爸爸的信中所说,"子野到莫斯科,异地相逢,别是亲切情味"。

去看望子野叔叔途中,我们想给爸爸妈妈和子野叔叔买点礼物。在离"十月"饭店不远的一家小商店里,我们碰巧发现了一种非常漂亮的洋娃娃,高70公分左右,金发碧眼,身穿淡粉色连衣裙,牵着她的手,她可以向前迈步,十分令人喜爱。一问价钱,18卢布一个,我们当即决定买两个,一个送给子野叔叔作纪念,另一个送给妈妈作为七十大寿的贺礼。子野叔叔看了这件礼物,特别高兴,十分喜欢。

洋娃娃的个头大,携带不便,给妈妈的那个,没好意思托子野叔叔带,过了一段时间请我们的同事带给了妈妈。后来家人回信说,妈妈也特别喜欢这件礼物,小平妹妹的女儿,我们的小外甥女菁菁,更是爱不释手。

子野叔叔来莫斯科的时候,恰逢中秋节前夕,细心的妈妈为了让我们在万里之外的苏联也能过上这个中华民族的传统节日,特意请子野叔叔给我们捎来了香甜的月饼。八月十五那天,我们本想上完夜班出去与祖国亲人共赏明月,不巧莫斯科阴天,只好作罢。但吃着香甜的月饼,在心里与全家团圆,共度中秋佳节,另有一番滋味。月饼大都进了我的肚子,本静看我吃得那么香,特别高兴。

1989年9月24日,我们突然接到朱子奇叔叔的电话,说他要来莫斯科开会,下榻"十月"饭店,受爸爸之托想看看我们。我们真是喜出望外。子野叔叔刚走,子奇叔叔又来,真是好事成双!

子奇叔叔是一位老诗人、中国作协的领导,也是爸爸的好朋友,与爸爸来往密切。在北京爸爸家中，我曾经见过他。子奇叔叔给我的印象是平易近人，蔼然可亲。

赴莫斯科之前，子奇叔叔曾给爸爸打电话，问有什么事情没有，并问了我们的电话号码。爸爸很感谢他，还题诗两句为他送行：

碧霄高洁秋日好
长风万里送诗人

接到子奇叔叔的电话，我们立即前往“十月”饭店去看望他。子奇叔叔没有带来爸爸妈妈的家书，但是给我们带来了爸爸妈妈的口信，能了解到爸爸妈妈的近况，我们已经十分满足了。这次异国相见，感到特别亲切。子奇叔叔非常热情、健谈，不知不觉间谈了近两个小时，大家甚是愉快。我们担心子奇叔叔过于劳累，于是起身告辞。他送给我们一本他的诗集作为纪念，我们非常感谢。

“子奇叔叔已年届古稀，还为国家不辞劳顿出国开会，真是难能可贵，这种精神值得我们学习；而且他心里还记挂着我们这些后辈，令人感动。”在回程的路上，我心里这样想。

爸爸教我们尽孝道

讲孝道是一种美德，是我们中华民族的优良传统。俗话说“百善孝为先”。若一个人对生养自己的父母，对抚育自己的长辈亲人都不尽孝道，那何以为人?!

20 世纪 50 年代，在哥哥和我参加工作拿到工资之后，爸爸不止一次地对我们说：“祖母和姑姑从小把你们抚养大是多么不容易！特别是你们的姑姑，从小代替了你们的母亲，牺牲了自己的幸福，四十多岁才结婚，你们应该知恩图报。我不是没有钱给她们生活费，但你们是不是应该按时给祖母和姑姑寄钱，尽一份孝心，尽一份责任?”我们心领神会，按月寄钱，即使在我们下放锻炼或出国工作期间也都做好安排，从不间断。

爸爸的一席话语重心长，不仅是教育我们要尽孝道，更表达了他对祖母、姑姑的浓浓亲情，特别是对姑姑的深深的歉疚之情。

何以如此？这得从我们的小家庭说起。

我们的家

我前面已经说过，我们的家在山东诸城县城西南十八里地的臧家庄，家里有祖母、姑姑、哥哥和我，还有跟我们住在一起的哥哥的奶妈老傅和家在本村的长工姚启祥。爸爸妈妈长年在外面学习和工作，无法照顾孩子，哥哥和我自打出生后，就被送回老家交给祖母和姑姑抚养。

我们的祖母丘氏，是爸爸的继母，诸城县丘家十里铺人。姑姑臧宜家，是祖母唯一的女儿，与爸爸是同父异母的兄妹。对我们兄弟俩，祖母和姑姑真是含辛茹苦，精心抚育，疼爱有加。疼爱娇惯到什么程度？村里有人戏称我们是“五间屋里的皇帝”。不管我们多么淘气，祖母和姑姑从未动过我们一手指头。

1958年8月，臧克家(后左二)与继母丘氏(前左三)、妹妹臧宜家(前右一)、小姑臧任堪(前左一)、本家姑姑臧鸾坡(前右二)、长子臧乐源(后右二)、长媳乔植英(后右一)、次子臧乐安(后左一)、长女臧小平(前左二)、外甥王先杰(前右一怀抱者)摄于青岛

虽然祖母和姑姑是旧式妇女，大字不识一个，但十分重视对我们的教育。在我们哥俩五六岁的时候，她们就送我们去离家二里路的刘家黑龙沟子小学念书。“七七事变”后，小学停课了，祖母和姑姑又让我们到村南头一位大爷爷家，跟他的两个孙子一起学《三字经》《百家姓》《论语》《孟子》。哥哥觉得枯燥乏味，想逃学，祖母气极了，拿起菜刀追到大门外，吓唬哥哥。这件事给我留下了很深的印象。由此可见，祖母和姑姑希望我们学习向上的心情是多么殷切。

总的说来，抗战之前，我们家的生活是安宁平静的。

逃　难

战争打破了我们安宁平静的生活。1937年7月7日卢沟桥事变爆发，爸爸教书的临清中学解散了。年底爸爸妈妈回到家乡，向祖母、姑姑和我们告别，打日本鬼子去了。当时真令人感到国破家亡，骨肉分离，难舍难分，因为这一走，不知今生能否再相见。

1938年正月十五前后，日本鬼子攻占了诸城县城，从此，祖母和姑姑就带着我们俩开始了逃难的生活。先是逃到离家几十里外的山村王家车村（后来我才知道，那是曾祖母娘家的村子），后来又转到范家车村。生活困难，我们哥俩无学可上，心情苦闷，看到别人家的孩子上学去了，羡慕得流下了眼泪，感到前途茫茫，我们真恨死日本鬼子了。最后，实在没有办法了，只好于1942年秋天投奔到城北十里堡祖母的娘家，这也是我们流亡的最后一站。幸运的是，十里堡有一所小学，我们未经祖母和姑姑同意就报了名，心里充满希望。我们深知学习机会之宝贵，起早贪黑，刻苦用功，一学期之后，成为学校的模范生，祖母、姑姑也大为高兴。

抗战期间，祖母和姑姑，两位旧式家庭妇女含辛茹苦拉扯着我们哥俩，颠沛流离，生活艰困，虽没饿着，但也吃过糠、咽过菜。有点什么好吃的，祖母、姑姑都舍不得吃，留给我们哥俩。我们无论到哪里，家里都要养几只鸡。下的鸡蛋，除了换点油盐，大都进了我们哥俩的肚子。

姑姑为我们牺牲了自己的青春

哥哥和我被送回家的时候，姑姑还是个十五六岁的青春少女。光阴荏苒，日月如梭，在无形的时间长河里，我们一天天长大，姑姑的青春韶华却在静静地流逝。和姑姑年龄相仿的本家姑姑们一个个嫁人了，比姑姑年轻的也出嫁了。我依稀地记得，也有人来相过亲，祖母左右为难，寝食不安：姑姑走了，这个家怎么办?！姑姑也左右为难，不是她不想嫁，而是她不能嫁：上有老，下有小，怎能割舍?！她没有别的办法，为了我们，她选择了牺牲自己的幸福，继续守护着一老二小。

1945年底我们哥俩离开家，跟着三爷爷一家去了青岛，姑姑当时已经31岁。1949年初，我们从上海回到家时，姑姑仍守护着祖母，已经是35岁的“老姑娘”了。直到1954年，41岁的姑姑才带着老母亲嫁到了城里王家。当时姑父身边还有四个尚未成年的子女，姑姑不仅用无私的爱抚养大了我们哥俩，而且又用她博大的爱心去温暖和抚育丈夫前房留下的这四个孩子。

姑姑为人温厚善良，有一副慈悲心肠，把这四个孩子当作自己的亲生儿女，和他们相处甚好。

1956 年，已是高龄产妇的姑姑历尽辛苦，终于剖腹生下了自己的儿子，取名王先杰。1962 年，我们的祖母因病去世了，姑姑送走了相依为命的老母亲。于是，她又把自己的全副心思用在抚育孩子身上。后来，她的儿子长大成人，成家立业，为她生了一个孙子，小名叫东东，姑姑高兴得不得了，百般宠溺这个小孙子。1990 年我们从国外工作归来，回诸城老家看望姑姑时，她已经 76 岁，显得很老了，背驼得很厉害。小孙子在前面欢快地满地跑，姑姑在后面艰难地晃晃悠悠地紧紧追赶。看到此情此景，我们心中说不出是什么滋味，只觉得眼泪要夺眶而出。

因为我和哥哥每月给姑姑寄生活费，而且随着工资的提高，生活费的数额也不断提高，邻里们知道了，都夸赞她的这两个侄子真好。姑姑自豪地对他们说："天底下哪里找这样好的侄儿啊！"爸爸也曾对姑姑说："你能够享上两个侄子的福，说明你不但有两个好侄子，还有两个好侄媳呀！"然而，我们哥俩内心深处真正的感受是："姑姑为我们牺牲了自己的青春，天底下哪里有这样好的姑姑啊！"

爸爸对祖母和姑姑关怀备至

爸爸虽然自上中学之后就很少回诸城老家，尤其是抗战期间更是和家中失去了联系，但在他心中，母亲、妹妹和孩子始终是他无法割舍的牵挂。

在《三见周总理》一文中，爸爸写下了一件使他"永远忘不了的事"：

> 当何其芳同志在做恩来同志助手的时候，我和他私下谈心，曾谈及我老家的情况：老家只有一个继母，一个妹妹，乡村妇女，不识字，带着我的两个孩子。我县解放较早，无法通邮，我家庭生活各方面都很困难。其芳听了以后说：我向恩来同志报告一下，设法解决。1949 年全国解放以后，我回了一趟故乡，这才知道，几年前，省委通知了县里，曾给我家送来优待粮，二斗麦子，二斗豆子。我听了，心里充满感激之情：周恩来同志，你日理万机，连我个人家庭的一点小事也挂在心上！

从这件事情中,我们看到的不仅是周总理无微不至地关心爱护文艺界人士的高尚品格,也看到了爸爸对老母亲、妹妹和儿子的深切惦念。

1950年初,爸爸利用参加山东省各界人民代表会议的机会,回诸城老家看望阔别十余年的母亲和妹妹。母子兄妹相逢,自是百感交集,既有欢乐,又有心酸。看到母亲和妹妹在家乡的生活依然比较艰苦,爸爸就提议把她们接到北京照顾,但我的祖母实在是故土难离,只好作罢。

虽然远隔千里,爸爸却一直关心照顾着祖母和姑姑的生活,即使是我们参加工作之后按月给祖母和姑姑寄生活费之后,爸爸也时常寄钱给她们,希望她们生活过得更宽裕一些。

抗战期间祖母和姑姑有点什么好吃的都留给我们哥俩,自己舍不得吃,冷一顿、热一顿,饥一顿、饱一顿。时间一长,两人都患了严重的胃病,胃疼得很厉害,每天靠服小苏打维持。爸爸知道了这个情况,就经常从北京买小苏打,给她们寄去。

尤其令我感动的是20世纪50年代爸爸对姑姑婚育的特殊关心和惦念。因为这也是爸爸的一块心病呀!从当年爸爸给我的信里可见一斑:

> 姑姑的婚事最近可能解决。
>
> (1954年2月)六日
>
> 姑姑旧历五月可能结婚,我前天寄去了一百五十万(旧币)。你哥哥给她买了衣物。
>
> (1954年5月)十五日
>
> 姑姑怀孕已数月,可喜!
>
> (1956年3月)十九日灯下
>
> 姑姑生了一子,破肚子取出的,十二分危险,幸好母子均健,我又给她寄去两百元。你作为侄子也可以寄十元或廿元给她,叫她产后补养补养。
>
> (1956年8月)二十八日

得知姑姑怀孕后,爸爸就一再嘱咐她,年龄大了,千万不能在家生产,一定要去医院,以免发生危险。姑姑听从了爸爸的叮嘱,到胶州卫生院剖腹生了儿子。得知母子平安的喜讯,爸爸非常高兴,不仅自己给姑姑寄了一大笔钱,还叮嘱我寄钱给姑姑，让她补养身体。爸爸对妹妹的深情，由此可见一斑。

困难时期探亲记

1961年夏天，我们国家因三年自然灾害正处于严重困难时期，居民粮食定量减少，食品、日用品供应紧张，大家都吃不饱肚子，勒紧裤带度饥荒。在这种特别困难的情况下，我们一家人都十分惦念祖母和姑姑的生活。经过大家的商议，决定由乐源大哥和我在暑假期间回乡探望她们，带上全家多年节约和积攒的几十斤全国粮票，还有特地买的几斤“高价”饼干，这是全家的一片心意。当时，这是最贵重的礼物，因为这是最宝贵的救命的口粮啊！

哥哥和我回到诸城，祖母、姑姑出乎意料地见到我们，悲喜交加，老泪横流。祖母哭着说：“乐源、乐安呀，没想到还能见到你们！”以往我们回家探亲，姑姑总是拿最好的东西招待我们，可这一次给我们吃的是什么呢？是一种黑乎乎的拿不成块的东西，像是地瓜秧掺上高粱面做的，拉嗓子，难以下咽，我们从未吃过这样的东西。姑姑真是为难啊，真是到了山穷水尽的地步，我们哥俩心中感到难过之极。

在家里待了几天，我们就到抗战时期住过的城北十里堡，看望小学的同学。那时夏收刚过不久，中午一位要好的同学请我们吃饭，拿白面单饼、炒鸡蛋和自家种的青菜招待我们，让我们美美地享受了一顿盛宴。与姑姑家的饭相比，真是天上地下。在农村总还有点活动的余地，在城里只能靠国家定量的那点口粮，毫无别的办法。

看到祖母和姑姑的生活状况，我们心中真是百感交集，难以言表。甚至感到多待一天就会给祖母、姑姑多增加一天负担，于是决定返回。我们把身上的钱，除去购买火车票的，全都留给祖母、姑姑，算是我们为孙为侄的一片心意。当我回到北京时，身上一文不名。但想到我们给祖母和姑姑带去的钱物能够让她们暂时渡过难关，心中还是很欣慰的。

困难时期的这次探亲令我久久难以忘怀。

令人难过的是我们探亲后的第二年，祖母便去世了。

爸爸心目中的姑姑

爸爸臧克家1905年生，属小龙(蛇)；姑姑臧宜家1914年生，属虎；爸爸比姑姑年长九岁。爸爸自幼饱读诗书，受过高等教育，是著名诗人；姑姑完全是旧式妇女，大字不识一个，这是过去重男轻女旧习的恶果。但姑姑有一副善良、慈爱的心肠。爸爸和姑姑虽非一母所生，但兄妹感情极深，姑姑把爸爸看作自己崇拜的对象，对他的话百分之百地听信服从。那么，在爸爸的心目中，姑姑又是怎样的一个人呢？

1946年爸爸在重庆接到来自故乡的自己小叔叔的一封信后，写了一篇题为《家书》的散文，文中的一段话表明了爸爸对姑姑的感情：

> 最近一封信，他告诉我他已经投靠在城里一亲戚家了。我的小家庭，辗转流徙地流到了十里堡外祖母家(从母的娘家)，母亲因为得不到我的信，急得要命。小叔叔说，他已经造了两封“伪家书”给我母亲了。当由此地寄发的信到达了小叔叔手里的消息，家里得知以后，妹妹(是天下最好的妹妹了！)以一个旧式家庭的姑娘，从乡下跑到城里去，为了迎接这个信——叫心去迎接心。两个孩子(说起孩子来，我是天下最大的罪人，而她也是)一下生，就送回家，我们从来不在家，孩子几乎不认识我们，而妹妹才是他们的母亲，温柔，宽厚，慈悲，把整个的自己牺牲了，为了孩子们。她已经三十多岁了——虽然在我心里还是一个孩子——为了我的孩子，她用眼睛送走了自己的青春，直到现在还是作为我母亲的女儿、孩子们的母亲留在家里！

“天下最好的妹妹”，这就是爸爸对姑姑发自肺腑的最真切的评价！

1993年5月，姑姑80岁生日时，爸爸写了一幅大字《贺宜家妹八十大寿》：

处世为人，温厚善良。
抚育后辈，慈爱心肠。
邻里乡亲，众口赞扬。
遥祝康健，福多寿长。

爸爸的这幅字充满了对妹妹的一片深情，也最恰切地道出了姑姑一生崇高的品德。

1973年夏，臧克家和妹妹臧宜家摄于北京赵堂子胡同15号寓所内

送别亲爱的姑姑

20世纪90年代初期，姑姑就不断地患病，身体日渐衰弱。爸爸、妈妈和我们兄弟都很揪心，经常给表弟先杰写信，询问情况。1993年11月18日，我接到表弟的电话，告知姑姑于17日晚18时20分去世，并将于19日下午办理丧事，因时间紧，路途远，让我们不要去了。

我心里十分悲痛，姑姑和祖母在危难之中把我们哥俩拉扯大，我们怎能不去送她最后一程！我随即把这个不幸的消息通过电话告知了爸爸，并表示要去奔丧。爸爸得知姑姑去世的消息，异常悲痛！他十分赞成我去诸城奔丧的决定，连声说“应该去，应该去”。紧接着我就往济南给乐源大哥打电话，约他同行。不巧他去淄博开会了，植英大嫂说她也不知道具体地址，但会设法联系，一定找到大哥。我马上赶往火车站，买好车票，又将车次和路过济南的时间告诉了大嫂。夜间12点多，车刚过济南站不久，大哥的儿子臧田来到卧铺车厢，告诉我已与大哥联系上，他明天由淄博直接去诸城。我这才放下心来。

第二天，诸城天气阴冷，雨雪交加，就如同我们的心情。下午，我们把姑姑的遗体抬到卡车上，表弟一路撒着黄表纸，护送到火葬场。姑姑的遗体静静地躺在告别台上，我们都在等待着哥哥，焦急地等待着，但许久不见哥哥的踪影……

时间到了，我和表弟表妹们只好先向姑姑鞠躬告别。之后，表弟们让我去休息室，我坚决不去，眼睛紧盯着大门的入口，盼望着哥哥，姑姑也在等待着哥哥。我在心里呼唤着："哥哥，你快来呀，再过两分钟你就再也见不到姑姑了，那将是终生的憾事！"但我相信，哥哥一定会来的，他答应来，就一定会来的。

就在这时，一个身影，冒着雨雪，打着伞，浑身是泥水，脚步匆匆地冲进了大门，我立即大声喊："哥哥来了，哥哥来了！"我们哥俩，这对姑姑养大的难兄难弟，并肩站在姑姑遗体面前，满怀悲伤，潸然泪下，深深地、深深地鞠了三躬，送别我们心中如同母亲一般的最亲爱的姑姑。

遗体火化后，已是3点多钟。我们冒着雨雪，乘坐卡车护送姑姑的骨灰去十几里外的凤凰山墓地安葬。到了山根下还要走很长一段路，道路泥泞，湿滑难行，哥哥只穿一双单胶鞋，里面灌满了泥水。安葬好姑姑，回到城里，天已经完全黑了。

到诸城为姑姑奔丧的情景，就这样永远铭刻在我的记忆里了。

为爸爸编书

1991年底从中国国际广播电台俄语部的工作岗位离休之前，我从未想过为爸爸编书。因为我所学习和从事的专业是俄语，对爸爸的作品不是很熟悉。而且，过去爸爸的书大都是他亲手编辑的。

1984年，为庆祝爸爸80周年诞辰，山东文艺出版社计划出版六卷本《臧克家文集》，前三卷为诗歌部分，由妈妈编辑。在编辑过程中发生了一个问题：因为爸爸的旧体诗《忆向阳》是写“五七干校”的，题材比较敏感，尤其是受到姚雪垠《关于〈忆向阳〉诗集的意见——给臧克家同志的一封信》（见1979年1月《上海文艺》第1期）一文的影响，出版社坚决不同意将《忆向阳》中的旧体诗收入文集。

爸爸《忆向阳》中有一首七言诗，题为《老黄牛》，在群众中流传甚广：

块块荒田水和泥，
深耕细作走东西。
老牛亦解韶光贵，
不待扬鞭自奋蹄。

尤其是后一句，经过改写后经常见之于各种文章的标题。如果不能将此诗收入文集中，是非常令人遗憾的。于是我出了一个主意，请爸爸把这首旧体诗用毛笔书写，作为手迹收入文集。所幸出版社采纳了我的意见，稍稍弥补了缺憾。1985年2月，《臧克家文集》前三卷出版。

1984年，中国作家协会为照顾几位德高望重的老作家，决定给他们配备助手。小妹苏伊因此从人民出版社调到作协，给爸爸担任助手工作。这样一来，爸爸的工作和生活多了一名帮手，大大减轻了妈妈的工作量。此后爸爸出书的编辑事务一般都由小妹来承担。所以，虽然我经常给爸爸著作的编辑工作提一些建议，但从没有实际参与过编辑工作。

第一次为爸爸编书

1992年春我离休后的一天，我的好友，也是曾经的同事，时任中国广播电视出版社总编辑的张品兴同志对我说："我们出版社编辑了一套丛书，名为'二十世纪中国文化名人文库'，已出版了鲁迅、梁实秋、徐志摩、林语堂、胡适等名家的散文，能否将你父亲的散文也纳入这套丛书？"我一听，这是一件好事啊，即刻打电话向爸爸禀告。爸爸欣然同意，并对我说："你现在已经离休，手头也没什么事，就和苏伊一起为我编辑这本书吧。"在此之前，小妹已经为爸爸编辑了多本诗文集，对编书轻车熟路，而我却是第一次接触这项工作，心中不免有些忐忑。但一想，这也是了解熟悉爸爸创作历程的绝佳机会，便一口答应了。当时本静也已经退休，就和我们一起投入了为爸爸编书的工作。

爸爸虽然以诗歌名世，但他的散文也写得非常精彩，有评论家称他为"被诗名掩盖了文名的散文大家"。要从爸爸一生的散文创作中挑出精品，是一项不小的工程。我们首先与张品兴同志商讨确定了大的框架，即这部散文集收入的作品范围是"广义"的散文，然后就开始了紧张的筛选工作。

我们先分头将爸爸过去的散文、杂文、随笔及评论集仔细阅读了一遍，从中挑选出我们认为可以选用的作品；然后我们将爸爸近期发表的一些作品收集起来，加入书中；还有一些过去没有入过集子的作品，也找来补充进去。

在看过我们提交的目录之后，张品兴同志向我们提出，杂文中为什么不收入《六亲不认》一篇？这是当年很有名也很有影响的一篇杂文。我问了爸爸，爸爸回答说，这篇杂文写于1957年，发表之后很快就受到批判，所以后来从未收入集子，而且手头也没有文稿。张品兴同志非常热心，帮助我们找到了该文，复印后让我转交。爸爸看后说写得不错，同意收入书中，于是这篇尖锐犀利的杂文在《臧克家散文》中得以重新面世。

经过精挑细选的不懈努力，我们敲定了篇目。全书共118万多字，分三集，十一卷，每卷冠一小标题。卷一：抒情散文；卷二：怀人；卷三：杂文；卷四：诗论；卷五：评论；卷六：他序（为他人作的序）；卷七：文艺随笔；卷八：古典诗文欣赏；卷九：回忆录；卷十：自序；卷十一：创作经验谈。

张品兴同志看了目录后对我说："各卷的小标题太像大白话了，作为散文集，能否改得更加有文学气息一些？"我回家转达了他的意见，爸爸听后，略加思考，很快就把小标题改为：卷一：人间世　山水情；卷二：怀念逐日深；卷三：匕首与投枪；卷四：诗苑纵横；卷五：论坛探步；卷六：尺长寸短；卷七：兴来走笔；卷八：尚友古人；卷九：生活与诗的历程；卷十：创作得失谈；卷十一：甘苦寸心知。这一改，确实让人觉得耳目一新，我和小妹都从心底里敬佩爸爸，快90岁的人了，思维还如此敏捷，真不愧是文坛大家。

题目选定后，我们又仔仔细细地看了好几遍校样，希望少出差错，出版一套尽量完美的《臧克家散文》。

爸爸很看重这部散文集，1992年9月5日用钢笔给我写了一张便条，上面的字写得大大的："稿子审定后我亲自写个序言。"这张字条我至今还保存着。在这篇题为《我的心愿——序〈臧克家散文〉》的近三千字的序言中，爸爸回顾了自己散文创作的经历，总结了自己对散文创作题材、风格、技巧的看法，也提出了对散文创作的希望："希望它能在新的时代里起点鼓舞人心的作用，给人以美感享受。"

在书的前几页，刊印了爸爸的手迹：

> 对散文，我个人的看法只有几句话：
>
> 散文不散　精心锤炼
>
> 生动活泼　亲切耐看

当时爸爸用毛笔横竖各写了一幅，出版社选用了竖的一幅，横的一幅我一直珍藏着。

1993年10月《臧克家散文》三卷本终于出版了，装帧印制很精美。爸爸看了十分满意，到处向朋友推荐，还写信给老友季羡林先生，建议他也编一套。张品兴同志毕业于北大中文系，是季羡林先生的弟子，我曾陪他一起去季羡林先生家约稿。后来，中国广播电视出版社出版了四卷本的《季羡林散文全编》。

《臧克家散文》出版后，受到读者欢迎，半年多即销售一空。我们改正了发现的一些错字，很快又加印了一版。

这次为爸爸编书，对于我是一次很好的学习机会，使我对爸爸的散文有了更深的理解，知道编辑出版一部书是多么不易，同时也使我受到了锻炼，增长了才干，增强了信心，心里感到无比高兴。

历经波折的《臧克家文集》后三卷

1985 年爸爸 80 岁生日前，山东文艺出版社出版了《臧克家文集》第一、二、三卷（诗歌部分）。《臧克家文集》原计划出六卷，但由于种种原因，后三卷一直未编成。转眼间，过去了将近 10 年。1994 年 10 月 8 日就是爸爸虚岁 90 寿辰，全家决定完成《臧克家文集》第四、五、六卷（散文、杂文、小说、通讯、文论部分）的编辑工作，在爸爸生日前印出，作为生日献礼。为了完成这件大事，全家立即行动起来。

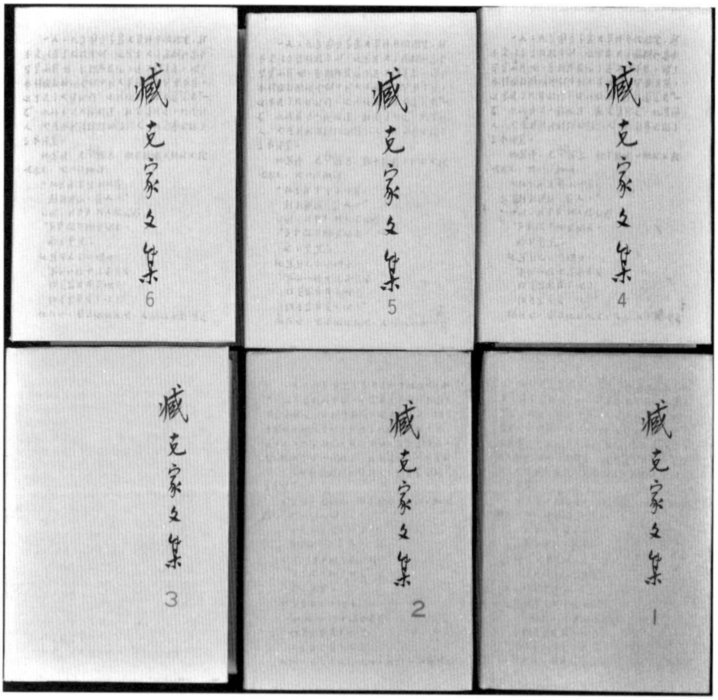

《臧克家文集》六卷本

由于此前苏伊小妹和我们刚刚编完《臧克家散文》，对爸爸的散文总体上比较了解，驾轻就熟，这个光荣任务自然就落在了我俩身上。我们非常高兴有机会编辑完成爸爸在新中国成立后的第一个多卷本文集，为爸爸尽一份孝心。

在我们着手编辑伊始，爸爸就提出应该把他抗战初期写的一些通讯报道收入《文集》，因为这些通讯报道标志着他文学创作的一个重要新阶段的开始。抗战之前，爸爸的散文大多为描写中国农民勤劳坚韧的性格和悲惨的命运以及描绘乡村风土人情的作品，笔调沉郁质朴。到了抗战初期，爸爸积极投身到全民族抗战的洪流中，这个时期的作品，展现了正面战场抗日军民浴血奋战、抗击侵略者的英雄事迹，揭露了日寇凶狠残暴的本性，充满了昂扬向上的爱国主义激情。特别是通讯报告集《津浦北线血战记》，是 1938 年台儿庄大捷后爸爸冒着敌机轰炸的危险，迎着尚未熄灭的炮火硝烟，三进台儿庄采访前线将士，实地勘察战场，倾注了巨大的精力和心血赶写而成的，弥足珍贵。这些作品由于历史的原因，新中国成立后从未收入他的选集，这是一件憾事。遵照爸爸的意见，我们要把《津浦北线血战记》编入《文集》，但这本书早已在“文革”初期被付之一炬，化为飞灰，只好由妈妈设法到图书馆借来此书，我们大家分头抄写，仔细勘校，收入《文集》。

爸爸在《文集》后三卷编辑伊始就提出要求是有原因的。爸爸在《臧克家文集·后记》中写道：“编前三卷时，因种种原因，未将长诗《感情的野马》及旧体诗集《忆向阳》中的一些诗篇收进去，事隔九年，回头看一下，这样不能展现我七十年来创作的全貌，总觉得是一种遗憾。”

《忆向阳》中的一些诗未能编入《文集》前三卷的原因，前文已经提及，不再赘述。长诗《感情的野马》是爸爸在 1943 年创作的一篇三千行叙事长诗，描写了抗战期间一对青年男女军人之间的爱情故事。爸爸对这篇长诗比较喜爱，但也许是因为这种以抗战为背景的恋爱故事题材比较敏感，发表之后自己鲜少提及，在评论界也未得到应有的评价。在编辑《文集》前三卷时，不知是因题材问题还是限于篇幅，《感情的野马》未能收入集中，而且在《臧克家全集》出版之前，这篇长诗也从未收入任何集子。

在1994年11月20日写给一位朋友的信中，爸爸提到了《感情的野马》这篇长诗："《野马》诗集，因写爱情与抗战的，未收入《文集》，许多朋友，爱此集，说我不收入《文集》不应该。"1996年10月26日，在给另一位朋友的信中，爸爸又一次提到了《感情的野马》："许多人说我不写爱情诗，批评《感情的野马》一不收入《长诗选》，二不收入《文集》，太不应该了！今天觉得我这么做是不合适的。特别是印在此书封面上的那几句诗，我十分爱它，不少诗人赞美它。"由此可见，爸爸对《感情的野马》未能收入《文集》前三卷是十分在意，非常遗憾的。

为了使《文集》的后三卷不留遗憾，我们遵照爸爸的要求，增加了爸爸抗战期间写的长短篇通讯报道和小说等，共计170多万字，较为全面地概括了爸爸70年散文、评论等创作的全貌。

因为我们得知当年10月中国作协为庆祝爸爸文学创作65周年暨90岁诞辰将举办一系列活动，所以希望在此之前出版《文集》后三卷，为系列活动添彩。在我们的多重努力之下，《文集》后三卷的编辑工作顺利完成。我们心中甚喜，以为后面的事情也会一切顺利，自然天成，《文集》会很快出版。但是，事实证明，我们实在是太天真了。

因为我们知道出版周期较长，时间比较紧迫，1994年初春，我即怀着美好的希望与本静和小妹苏伊赶往济南，与在山东大学任教的大哥臧乐源一道，去山东文艺出版社联系《臧克家文集》后三卷的出版事宜。

我们见到了出版社的负责人，这是一位儒雅干练的女同志，她对我们非常客气，表示臧老是山东人，今年又是九十诞辰，作为家乡的出版社，十分愿意出版《臧克家文集》后三卷，而且她愿意亲自担任此书的责任编辑。我们听了很高兴。但没想到她话锋一转，提出了一个先决条件：因为出版社现在自负盈亏，上年亏损逾百万，经济困难，而不预先付款，印刷厂不给发排，所以如果想出版，就必须让我们设法拉点赞助。她的语气诚恳又透露出几分无奈。这真是大大出乎我们的预料。我立即问："需要拉多少赞助?"她回答："至少6万。你们尽力去拉，如不够，出版社可以补助一些。"

可以说，我们是乘兴而去，败兴而归。这真是从来没有遇到过的事情。6万元，这在当时不是一个小数目，况且我们都是书生，哪里拉过什么赞助?

但事已至此，总得设法解决。

为了《文集》后三卷得以出版，我们放下了知识分子的清高，马不停蹄地两下山东，会见了几位“企业家”，见识了某些资本代理人对文学的轻慢，体会了什么叫“世态炎凉”。这种体验是我们这些整天坐在书斋里做学问的书呆子做梦也想象不到的。真是让我们开了眼界，长了见识。

然而，功夫不负有心人，在我们的努力下，几经波折，一家曾经请爸爸题诗赞美他们的产品并用爸爸题诗在电视台做广告的山东知名酒厂赞助了一些出版资金。

与此同时，小妹苏伊也在北京为爸爸《文集》出版的事奔波。她向主持中华文学基金会的张锲同志说明了情况。经基金会研究，答应拨出数万元予以资助。这样《文集》的出版赞助费终于凑齐了。

事情结局圆满，值得庆贺，然而这一次经历也让我心头波澜起伏，感慨颇多。写到这里，习近平总书记在文艺工作座谈会上的讲话中的两句话回响在我的耳边：“文艺不能当市场的奴隶，不要沾满了铜臭气。”这是多么语重心长的提醒和如雷贯耳的警示，真是一针见血，切中时弊！

万事俱备，只欠东风。书稿已交出版社，为了保证出书质量，我们要求自己看清样，出版社负责人爽快答应。这位女同志为《臧克家文集》后三卷的出版加班加点，对自己的责编工作尽职尽责，极其认真，后来和我们成了很好的朋友。这是后话。

6月，消息传来，清样即出。我和本静，小妹苏伊带着三岁半的小女儿罗文雯，一行四人，立刻登上南下的列车，前往济南大哥家，同心协力去完成爸爸交给的这项光荣的任务。

爸爸曾在一篇文章中描写了这一次泉城聚会：

> 我的大家庭，和睦亲爱。乐源、乐安两兄弟，只差一岁，从小在一起长大，手足情深。植英、本静，朴素真诚，尊老慈幼，各有所长，协和生春。一年之中，除了春节，平时很少见面。而今机会天成，聚首泉城，满腔热情，交流起波澜了。

我们来到了济南大哥家。一通热闹，一通忙乱，一通欢喜！说不完的话，道不完的情……大哥家住三楼，有三间房，大房为哥嫂的书房兼会客室，中房为哥嫂卧室,小房平时哥嫂的儿子臧田住。我们一来,乱了套。哥嫂把卧室让给我和本静,而搬到书房,睡行军床,田田的小屋让给苏伊和文雯住,就是委屈了田田——搭地铺。安排停当,分工明确,各司其职,紧张有序。

关于当时的情况,苏伊小妹写过一封家信,描述得甚是准确、真实、鲜明、生动。

爸爸、妈妈、姐姐、小罗、菁菁:

你们好!今天收到你们的信,很高兴,大家争相传阅。

到济南一周,大家欢聚,生活得快快乐乐,紧紧张张。大哥给我们每个人都评了"职称":大哥是"采购员"(每天要出去五六趟采购各种鲜果蔬菜,美味佳肴);大嫂是"炊事员"(每天在厨房里忍受暑热,烟熏火燎,为我们烹制色香味俱全的精美食品);二嫂是"保育员"(每天带着小文雯,耐心细致,体贴入微);二哥和我是"校对员"(每天早起晚睡,废寝忘食,一天要看七八万字);小文雯是幼儿园的"小学员"(她还让大舅妈带着到济南解放路第三小学去正儿八经地听了半节语文课)。

我们校对的进度很快,第四卷已快看完,第五、六卷的清样也已到出版社。据估计,我们以最快速度来校,也还得再需二十天左右,因为还要对红。请你们不要太着急,我们会尽最大的努力争取早日回家的。

我们都好,虽然挺挤,但大家都很高兴。每天晚饭后去散散步,松弛一下。文雯也很好,吃得挺好,有许多好吃的供她挑选;天热,每天洗澡,没长痱子。她常到楼下去和一些小朋友玩,聊天聊得很热乎。问她想不想家,她说还没工夫想,过几天再说。文雯写了一封信(坚持要写到最后一个字),表达她对大家的心意。寄上,你们猜猜她说了些什么?

天热,望多保重,请代问阿姨好!

全家都附笔问候,他们请我做代表了。祝

全家好!

苏伊

1994年6月12日

读了这封信，爸爸评价道：“纪事翔实，但充满诗趣。这封家书，在我心中真是一字千金！”爸爸立即给我们复了一信：

挤挤复挤挤，七口大欢喜！高温天气，给亲人添“热力”。小文雯的信，一个红点接一个红点，刷刷刷，从头到尾写满一张稿纸，难为她凭灵性写出这样的无字“天书”，我能破译，因为我有一颗永不衰老的童心。

我们不畏高温酷暑，齐心协力，聚精会神，一丝不苟，认真校对。热了，累了，跑到水龙头下，用凉水冲一冲脑袋，立刻神清气爽，继续投入战斗。聪明可爱的小文雯在身边给我们的生活增添了不少欢乐和情趣，让我们不感到寂寞。每天早晨，她一定要两个舅舅看着她洗脸刷牙，跟二舅妈天天相伴，格外地亲，连二舅妈洗澡，也非要跟着“捣乱”。有一天晚上，我们和山大一位女校长交谈，她问文雯：“什么是模特步？”文雯胸有成竹地回答说：“不就是扭屁股吗？”随即学了个走模特步的样子，逗得大家捧腹大笑，乐不可支。还有一次，小妹苏伊和我要去出版社办事，文雯非要跟着，苏伊怕影响工作，不让她去。我们悄悄下了楼，不想被小家伙发现了，她赤着脚一气从三楼追到一楼，哇哇大哭，我真感到于心不忍……

在紧张忙碌中，又收到爸爸的来信，告诉我们一个好消息：

作协党组开会决定，成立纪念我“创作六十五周年”的筹备会。敬之，名誉会长；马烽，会长；玛拉沁夫、杨子敏，副会长。昨天，子敏在电话中谈了情况。我与妈妈大忙，草出席人员名单(1.大会出席人；2.讨论会出席人)。日内子敏同志来谈，商量一些事情。

读了爸爸的来信，我们倍受鼓舞，更深切地体会到我们正在进行的工作的重要意义。我们希望更快更好地完成《文集》的校对任务，向爸爸九十大寿暨“创作六十五周年”研讨会献上一份厚礼，这也是作为子女对爸爸献上的一份孝心。

奋战月余，大功告成，辞别哥嫂，回京复命。妈妈和妹夫小罗来接站，爸爸也不愿在家里坐等。阔别一月，爸爸想念我们，特别是想念他的掌上明珠——小文雯，于是破例从家里走到北京站口路北，国际饭店西边迎候，以便早一点解思念之苦。受到如此隆重的迎接，我们有点受宠若惊。

我们回来的第二天，爸爸给我们大哥大嫂写了一信。信上说：

> 安静、苏伊归来，得知你们在一起，紧张而快乐地度过一个月多一点的生活，皆大欢喜！你们热情而细心地照顾，安静苏伊赞不绝口，我和妈妈心中大喜。意外团聚，可谓天作之合……

1994年国庆前夕，全国书展在天坛举办。山东文艺出版社把《臧克家文集》后三卷运到展览会上，我和本静雇了一辆板车，把两百套书运回家中。

《臧克家文集》第四、五、六卷1994年9月底刚一出版，就迎来了爸爸九十寿辰。书里集中了爸爸除去诗歌以外一生所写的精华，这三卷书也是全家集体努力的结果，是献给爸爸生日的一份大礼。

《时代风雨铸诗魂》

1994年10月11日至17日，由中国现代文学馆、北京图书馆等单位联合主办的“臧克家文学创作生涯六十五周年展览”在北京图书馆举行。为了办好这次展览，妈妈和小妹苏伊为文学馆的同志认真准备了爸爸的照片和资料，而文学馆的同志们也是精心设计，力图将爸爸90年的生活创作的经历全景式地展现在参观者面前。开幕式那天，老友云集，新朋纷至，热闹非凡。爸爸兴致勃勃地参加了开幕式。爸爸的老朋友谷牧、马文瑞、魏传统、季羡林、邓广铭、裴丽生等纷纷前来向爸爸祝贺。开幕式的气氛十分热烈。文学馆的一位同志对小妹苏伊说，他经办过多次作家展览，参加过多次展览开幕式，臧老的这次绝对是最为成功的展览开幕式之一。

1994年10月18日至20日，由中国文联、中国作协、诗刊社、中华文学基金会、山东大学等单位主办的“臧克家文学创作研讨会”又在北京举行。研讨会在国际饭店举行了开幕式。爸爸不顾自己身体的疲累，出席了开幕式及闭幕式。

1994 年 10 月 11 日，臧克家与谷牧(左五)、马文瑞(左三)、魏传统(右二)、季羡林(左二)、邓广铭(右一)、裴丽生(左一)在“臧克家文学创作生涯六十五周年展览”开幕式上

1994 年 10 月 21 日，臧克家在“臧克家文学创作研讨会”闭幕式上致答谢辞

研讨会开幕式和展览开幕式一样，隆重而热烈，众多老友济济一堂，向年届九十的爸爸致贺。爸爸抗战期间在第五战区就熟识的程思远先生来了，虽然他当天公务在身，但仍在会议召开之前赶来向爸爸祝贺。由秘书搀

扶着缓缓走来的是伍修权同志，他虽已讷于言语，但还是坚持着前来与爸爸相见，两位老友紧紧握手，虽无言但胜过千言万语。季羡林先生来了，他前几天刚刚参加了展览的开幕式，本可以不来，但他还是不顾劳累从西郊的北大赶来，并做了热情洋溢的讲话。陈昊苏同志也来了，爸爸从他身上看到了陈毅元帅的影子，诗人间的友谊在两代人身上延续。邓力群、贺敬之、刘白羽、林默涵、陈荒煤、公木、草明、高占祥、李瑛、朱子奇、陈涌、徐中玉、管桦……数不清的老友，道不完的情谊，爸爸被大家簇拥着，被友情包围着，神采奕奕，满面春风。

在开幕式的书面发言中，爸爸重申了自己的文艺观点："几十年来，主张作家应该深入生活，反映时代，胸怀祖国，热爱人民，学习古今中外优秀之作，以提高自己的表现能力。"爸爸还满怀深情地将希望寄托在"年华正茂、气势不凡的中年作家和朝气蓬勃、才华横溢的青年一代身上"。

这次研讨会开了三天，在小范围的研讨会上，爸爸的文朋诗友和评论家、研究者精心准备的研究论文和学术报告都十分精彩。我听取了这些发言，受益良多。闭幕式在国谊宾馆举行。爸爸做了简短发言，对前来参会的众多评论家朋友致以诚挚的谢意，并与大家亲密互动，合影留念。

热热闹闹的纪念活动结束了，高兴的心情却久久不能平复。我们全家一致认为，应该将纪念活动的成果，特别是学术论文编成一本书，保存下来。1986 年 4 月在山东济南曾举办过一次"臧克家学术讨论会"，由山东大学、山东师范大学、山东省文联等六个单位主办。原计划会后把讨论会的论文集中起来出一本书，但因种种原因未果。现在，何不将两次会议的论文收集在一起编一本书？但仔细想想，仍嫌不足。全家讨论后拿出的意见是：将爸爸登上文坛之后评论界对爸爸文学创作的评论文章加以精选，编为一集，将两次研讨会的成果以及两次会议收到的部分贺信、贺词、贺电、贺诗也包括在其中，这样才能比较全面客观地反映爸爸文学创作的全貌。

不用说，编辑此书的任务又落在小妹苏伊和我的肩上。我们深知责任重大，这是爸爸从事文学创作以来唯一一本评论文章的合集，一定要精益求精，把它编好！我们从闻一多先生为爸爸处女诗集《烙印》写的序言开始，仔细阅读了茅盾、梁实秋、老舍、王统照、蒲风、韩侍桁、穆木天、吴组缃、姚雪垠、林默涵、曹辛之等数十位中外评论家撰写的数百篇评论文章。评论家们或从大处着眼，或从单篇切入，探幽发微，见解独到。我们从中精挑细选，共挑选出文章 100 篇，时间跨度达 60 年之久。根据文章论及的内容，按照新诗、旧体诗、诗论、散文、古典诗文欣赏、小说等体裁编排。书的最后，将 1986 年 4 月和 1994 年 10 月两次讨论会收到的贺词、贺信、贺电、贺诗共 45 份作为附录予以收入。全书字数达 84 万之多。

编就了这本《臧克家文学创作评论集》，我们兄妹觉得如果用这个书名太平淡，就请爸爸给起一个更能表现该书精神实质的名字。爸爸背着手，在小院子里转了两圈，说道："郑伯农同志为我写的一首诗中有'一代文章传浩气，百年风雨铸诗魂'一句，我很喜欢。借用他的诗句，书名就叫《时代风雨铸诗魂》吧！"

我和小妹听完都拍手叫好。这书名真是太合适、太贴切了！我们的爸爸在时代风雨中诞生，从时代风雨中走来，随着时代风雨前进！爸爸的诗文是他心灵所感受的时代风雨的记录和回响，从他的诗文中可以看见和听到时代的电闪雷鸣！正如他自己所说：

> 我生在光绪三十一年，作为"大清"的一个"子民"来到世界上。我看过清朝的"龙旗"，"中华民国"的"五色旗"，看过蒋介石统治时期的"青天白日旗"，这些黑暗、悲惨、痛苦时代的标志，被革命的风暴吹空，五星红旗，终于高高地、高高地猎猎飘扬在祖国万里晴空。
>
> 一幕一幕的时代风云，在记忆的长空中飘忽而过，一声声悲惨的呼喊、战斗的号角，清晰地在耳中回响。在漫长的岁月中，在崎岖的道路上，有个人的影子，有自己的脚踪。

评论集编好之后，爸爸请时任《诗刊》主编的杨子敏同志写一篇序言，子敏同志欣然应允。他在《献给中国诗坛的一份厚礼——读〈时代风雨铸诗魂——臧克家文学创作评论集〉》(代序)中写道：

> 我好像被这本评论里的一篇篇文章导引着，从头访问了一位当代中国诗坛巨子六十多年间所走过的历史路径。它发轫于古老而又困顿的中华大地深处，发轫于民族再生、山河再造的大时代深处，发轫于浩

> 瀚精奥而又锈垢驳杂的中国诗歌传统深处，诗人臧克家以其燃烧的生命，点燃诗的火炬，在风云变幻、万象森罗的历史激流中，清醒、自觉、坚韧、执着地踏勘着，开凿着，一路前行，背后留下一行深深的、长长的足迹，镌刻着他在时代的、人生的、诗歌的探索中，独立不倚、独具只眼、独辟蹊径、独树一帜的大家风范。

此外，书中选录了诗人贺敬之1986年《致臧克家学术讨论会的贺信》。我们觉得这封贺信最具代表性，对爸爸的评价也最为恰切：

> 臧克家同志是“五四”以来继郭沫若之后几位最有成就的大诗人中间的一个，在我国新诗发展史上占有重要地位。他的漫长的生活道路和创作道路充分证明：现已年逾八十的臧克家同志，是始终如一地和时代同步、和人民同心的一位人民的诗人，革命的诗人。他的具有崭新民族风格和鲜明个人独创性的革命现实主义的诗篇，生动地反映了从民主革命时期到社会主义时期各个阶段的历史足迹，热情地表现了人民大众的苦难、斗争、向往和追求，因而赢得了人民的喜爱和历史的承认，并对新诗的发展产生了深远的影响。在今天的社会主义新时期中，他在支持开放、变革和创新的同时，仍然不改初衷地坚持文艺的社会主义方向，坚持文艺工作者走和人民结合、和时代结合的道路，坚持新诗的民族性、群众性和革命现实主义精神，因而又赢得了诗歌界和文艺界广大同志的重视和尊敬。

过去我只是零散地读过对爸爸文学创作的评论文章，读完后印象不深，但这次不同。通过集中阅读数百篇评论文章，我深深地感到，这不是一人一时之言，而是半个多世纪以来评论界的众人之言，因而具有全面性和客观性，使我更加清楚地了解了评论家眼中的爸爸和爸爸在诗歌史上和文学史上的地位。我为爸爸的文学成就感到骄傲。

《臧克家全集》

2000年初，时代文艺出版社的同志通过朋友向我们表达了出版《臧克家全集》的意向。2000年3月，时代文艺出版社总编辑张秀峰亲自到北京家中与爸爸商定了《臧克家全集》出版事宜。

爸爸生于1905年，从1925年发表第一篇作品起，在文坛上已经辛勤耕耘了七十五个春秋，写下了大量诗歌、散文和其他作品。虽然已有《臧克家文集》六卷本问世，但限于篇幅，许多诗文并未收入其中。是到了该总结一下的时候了。机会天成，全家也为之而高兴。

从此，编辑《臧克家全集》成为全家的头等大事。工程浩大，全家总动员。爸爸是总指挥，但多次因病住院，身体较前衰弱了许多，生活需要有人扶持照顾。虽然他头脑仍然清楚，精神尚好，但一般的事情并不麻烦他老人家。妈妈是总顾问，不但统揽协调联络《全集》编辑的各项工作，还要时刻陪伴在爸爸身边照顾他的饮食起居，爸爸住院全赖她精心护理，非常辛苦。小妹苏伊是爸爸的助手，对爸爸的作品最为熟悉，因此是总负责。先是草拟全集的编辑原则、总体设计和具体编排方案交爸爸审定，然后就是烦琐细致的作品收集、整理、复印或誊写、编排、发稿、校对、审核的工作。爸爸住院时，她还要兼顾照护爸爸以及医院与家里的联络工作，忙得不亦乐乎。我和本静也义不容辞地全力投入了爸爸《全集》的编辑工作。这是我们全面学习爸爸作品的好机会，也是为爸爸尽孝的好时机。那时，大妹妹小平患颈椎病，经常头晕，但仍努力坚持，初审了许多信件。大哥大嫂远在济南，来京探亲时，也抓紧时间参与审核稿件。

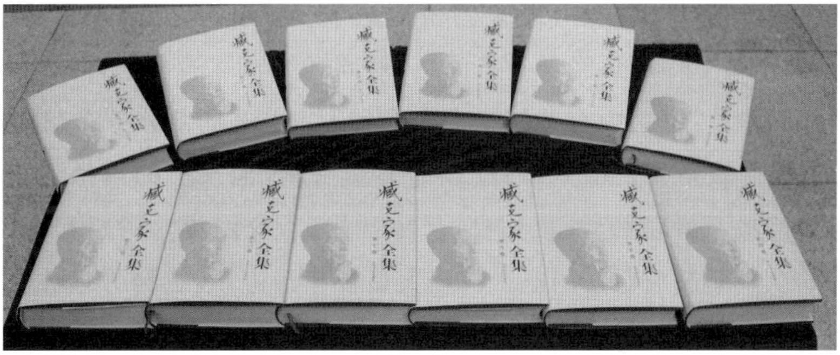

2002年12月，凝结着臧克家近八十年文学创作成就的十二卷《臧克家全集》出版

一个作家的“全集”，最突出的特点就是一个“全”字，但最难做到的也是这一个“全”字。由于爸爸创作时间跨度长，平时又不注意保存自己的作品，

再加上新中国成立前战乱频仍，行踪不定，许多诗文散佚各处，寻找的难度极大。所幸爸爸故乡山东的两位现代文学研究专家冯光廉、刘增人教授为搜集、出版、研究爸爸的著作做了大量卓有成效的工作，编辑出版了80多万字的《臧克家研究资料》，并不辞辛劳地在各处搜集到了爸爸的佚诗120多首，编了一本《臧克家集外诗集》，1984年由陕西人民出版社出版，这对我们为爸爸编《全集》帮助甚大。还有许多热心的亲朋以及素不相识的读者得知我们要编辑爸爸的《全集》，热诚相助，向我们提供线索或寄来搜集到的佚诗佚文，使我们在编辑《全集》的过程中获得了许多意外的惊喜。

在征集佚文佚诗的过程中，我也出了力。1950年春天，我和哥哥臧乐源正在济南华东大学学习，3月爸爸到济南参加山东省各界人民代表会议。根据我的记忆，当时爸爸曾有一篇文章和一篇发言刊登在报纸上，而且从未收入爸爸的文集。我即写信给哥哥，请他到山东图书馆查找。不久，他就找到并复印寄来，证明我记忆无误。一篇是散文《时间的罡风》，登载于1950年3月9日《大众日报》，另一篇是《在山东各界人民代表会议上的发言》(1950年3月13日)，登载于1950年3月17日《青岛日报》。这两篇佚文后来全都收入了《全集》。也算是我为"全集"的"全"字作了贡献。

这次编《全集》的另一个难点，是要编辑一卷书信卷，因为书信亦是爸爸创作的一部分。过去曾有朋友多次建议爸爸编一本书信集，爸爸均以与朋友私下交流的信件不便公开发表为由拒绝了。但这次是编《全集》，缺了书信就难称"全集"了，最后经与爸爸商量，他同意编辑一卷书信，但告诫我们，一定要仔细审读，书信中有些属于个人隐私不宜公开的部分务必删掉。

爸爸是个极重友情的人，对朋友是有信必复，他发出的信件何止万封？但爸爸写信从不留底稿，征集信件，从零开始，十分困难。妈妈和小妹苏伊向爸爸的众多朋友或朋友的家人发出大量征集信息，经过努力，也只征集到一小部分。令人遗憾的是，一些与爸爸关系密切的、已仙逝的老前辈、老朋友(如闻一多、老舍、王统照、叶圣陶、吴伯箫、白寿彝等)，由于年代久远或其他原因，爸爸给他们的书信未能征集到。而征集到的，由于篇幅所限，也只收入了一部分。这给《全集》留下了缺憾。当然，征集到的这些书信也可说是爸爸的"自己的写照"，其中有许多难得的历史资料，弥足珍贵。

那时我们还不会使用电脑，所有的稿件都是纸质的，有的从选集上撕下来粘贴，没有入过集子的，只好全家老少齐上阵，动手抄写，连大妹妹当时上中学的女儿菁菁、小妹妹当时上小学的女儿文雯、照料爸爸生活的小阿姨家慧都参加了抄写，我们这些大人就更不用说了。我至今手头还保留着一份本静手抄的三千多行的长诗《感情的野马》。爸爸新中国成立前的好多作品，特别是抗战期间的作品集，印制的纸张质地极差，好多字模糊不清，难以辨认，实在辨认不清或者脱落的字，只好请爸爸辨认或补上。稿件粘贴好或誊抄好之后，小妹仔细校订每一篇作品的写作时间，将稿件分体裁按年代编排。

与繁重的搜集工作同样重要的难点，是如何确定入选的篇目。本来，《全集》应该是把搜集到的所有诗文全部收录进来，才能体现一个“全”字。但有一个情况却让我们在编辑过程中感到十分为难。新中国成立以后，爸爸在历次政治运动中响应号召，撰写了一些表态或批判文章，其中有些文章上纲上线，伤害了被批判的同志。这样的文章《全集》收不收？我们认为，全都不收，是一种割断历史的做法，是对作者、对读者、对历史的不负责任；而全部收入，又会对被批判的同志及家人造成二次伤害。经过反复斟酌，我们和爸爸商定，凡是指名道姓对同志进行批判的文章，就不再收入《全集》了。而一些不涉及或极少涉及具体人物的表态或批判文章，在做一些必要的技术处理后，收入《全集》。正如小妹苏伊在《编后记》中所写：“我们不必为尊者讳，‘人非圣贤，孰能无过？’作者就是这样在历史的长河中一步一步走过来的。我们奉献给读者的，应该是一个真实的臧克家！”然而，我们的这个编辑原则，在《全集》出版后受到了个别专家的质疑，认为如此编辑不利于展示爸爸文学创作的全貌。当然，对这个问题，“仁者见仁，智者见智”，专家的意见也不无道理。

解决了“收什么”的难题，又面临一个“怎么收”的问题。我们本着尽可能用每篇作品的历史原貌来面对读者的原则，用手头上能找到的最原始的版本对每篇作品进行了仔细的校对，除了爸爸后来做的艺术加工和史实订正以外，基本上都保证了作品原貌。然而爸爸的一些作品，尤其是一些评论文章，在历次政治运动中迫于形势，在收入不同集子时进行了多次修改，当然也有爸爸随着时间的推移对自己的观点进行的必要修正。到底收进哪一版呢？我们经过反复讨论，决定按照初版收入，而把历年修订的部分用括号附在后面。这可真是一个不得已而为之的办法。

解决了这么多难题，编辑工作进展神速。为了让《全集》早日出版，小妹编辑好一卷就寄出一卷，终于在2001年底将《全集》各卷的稿件全部交出。

为了给爸爸出一部尽可能完美的《全集》，我和小妹商定，各卷校样每人看一遍。每次校样到手，我们都怀着强烈的责任感和紧迫感，心无旁骛、夜以继日地仔细校对，生怕漏下一处错误。一次看清样，我们发现了三处令人震惊的错误：一是把毛主席的"席"字错为"度"字；二是把郭沫若排成"熟沫若"；三是漏掉了一行诗。这些错误，吓出了我一身冷汗！为了尽量少出现错误，我们集中精力，丝毫不敢松懈。这样，600多万字的稿子，从发稿、校对到核红，小妹一共看了四遍，我也看了三遍。

《全集》的清样已经全部交给了出版社，只等待出书了。但封面设计经过几次改动，尚未最后确定下来。不幸的是，2002年12月27日，爸爸因胸痛住进了协和医院。而且，住院后病情逐渐加重，有时糊涂，有时清醒，全家心急如焚。我建议小妹给出版社写信，催他们快点印制全集，哪怕印出一本样书，让爸爸亲眼看一看自己一生劳动的成果，他也一定会感到无限欣慰的。2003年春节刚过不久，出版社让我们家去一人最后确定全集封面和出版事宜。对出版事务，我完全是门外汉。小妹苏伊曾在人民出版社工作过，对图书出版的事比较熟悉，就决定派她去。当时她正感冒发烧，但为了加速爸爸《全集》的出版，她带病前往长春时代文艺出版社工作了数日，解决了图书出版的最后事宜。2003年夏末，印制精美的皇皇十二卷本的《臧克家全集》终于送到北京。我们全家的高兴心情真是难以描述。趁爸爸清醒的时候，我们把《全集》拿给他看，那时的爸爸衰弱得已经无法自己拿起书。当我们把《全集》举到他眼前时，爸爸竖起右手大拇指说："很好！"这一幕情景让我心中百感交集，无法言表。大家的眼睛都湿润了……

2003年8月12日中国作家协会隆重举行《臧克家全集》首发式。那天，爸爸安卧在协和医院的病榻上，不能亲自前往与朋友们一起欢庆。妈妈率领全家（大哥大嫂特地从济南赶来）代表爸爸参加了首发式。首发式隆重热烈，爸爸的诸多好友冒着酷暑前来参加，还有从外地赶来的青年朋友。会议主办方发给每位与会者一套《臧克家全集》，让爸爸的诗文永远陪伴着他们。

在首发式上，中国作协副主席陈建功宣读了中国作协党组书记、副主席金炳华的书面发言：

> 臧克家是我国现代诗坛上最杰出的诗人之一，他奇迹般的生命历程与一个世纪的日月沧桑相同步。他生于离乱长于艰辛，却有幸成为历史变革的见证人和革命事业的参与者，在不同历史时期他都创作出有代表性的优秀诗篇，成为点燃人们心灵之光和激扬时代精神的号角。拨乱反正、改革开放是伟大的历史性飞跃，臧克家虽然年事已高，却仍然焕发青春，创作了许多抒情短诗和关于诗歌学术建设的文章，这些作品与他的散文、随笔、小说和书信一起，全部收入《臧克家全集》，因此这部文集便以多姿多彩的艺术形式记载了中华民族崎岖的历史命运和走向胜利的事业峥嵘，生动地表现了历史变革与人民心声，它所具有的史料价值、认识价值、教育意义和审美意义将与时间共长久。

金炳华同志对《臧克家全集》的评价代表了大家的心声，也引发了我的无限感慨：

亲爱的爸爸，您出生于 1905 年，那正是清朝末年，是我们国家积贫积弱、任帝国主义列强欺凌宰割的年月。您在世上生活、奋斗了将近一百年，这一百年是我们国家发生沧桑巨变的一百年。

在这近一百年间，您经历得实在太多太多了，您经历了辛亥革命，北洋军阀混战，武汉大革命，蒋介石长期反动统治，民族抗日战争，解放战争，中华人民共和国成立，直到改革开放，建设社会主义崭新国家的今天。

一百年间，您的感受太深太深了。您一生心系国家民族的兴衰荣辱、人民的苦乐安危；您一生追求光明，追求进步，追求革命，追求真理；您始终与时代同步，与人民同心。您把所见所闻所历所感埋藏在心里，化为自己的血肉和感情，而后喷发出来化为诗。您的生命就是诗，诗就是您的生命。洋洋 600 余万言的十二卷《臧克家全集》就是您一生奋斗和心血的结晶，它是中国百年历史的一面镜子和缩影，是您以见证人、参加者和表现者的独具只眼和独特风格描绘的宏大历史画卷，是诗史也是史诗。有人把您的诗歌比作一部交响乐，不错，从中我们能够听到您脉搏的跳动和热血的奔腾；听到人民痛苦的呻吟和奋斗的呐喊；听到炮火的轰鸣和时代的风雷；听到历史前进的脚步和胜利的欢腾。从您丰富多彩的作品里，不同的读者可以找到他们需要的东西。可对于我们，亲爱的爸爸，《臧克家全集》是您留给我们的最宝贵的遗产，它首先是您心灵的记录和历史，可以说，它就是您的化身。我们想您了，随时就可以同您交流。您说过，您的诗文，是您留在祖国大地上的脚印，它真实地记录下了您不同时代不同的思想感情，而您的每一篇作品后面都有动人的故事。我们手里握着通向您心灵的钥匙，我们可以随时踏着您的脚印回到过去，回到您的童年、青年、壮年和老年，随着您重走百年人生道路，穿越一个世纪的时空……

直到今天，每当想念爸爸的时候，我就打开爸爸的《全集》，我不是在阅读一行行的文字，而是在和爸爸亲切交谈，聆听他给我讲述百年来历史艰难曲折变迁的故事……

最后，值得一提的是，2003 年 12 月，《臧克家全集》获第六届国家图书奖提名奖。评奖过程中，经专家抽查评估，《臧克家全集》校对质量很高，错误率大大低于国家标准。我们的辛勤劳动终于有了成果，心中非常欣慰。可惜的是当时爸爸已经病危，被送入 ICU 病房，神志不清，《臧克家全集》获奖的消息最终没能让他老人家知悉，甚是遗憾。

我和爸爸斗寿长

“我和爸爸比寿长，膝下七十一儿郎。”这两句话是 2000 年夏天我即将进入古稀之年时，爸爸用毛笔写在彩笺上送给我的，用的是我的口气。

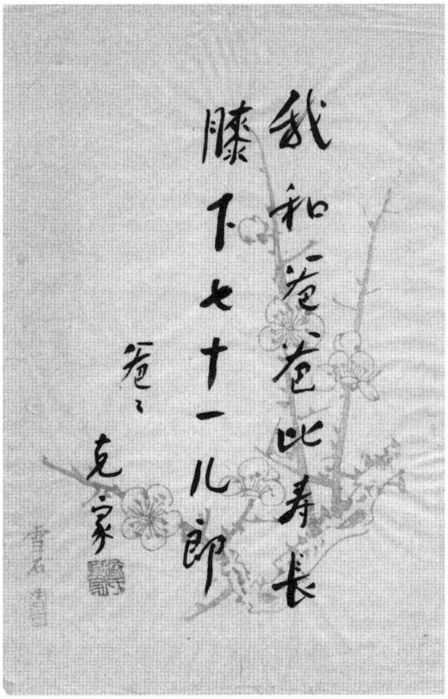

臧克家为臧乐安题词

在此之前，1999 年我哥哥臧乐源在《老干部之家》第 9 期上发表了一篇文章，名为《和父亲比长寿》。文中充满了对爸爸积极乐观的人生态度的敬佩和向爸爸学习、努力攀登生命高峰的豪情。爸爸看了这篇文章之后，非常赞赏。在给我哥嫂的回信中爸爸写道：

> 一个句子：“我与爸爸比长寿”，我想给你调一个字，“我与爸爸比寿长”，你意如何？因何调换一个字的位置？理由有二：(1)“长”字，平声落脚；(2)“寿长”比“长寿”新鲜。

哥嫂接到爸爸的回信，敬佩极了：“调换一个字，妙笔生花，全文增辉。我们感动，终身受益。”

就在这之后不久，爸爸乘兴给我写了这幅字。拿到这幅字后，过了几天我回家去看爸爸，又和爸爸谈起这幅字。爸爸对我说：“经过考虑，我感觉

‘我和爸爸比寿长’，‘比’字比较一般，比较平淡，改为‘我和爸爸斗寿长’更好。”听了爸爸的话，我拍手叫绝。

这个“斗”字真是神来之笔，画龙点睛！这个“斗”字把我这个“膝下七十一儿郎”一下子变成了“膝下十七一儿郎”，甚或“膝下七岁一儿郎”了，把在慈父面前顽皮淘气而又活泼可爱的小儿郎的心理、情态乃至动作都活脱脱地显现出来了。这一个“斗”字放在这里，作用真是太神奇了！

爸爸不仅在文学创作中苦心经营，注重推敲，对每一个字都要“敲好了它的声音，配好了它的颜色，审好了它的意义，给它找一个只有它才适宜的位置把它安放下，安放好，安放牢，任谁看了只能赞叹，却不能给它换掉”，而且在与我们子女的文字交往中也是如此，时刻教我们提高文字运用水平，从“比长寿”到“比寿长”，再到“斗寿长”这三个字的修改，就可见一斑。

我想，爸爸写这幅字以及和我说的这番话，不只是让我写文章时在用字上下功夫，他的主要用意是激励我和他“斗寿长”。这幅字反映了爸爸年轻健康的心态和积极向上的生活态度。

1989 年爸爸在《贺艾青同志八十寿辰》一诗中写道：

八十是少年，
九十是青年，
百岁是中年，
一百五十是老年。
我们并肩前进，
登上生命之巅。

我常想，爸爸之所以能够以体弱多病之躯登上 99 岁的“生命之巅”，和他自己坚韧不拔的意志和乐观豁达的精神密不可分。晚年，他用毛笔把顾炎武的诗句“苍龙日暮还行雨，老树春深更着花”书写在彩笺上，贴在自己卧室书橱的玻璃上，每天面对着它，鞭策自己。“自沐朝晖意蓊茏，休凭白发便呼翁。狂来欲碎玻璃镜，还我青春火样红。”“胜景贪看随日好，余年不计去时多。”“攀登犹自脚力健，只计前程不计年。”这种“烈士暮年，壮心不已”的高尚情怀，在爸爸的诗文中随处可见。

“老牛亦解韶光贵，不待扬鞭自奋蹄。”爸爸不仅写下了以上这些脍炙人口的豪迈诗句，而且也像一头老黄牛一样在文坛辛勤耕耘，结出累累硕果。《忆向阳》《怀人集》《诗与生活》《甘苦寸心知》《臧克家旧体诗稿》《落照红》《臧克家抒情散文选》《臧克家古典诗文欣赏集》等著作以及他主编的《毛泽东诗词鉴赏》，就是爸爸在晚年为我们留下的宝贵遗产。

不仅如此，爸爸还发下宏愿，要活到120岁。90岁时，他写下了《九十自述》：

九十年华老来娇，
友情如山压弯腰。
堂堂百岁还嫌少，
条码再加二十条。

2001年是爸爸的本命年，他在《蛇年纪感》一文中写道：

> 我没暮气，有童心，自称“九十六岁不倒翁”，活过百岁，再加二十。长寿不是赖活着，而是为了多看看新事物，希望祖国完成统一大业，国更强，民更富，全人类都生活在和平美好的新世纪中。

爸爸这种为全人类美好愿景自强不息，奋斗不止的精神，永远激励着我向他学习，攀登生命高峰。

2000年爸爸给我写字时，已经九十有五，但壮心犹在；我虽年近古稀，但在爸爸眼里还是“体健神旺，七十青年”（爸爸送我的七十贺词）。如今二十年过去了，爸爸已于2004元宵节止步于百岁（虚岁），创造了中国诗人的长寿纪录，而我，还在为实现“和爸爸斗寿长”的目标努力着。

要和爸爸“斗寿长”，任务艰巨，必须一步一步地追。我计划分成四个阶段追赶：一是保八（十），二是争九（十），三是望百，四是超百并向爸爸的梦龄一百二十岁迈进。现在我保八、争九已然成功，接着要满怀信心地迈步在望百的征程中。爸爸，有您的榜样在前，有您的精神激励，我希望能追上您的百岁，进而超过您。爸爸，您认为我能做到吗？为我加油吧！

驾鹤西归

数次与死神擦肩而过

爸爸 90 岁之后，身体日渐衰弱，尤其是 2000 年以后，情况尤甚，协和医院的病房几乎成了他第二个家，出出进进成了家常便饭。2002 年 12 月中旬开始，爸爸总是觉得胸痛，因为他一直有冠心病、房颤、心包积液，我们非常紧张，生怕他的心脏再出大问题。12 月 27 日那天，爸爸感觉胸痛得厉害，妈妈和小妹苏伊急忙再一次把他送进了协和医院，不想爸爸从此再也没有出来，直到离世。

住院期间，爸爸的病情时好时坏，开始一直以为是心脏的问题，医生甚至一度和我们商量要给爸爸安装心脏起搏器。但经过多位专家的会诊，最后排除了心脏问题。经过治疗，爸爸胸痛的问题得以缓解，但反复的肺部感染却又成了一个大难题。爸爸 1948 年就曾患上严重的肺结核，后来又反复发作多次，右肺纤维化，基本丧失功能。所以，每一次的肺部感染，对于爸爸这位老肺病患者都是一次严峻考验。反复的高烧，一次比一次凶险，专家们多次会诊，给爸爸用上了最好的抗生素，但情况仍然不容乐观。我们的心情随着爸爸的体温上下波动，每次收到爸爸病危的消息，我们都无比焦急，而病情缓解之后，我们又松了一口气。

2003 年 3 月 10 日，爸爸又一次因发高烧而病情告急，呼吸衰竭，脸憋得发紫。经专家会诊后给我们介绍病情，告知爸爸必须进入重症监护室，插管用呼吸机抢救。我们见到爸爸病情如此危重，都心急如焚。病危通知书下达到了爸爸单位，中国作协几位领导火速赶到医院。大家聚集在病房的阳光室，商量下一步治疗方案。

妈妈看到爸爸如此痛苦，心如刀绞。她与爸爸相濡以沫六十多年，对爸爸的病情心知肚明。当她得知插管会有一定风险，而且病人也会很难受时，不想再让爸爸遭受更多折磨，提出放弃抢救。

此刻，我们的心中万分矛盾。我们知道，爸爸年事已高，身体极度衰弱，不插管抢救，爸爸的生命危在旦夕。如果插了管，爸爸病情好转的概率也不是很大，而且即使抢救成功，爸爸今后的生活质量可能也会比较差；而万一抢救失败，那么爸爸就白白经受了插管的痛苦。

真是进退两难！

作协领导表示希望医院尽全力抢救，也希望妈妈在抢救同意书上签字。

妈妈一直沉默不语。

这时，小妹苏伊终于忍不住了，高声说："我不能眼看着爸爸就这么走了，说什么也要搏上一把！这字，妈妈不签，我签！"

在大家的劝说下，妈妈在同意书上签了字。医生护士争分夺秒，快步把爸爸推进了ICU。我们在ICU外焦急等待着，过了许久，医生出来告知，呼吸机已经给爸爸用上，我们放心了。

这之后，ICU接连传来好消息。爸爸插管用上呼吸机后，很快恢复了自主呼吸，第二天，呼吸机就撤了。三天后，爸爸居然从ICU出来，又回到了自己的病房。我们大家都高兴极了，惊叹于爸爸生命力的顽强！

几十年来，爸爸多次重病入院，医生也多次给他下过病危通知，但爸爸都一次次化险为夷。有人说，这是因为爸爸的医疗条件好，家人照顾得好，但我们一直认为，生命力的顽强来自意志力的顽强，爸爸之所以能够一次次战胜病魔，除了医生的医术高明之外，他自己坚强的意志也是不可或缺的重要因素。

关于如何对待疾病，爸爸曾作过一首诗：

思想大门洞开，
情绪轻松愉快。
锻炼、营养、药物，
健康恢复快哉。

这首诗形象地说明了为什么爸爸这个自幼便体弱多病的人，一生多次从鬼门关前走过，而又能奇迹般地活到99岁的原因。

爸爸生性豁达，遇事看得开。他非常欣赏苏东坡的名言："自其变者而观之，则天地曾不能以一瞬；自其不变者而观之，则物与我皆无尽也，而又何羡乎？"所以，每当疾病来袭，他不紧张，不焦虑，配合医生，以良好的心态积极治疗，总能取得非常好的效果。

这首诗的第三句把"锻炼"放在第一位，更是别有深意。爸爸曾说，强壮之精神寓于强壮之身体，欲求身体健康，锻炼最为重要，它可以祛除疾病，转弱为强。所以，爸爸非常崇尚锻炼。1972年从干校回京后，他每天外出散步数次，风雨无阻，从不间断。即使是生病，为了能早日痊愈，只要能下床，他也要尽力多走几步。这一点，没有极其坚强的毅力是做不到的。

记忆最深的是爸爸1998年因跌倒造成了十二胸椎压缩性骨折，疼痛难忍。去医院看病时，年轻的骨科医生告知，爸爸年龄太大，出现这种情况无法手术治疗，只能卧床静养。医生嘱咐爸爸，要严格卧床，不能过早活动，三个月后再复查。

想不到爸爸回家后，卧床几天就躺不住了，命我和小妹架着他在房间里散步。我们怕他起床走路太早，影响恢复，劝他多卧床，他坚决不听。没办法，我和小妹只好每天架着他散步。起初，他忍着疼痛，全身靠在我们身上，我们用尽全身力气支撑着他，在房间里只能走上几步。每次散完步，爸爸和我们都浑身是汗，筋疲力尽。后来，经过多日的锻炼，我和小妹只要扶着他，爸爸就可以慢慢地自主行走，而且慢慢地，一次可以走上好几圈。

三个月后，爸爸去医院复查，正巧还是那位年轻医生值班。医生看到爸爸自己拄着手杖稳步走进诊室，大吃一惊，当他问明了情况后，赞不绝口。

这就是我们的爸爸！我们屡次创造生命奇迹的爸爸！

爸爸的一位老朋友20世纪80年代曾在一篇文章中评论爸爸："他过分地燃烧了自己，多年来使他缠绵于病榻之上。但他这多病之躯，已活到八十岁之上，还将奇迹地活到九十以上，百年之外，那是他具有一种超群意志的结果。"这是多么准确的预言，多么精辟的概括，一语中的！

曾有一位刚转岗来病房、接手爸爸治疗的年轻女医生，看了爸爸的住院病历后，又对着爸爸的胸片看了很久。当她从交班医生口中得知爸爸这个“老肺病”几十年来一直在与肺部感染顽强战斗并多次转危为安时，说了一句让我们终生难忘的话：“这老头，真牛！”

我想，这位女医生说出了我们和许多治疗过爸爸的医生的心里话。我们的爸爸，真牛！

一轮明月，万家灯火送爸爸远行

2003年3月中旬，爸爸从重症监护室回到病房后，情况稳定了一段时间。

这期间，爸爸仍然像往常一样，每天叫家人给他读报，关心国内外大事。3月下旬，第二次海湾战争爆发，美军大举进攻伊拉克。听到这个消息，爸爸心情非常沉重，他对身边的小妹说：“伊拉克人民又要受苦了。”说完痛苦地闭上了眼睛。此后，爸爸每天都要倾听伊拉克战况，关心海湾战争的进程和伊拉克人民的命运。

由于久卧病床，不能进食，每天只靠鼻饲和输营养液维持身体必需的营养，爸爸日渐衰弱。慢慢地，他没有力气走路了，但他还是希望我们把他扶到轮椅上，推到窗前看看外面的世界。再后来，他连下床的力气也没有了。我们为了让他锻炼，在他精神好一点时给他一支笔，让他在纸上写字。刚开始，他写的字还能辨认，后来，他实在是没有力气驾驭手中这支笔了，写出的字歪歪扭扭，难以成形。

一天，家里的小阿姨家慧让爸爸写字，他费力地在纸上画了一些谁也看不懂的圈。家慧问他：“爷爷你写的是什么？”爸爸大声地对她说：“时代精神！人民大气氛！”这位握了一辈子笔的老人，如今却写不出自己的心里话，谁能知道，他心中的悲哀会有多深！但他仍然心系时代，心系人民，这是他一辈子的牵挂。

过了不久，爸爸的病情再一次出现恶化。不管爸爸生命力如何顽强，毕竟他已是九十多岁的老人，而且肺部是他致命的薄弱环节，反复的肺部感染使他高烧不退，即使输入最先进的抗生素也无济于事。过多的抗生素反而对他的身体产生了许多副作用——肠道菌群紊乱，严重腹泻，肝肾功能受到损害，真可谓杀敌一千，自损八百。面对这种情况，医生告知我们，目前只有切开气管,使爸爸肺部的痰液能顺利吸出,才能减轻爸爸肺部炎症的侵害,延缓爸爸病情的恶化程度。

其实切气管的方案之前医生已经向我们提出了许多次,但都被我们否定了。不到万不得已,谁都不愿看到爸爸走到这一步。然而这一次,爸爸的病情使我们不得不考虑医生的这个方案了。迟疑再迟疑,踌躇再踌躇,商议再商议,9月25日,在万般无奈的情况之下,我们全家人同意了医生的治疗方案,对爸爸进行了气管切开术。

爸爸的气管被切开了,我的魂也随之丢了。从此我再听不见爸爸的开怀大笑,从此我再听不到爸爸的谆谆教导,从此我再不能同爸爸纵论国事天下事,从此我的耳朵在爸爸面前成了空摆设。从此我只能看着爸爸的表情,用手势同爸爸交流:"您哪里不舒服?""您是想喝水还是想方便?"

对于自己无法发出声音,爸爸刚开始根本无法接受,非常愤怒,对我们的任何问话都不愿回答。但是后来他知道一切已无法改变,也只能是一脸的无可奈何。我们问他话,他就皱皱眉,摇摇头,有时闭上眼睛。看到爸爸难以言表的痛苦,我们却只能摸摸他的头,安慰他,让他安静地休息,我们心中的痛楚真可以说是锥心裂肺。

得知爸爸病重,许多老友前来探望。由于爸爸经常是昏睡状态,所以鲜少能与老友交流互动。看到一生热爱朋友、视友情如生命的爸爸如今沉疴在身,再也不能与自己谈笑风生,老友们的心情都很沉重。

最令我们感动的是谷牧叔叔。他和爸爸同为山东人,又是一位非常精通文学艺术的领导。几十年来,他经常到家里看望爸爸,与爸爸交流颇多,心灵契合。听说爸爸的病情严重,他来到医院探望。听完医生介绍爸爸的病情后,谷牧叔叔默默地坐在爸爸身边,握着爸爸的手,轻轻地抚摸着。面对昏睡不醒的老友,他突然缓缓地深情地背诵起爸爸写于20世纪30年代的诗句:"一万支暗箭埋伏在你周边,伺候你一千回小心里一回的不检点。"听到这用熟悉的乡音背诵的熟悉的诗句,我们每一位在场的家人都湿了眼眶。七十年过去了,爸爸的诗句还一字不错地深深地印在谷牧叔叔的脑海里,这是多么真挚深厚的情谊啊!

2003年10月8日,是爸爸虚岁99岁生日,也是爸爸生命旅途中最后一个生日。这天，诸多老友和各级领导前来探望，也许他们是在和爸爸做最后的诀别。

不知是不是有心灵感应，这天爸爸的神志格外清醒。上午，中宣部部长刘云山同志到医院看望爸爸。站在爸爸床边，他对爸爸说了几句话，希望爸爸能安心养病，早日康复。当刘云山同志讲到国内外和文艺界形势时，爸爸突然奇迹般地向刘云山同志高高举起了大拇指，在场的人都发出了惊呼，尤其是我们这些天天陪伴在爸爸身边的人，更是不敢相信自己的眼睛，要知道爸爸平时非常衰弱，做出这样的举动需拼尽全身的力气。这一出乎所有人意料之外的动作，给我们的心灵以强有力的震撼，我明白，爸爸这是要向大家展示，“榻上谁云销浩气，飞腾意马到无涯”。

这一天，魏巍、程光锐、丁宁、翟泰丰等爸爸的老朋友和作协党组书记处在京领导都来探望爸爸，病房和病区阳光室里摆满了鲜花。虽然爸爸一直卧床，但他九十九岁的生日过得非常热闹。

因为之前几次报病危，爸爸都转危为安，我们多么希望爸爸能像医生说的那样，病情向好的方向发展！我们多么希望爸爸能再次安然渡过险关，向着他的百岁目标迈进！然而，我们过分相信了爸爸坚强的毅力和顽强的生命力，忽略了爸爸已和疾病抗争多年，早已耗尽了自己全部的体力，再也没有能力抵御来势汹汹的病魔。于是，我们不得不面对的时刻到来了。在爸爸 99 岁生日过后的第二天，他病情恶化，又一次被送进了 ICU。

爸爸生命旅程的最后三个多月，几乎都是在 ICU 度过的。虽然 11 月曾短暂地回到病房几天，但病情还是无法控制，又回到了 ICU。我们无法像平日一样陪伴在爸爸身边服侍他，只能在每天下午的短短半个小时之内，轮流进入爸爸的病房看上他一眼。

我们的妈妈，已经 85 岁了。多少年来，只要爸爸生病，都是她老人家悉心照料。爸爸每次住院，都不愿别人陪伴，只愿让妈妈在他身边。曾有多少个日日夜夜，妈妈陪伴在爸爸病床旁边，寸步不离。白天喂水喂饭，翻身拍背，伺候大小便，记录出入量，晚上就睡在用三个高低不平的椅子拼成的勉强能够容身的“床”上。年复一年，日复一日，连协和医院的护士们都不忍心看到满头白发的妈妈如此辛苦，破例同意我们从家里拿来一张行军床，让妈妈休息得好一些。一位八十多岁的老人常年陪护九十多岁的老伴，成为许多人口中的佳话。爸爸多次和我们说过，“没有你们的妈妈就没有臧克家”。

看护病人，不光是体力上累，最主要的是心累。爸爸的所有病情，无论大小，妈妈都要和医生交流探讨，听取治疗方案。说妈妈为爸爸心力交瘁，一点也不为过。虽然辛苦，但妈妈从不叫苦，在爸爸身边陪护着他，妈妈觉得心里踏实。虽然为了减轻妈妈的辛苦，小妹苏伊和我们都尽力轮流去医院服侍爸爸，但妈妈总是不放心，凡是自己能干的都要亲力亲为。

自从爸爸进了ICU，妈妈再也不能每日守在爸爸身边了，这让她整天坐立不安。三个多月来，妈妈每天下午准时从家里出发，步行去协和医院探望爸爸，无论天寒地冻，刮风下雪，从无间断。医院附近有一家建设银行，银行门口的一位保安看到白发苍苍的妈妈每天在小妹的陪同下冒着寒风从门口经过，很好奇地问小妹：“老太太这是去干吗？”当他知道妈妈这是去医院看望老伴时，非常感动，对小妹叹道：“这位老太太，真是太不容易了！”

ICU每天下午有半个小时可以探视病人，每次只能进一个人，如果去了多人，就要轮流进。因为看望爸爸的人多，妈妈每天都是第一个换上衣服，快步走进爸爸病房，我们为了让妈妈和爸爸多待一会儿，每次只能匆匆见上爸爸一面，聊解思念之情。而且爸爸基本上都处在昏睡状态，和我们交流的情况极少。

2004年1月22日是农历春节，人们都在准备欢度这个重要的节日，妈妈多么希望能够陪伴在爸爸身边，和爸爸共同度过可能是他一生在这世界上的最后的一个春节。我们抱着尝试的态度和医生沟通，希望他们能够满足妈妈的这个要求，无奈医院ICU的探视制度严格，医生也无法破例。妈妈的希望没能实现。

2月4日，妈妈从病房里出来，脸色凝重地对我们说，爸爸今天情况不好，看到她来到身边，流下了眼泪。我们心中一惊，联系到医生介绍爸爸病情时的不乐观的话语，一种不祥的感觉涌上心头。

2月5日是中华民族的传统节日元宵节。这天上午10点多，医院打来电话，说爸爸情况非常不好，让我们赶紧过去。我们全家即刻起身，赶到医院。医生告知我们，爸爸因重度感染引起心衰，血压直往下掉，恐怕熬不过

24小时，我们的精神立即紧绷起来。在医院碰到闻讯赶来的作协领导和老干部办公室的李燕萍副主任。李燕萍告诉我们，作协上午接到医院通知，说爸爸呼吸骤停，他们也很是着急。但在他们赶往医院的路上，又接到电话，告知爸爸经抢救已经缓过来了。她感叹道："多少次接到臧老的病危通知，最后臧老都能挺过来，老人家的生命力真是顽强！希望臧老能再次挺过这一关。"但我们知道，爸爸已经进入了生命的倒计时，心情依然十分沉重。

等待真是一种煎熬。到了吃晚饭的时间，大家虽然心情不好，但还是按照往常的习惯，煮上了元宵。正煮到一半的时候，又接到了医院的电话，说爸爸病情又一次恶化，正在抢救，让我们赶快过去。

当我们赶到协和医院ICU，得知爸爸正在抢救之中，我们焦急地等在门外。不久，ICU的大门向我们打开了，医生叫我们进去，我们知道，最后的时刻到了。

全家人(除了小平妹妹和女儿菁菁因身体原因没到)鱼贯进入了病房，看到一位医生还在做着最后的努力，为爸爸做心脏复苏按压。妈妈走上前去，示意停止抢救，并对这位年轻的医生表示了感谢。8点35分，医生宣告，爸爸的生命已经终结。

我们的爸爸躺在病床上，既平静又安详，就像睡着了一样。经过与病魔长时间近乎惨烈的搏斗，他老人家太累了。在妈妈的带领下，我们都静静地围在爸爸身边，向爸爸做最后的告别。我最后握了握爸爸的手，这是我熟悉的握过千百次的手！如今这手尚有余温，而亲爱的爸爸却与我们阴阳两隔。一种彻骨的悲伤涌上我的心头，泪水夺眶而出。

亲爱的爸爸，您和您深爱的祖国和人民一道艰难跋涉了整整一个世纪，在文坛上辛勤耕耘了八十个春秋，您已跨进期颐的门槛，创造了诗人长寿的纪录。大家正期待为您庆贺百岁寿辰，您却在这元宵佳节，乘着皎洁的月光，向着诗的天国驾鹤西去了，天上的一轮满月为您一生的功业画上了圆满的句号。从此您的生命由有涯进入了无涯，由有限化为了无限，化作了永恒。

亲爱的爸爸，有天上的嫦娥玉兔为您引路，地上的万家灯火为您送行，您一路走好！

最后的告别

得到爸爸逝世的消息，中宣部副部长李从军和作协党组书记金炳华从人大会堂元宵节晚会上匆匆赶到医院，作协党组书记处的在京成员也都来到医院，向爸爸的遗体做最后的告别。爸爸的好友贺敬之叔叔闻讯赶来，可惜迟了一步，爸爸的遗体已经被推进了太平间。

妈妈向几位领导表达了我们家属对爸爸后事安排的意见。

爸爸生前，不知多少次到八宝山参加朋友的追悼会或告别仪式，奔波劳累不说，看到老友静静地躺在那里，与逝者生前交往的一幕幕都仿佛展现在眼前，心中的悲痛难以自抑，往往泪洒当场。这种失去老友的悲痛，刻骨铭心，常常多少天都挥之不去。

另外，闻听有的朋友逝世之后，家属争待遇，讲规格，计较逝者骨灰放在八宝山第几室，爸爸心中非常不舒服。他常说，逝者已矣，这些所谓待遇规格都是给生者看的，对逝者有何意义？

所以，早在 1980 年，爸爸就写了一篇题为《葬议》的文章，对一些人去世后“封建残余的等级观念和劳民伤财的规范了的仪式”提出了异议。对于自己的后事，爸爸生前曾多次对我们说过，自己百年之后，不要给组织和朋友们增加任何负担，不搞遗体告别，不开追悼会，骨灰也不进八宝山。

妈妈把爸爸生前的愿望告知了领导，表示我们希望遵照爸爸的遗愿，只在医院搞一个由家属参加的小型的告别仪式即可。领导表示，回去研究一下。

回到家中，我们开始布置灵堂。爸爸遗像前的书桌上，我们摆上了凝聚着爸爸一生心血的《臧克家全集》，还有他老人家生前用过的茶杯，里面放了他最爱喝的龙井茶。小碟子里摆放着他每顿饭必不可少的家乡风味——大蒜和花生米。这些都是爸爸生前的最爱，睹物思人，浓浓的思念涌上心头。

爸爸逝世的消息很快传开了，最早是从网上传出的。之后，我家的电话铃响个不停，陆陆续续有亲朋好友送来花篮、挽联，家里顿然变成了花的海洋。前来吊唁的朋友络绎不绝，几天的时间就有三百多人来到爸爸的灵堂，他们都向妈妈和我们表达了沉痛哀悼之情，使我们在悲痛中也体会到了友情的温暖。

谷牧叔叔又一次来到我家，对着爸爸的遗像伫立良久，当有媒体人问他对爸爸应当如何评价时，他说："伟大的诗人啊！人民都评价过了，还用我说吗？"

台湾作家陈映真先生和夫人刚到北京就匆匆来到我家。一年多以前，他们曾到我家做客，爸爸不顾身体的衰弱，着正装接待了台湾客人。爸爸和他们谈到1947年爸爸为台湾"二二八事件"所写的诗歌《表现》，陈映真先生说，这是大陆作家最早表示支持台湾人民反对蒋介石统治的诗篇之一，表达了台湾人民期盼光复——希望幻灭——反抗国民党黑暗统治的心情，很感人。爸爸对陈先生说："两岸人民同宗同源，两岸一定要统一。"陈先生回忆起这些情景，动情地说："可惜臧老看不到祖国统一了。"听到这话，在场的人无不热泪盈眶。

86岁的程光锐老诗人，也是爸爸最好的朋友之一，因经常与刘征叔叔和爸爸三人谈诗唱和，在旧体诗坛传为佳话，三人被并称"诗坛三友"。在爸爸生病期间，光锐叔叔多次到医院探望，2月4日还在ICU和爸爸见了一面，不想只有短短两天，相交60多年的好友就已驾鹤西归，站在爸爸的遗像前，老人家痛哭失声。

季羡林叔叔和毛岸青、邵华夫妇因病不能前来，派人送来了大花篮，表达深切的哀悼之情。

作协党组书记金炳华和其他领导来到我家，向我们郑重表达了组织的意见，在充分尊重爸爸遗愿的同时，希望我们也能满足爸爸的朋友、文艺界同仁以及广大喜爱爸爸作品的读者希望和爸爸做最后告别的愿望。我们经过慎重考虑，同意了组织的意见。在和领导商议之后，我们把遗体告别的时间定在了2月18日。

2月18日，大哥乐源和我以及臧小龙、臧田，在作协副主席陈建功同志的陪同下，到协和医院为爸爸起灵。车到八宝山大礼堂，一下车，我们就被眼前的情景震撼了，只见大礼堂前的小树上，悬挂着数不清的洁白的挽联，那寄托着大家无限哀思的挽联在凛冽的寒风中不停飘荡，仿佛是一排白色的长廊。妈妈给爸爸写的挽联挂在第一位，情深意长，催人泪下：

六十二年酸甜苦辣相伴人生路
二十四节阴晴寒暑思念到无涯

吊唁大厅门口悬挂着横幅"送别臧克家同志",这是我们精心设计的,因为我们不愿用"沉痛悼念"之类的词语来和爸爸告别,只希望爸爸在众多亲朋好友和热爱他的读者为他送行之后一路走好!

前来吊唁的近千位朋友或在挽联前驻足,或在大厅前排着长长的队伍。这中间,有与爸爸相交多年的知心好友(有的特地千里迢迢从外地赶来),文艺界的领导,已逝世的爸爸师友的亲属,家乡和母校的领导,曾经的同事,胡同里的老街坊,医治过爸爸的医生,还有素不相识的读者,他们个个胸佩白花,神情肃穆。

进入大礼堂,爸爸的彩色遗像悬挂在正中央。这幅遗像是1993年爸爸八十八岁时在赵堂子胡同15号家中照的,爸爸安坐在花丛中,笑对镜头,满面春风。当年同时照了彩色和黑白两种照片,我们选择了彩色的,因为它真实地还原了爸爸丰富多彩的99年人生。

遗像上方,爸爸自己的诗句"有的人死了,他还活着"格外醒目,我们觉得,正像新华社记者写的报道中所说的,这句诗"用来送别诗人自己仍是最好的挽歌"。

遗像下方摆放着一个由康乃馨和菊花组成的心形花圈,缎带上写着"爱无涯　思无涯　亲爱的克家一路走好!永远爱你想念你的郑曼"。花圈两旁,点缀着爸爸最喜爱的小外孙女文雯为外公精心折叠的一千颗星星和一千个纸鹤,这本是文雯为外公100岁诞辰准备的礼物,不想却被用到了送别仪式上。

我们和下一代的花圈摆在爸爸的灵床前,花圈缎带上分别写着:"亲爱的爸爸　您灿烂的笑容永驻我们心中。""亲爱的爷爷　我们永远在月光中仰望您。"

2004 年 2 月 18 日，臧克家遗体告别仪式上，亲属向他做最后的告别

爸爸遗像两旁，胡锦涛等中共中央政治局七位常委和江泽民同志以及四十多位党和国家领导人，中组部、中宣部、统战部、全国政协办公厅、民盟中央、中国作协、中国文联、诗刊社、人民出版社等单位，巴金、贺敬之、魏巍等数百位亲朋好友送的花圈依次排列，一直排到大礼堂之外。

爸爸的遗体安卧在苍松翠柏之中，神态安详，宛如沉睡一般。

遗体告别仪式开始，曾庆红、李长春、刘云山、王刚、陈至立、刘延东、邓力群等同志缓步来到爸爸遗体前肃立默哀，向爸爸遗体三鞠躬，与爸爸做最后的告别。

在雄浑而又深沉的《黄河颂》钢琴曲的乐曲声中，人们鱼贯走入大礼堂，为爸爸送行。用《黄河颂》作为爸爸的告别曲，是我们全家的决定。我们知道，爸爸是个乐观主义者，一定不希望在悲悲切切的气氛中为自己送行。而《黄河大合唱》的词作者是张光年叔叔，他是爸爸相交几十年的朋友，作曲的冼星海同志也和爸爸相识，他特别欣赏爸爸的诗歌《老马》并为之谱曲。黄河是祖国的母亲河，《黄河颂》磅礴的气势和刚劲的旋律正好能够把爸爸对祖国深切的热爱表达出来，用这首曲子作为爸爸的送别曲，再合适不过。

吊唁的人群缓缓从我们面前走过，许多朋友泣不成声，轻声叮嘱我们节哀保重。朋友们的深情，给了我们很大慰藉。

在众位朋友们吊唁过后，我们家属和爸爸最后诀别。妈妈望着和自己相濡以沫六十多年的老伴，悲痛欲绝，痛哭失声，我们也伤心不已，潸然泪下。

我心中暗想，亲爱的爸爸，您慢慢地放心走吧！我们一定会照顾好妈妈，让她安度晚年，也一定会完成您的遗愿，让您魂归故里！诗的天国有众多老友与您做伴，您在那里不会寂寞。

永别了！我最亲爱的爸爸！

魂归故里

爸爸的遗体告别仪式后，我们全家聚在一起，专门讨论了爸爸骨灰安置的问题。对于自己百年之后的归属，爸爸很早就明确告知过我们，这个下文会有详细交代。而小妹苏伊说，爸爸病重期间，也向她表达了自己百年之后要和妈妈合葬的愿望。这样，爸爸两个遗愿，两个归属地，到底葬哪里？第一个遗愿，是爸爸几十年来的不变的愿望；第二个遗愿，表达了爸爸对相濡以沫六十二年的妈妈的一片深情。经过大家的讨论，全家决定，爸爸的这两个遗愿，我们都要替他实现。爸爸的骨灰，一分为二，一半魂归故里，一半葬在北京，待妈妈百年之后一起合葬，也方便在京的子女们每年去陵园祭扫。

说起爸爸的第一个遗愿，还要从二十多年前讲起。

回家乡替爸爸寻找故人墓地

1994 年 4 月，为爸爸《臧克家文集》后三卷出版事宜，需要到济南与山东文艺出版社接洽具体工作，我们夫妇和小妹苏伊一同前往。行前，我们商定，到济南和大哥大嫂汇合后，办完公事后回诸城老家一趟，为姑姑扫墓。

临行前，爸爸招呼我们夫妇回家一趟，说有要事商议。

那天回到家，爸爸把我们和苏伊叫到卧室，十分严肃地对我们说："这次你们回山东，除了为我办出书的事，还有一项重要的任务交给你们去做。"

望着爸爸严肃的面孔，我们面面相觑，心中忐忑，不知有什么重大任务要落到我们头上。

想不到的是，爸爸接下来的话像重锤，狠狠地砸在我们的心上："你们回到诸城，给我找到老哥哥、六机匠、亦蘧四叔和武平四叔的墓地。我已经决定了，死后把骨灰撒到他们的坟上。"

我们三个人都震惊了。小妹苏伊接着爸爸的话茬说："爸爸，您说什么呢！您现在身体这么好，谈什么百年之后的事？再说您不是还要活到120岁吗？"

爸爸说："我不是在和你们开玩笑，我是认真的。他们四人去世多年，可能有的人墓地找不到了，你们尽量找吧！"

我们三人领命出门，每个人心里都感觉沉甸甸的。

这是年近九十的爸爸第一次对我们表明他对自己后事的安排。这种安排，乍一听出乎我们的预料，但仔细思考，却一切都在情理之中。

爸爸从小在农村长大，18岁之前没有离开过故乡，他对故乡和农民朋友的感情比山高，比水长。他曾写道："童年的一段乡村生活，使我认识了人间的穷愁、疾苦和贫富的悬殊。同时，纯朴、严肃、刻苦、良善……我的脉管里流入了农民的血。"

爸爸一辈子走南闯北，足迹遍布大半个中国，但在他心中，故乡永远都是至高无上的存在。1999年，在爸爸89岁高龄时，他写下了《看山》一诗：

乡音入耳动我心，
故里热土暖我身。
五岳看山归来后，
还是对门"马耳"亲。

马耳山，矗立在我们的故乡诸城境内，天气好时，在我家窗前就能望见。它是故乡的象征，是爸爸一辈子魂牵梦萦的地方。

而在遥远的故乡，还有四位爸爸心心念念的至亲至爱的朋友，虽然他们早已故去，但在爸爸心中，他们的形象永远是那么鲜明生动。

爸爸曾说："我生在农村，长在农村；我爱农民，我爱农村，爱得深沉，爱得心疼。可是，如果你问：你最最亲哪一个、爱哪一个呢？我诚心诚意地回答，我最最亲爱的、关系最深、至今已经死别，但依然牵着我的心的有两个农民：一个是'老哥哥'，另一个是'六机匠'。"

老哥哥，姓李，是我家五十年的长工。20世纪30年代爸爸写了一篇著名的散文，题目就是《老哥哥》，直到现在还被众多选家青睐，入选诸多散文选本。在这篇散文中，爸爸生动地描绘了一位一生在地主家做长工、到老却被无情地赶出家门的勤劳质朴的农民形象：

> 老哥哥真是老哥哥，他来到我家时曾祖父还不过十几岁呢。祖父是在他背上长大的，父亲是在他背上长大的，我呢，还是。他是曾祖父的老哥哥，他是祖父和父亲的老哥哥，他是我的老哥哥。
>
> 听老人们讲，他到我家来时不过才二十岁呢。身子铜帮铁底的，一个人可以单拱八百斤重的小车，可是在我记事的时候，他已是六十多岁的暮气人了。那时他的活是赶集，喂牲口，农忙了担着饭往坡里送。……
>
> 从我记事以来，祖父没曾叫过他一声老哥哥，都是直呼他老李。曾祖父也是一样。曾祖父的脾气很暴，好骂人“王八蛋”。他老人家一生起气来，老哥哥就变成“王八蛋”了。祖父虽然不大骂人，然而那张不大说话的脸子一望见就得叫人害怕。老哥哥赶集少买了一样东西，或是祖父说话他耳聋听不见，那一张冷脸，半天一句的冷话他便伸着头吃上了。我在一边替老哥哥心跳，替老哥哥不平。心里想：“祖父不也是在老哥哥手下长大的吗？”
>
> 老哥哥对我没有那么好的。我都是牵着他的小辫玩。他说故事给我听。他说他才到我家来，我家正是旺时，六曾祖父做大京官，门前那迎风要倒的两对旗杆是他亲手加入竖起来的，那时候人口也多，真是热闹。语气间流露着“繁华歇”的感叹。……
>
> 在黄昏，在雨夜，在月明的树下，他的老话便开始了。我侧着耳朵听他说“长毛”造反，听他说天上掉下彗星来。然而给我印象最深的要数这一次了。那年我八岁，母亲躺在床上，脸上蒙一张白纸，我放声哭了，老哥哥对我说母亲有病，他到吕标去取药，吃上就好了。后来给母亲上坟也老是他担着菜盒，我跟在后头……

老哥哥年老之后，爸爸的祖父找了一个理由把他赶了出去，爸爸只能用流不尽的眼泪目送他远去。可怜这位老人，没有子嗣，只能寄人篱下，在一个过继的“儿子”家了此残生。这件事，在爸爸幼小的心灵中留下了不可磨灭的印象，使他模糊地认识了当时社会贫富的悬殊和农民悲惨的命运。

爸爸说："我的心无论什么时候都是给老哥哥牵着的。""在我，老哥哥无所不在，不管在梦中，还是在白天。"为了老哥哥，爸爸写了许多篇诗文，追忆这位亲爱的故人。1979年，爸爸开始写回忆录《诗与生活》，在开篇《皓首忆稚年》中，写到老哥哥一节的时候，往事涌上心头，不禁三次失声痛哭，跑到卫生间，用冷水洗面。

如果说老哥哥是爸爸童年时期最亲近的人，那么六机匠就是爸爸的第一个"启蒙老师"。他也是我家的一个佃户，种过田，当过织布的"机匠"，卖过酒。爸爸曾用四个"最"形容自己和他的关系："最"喜欢，"最"佩服，"最"亲爱，感情"最"深。他"勤苦劳动，做人诚实正派，智慧高，有才华"。爸爸说："他的房子，就是我的家——灵魂的家。"

> 六机匠，更是一个出名的故事圣手。他记忆力强，描绘的手腕高，能把一个故事的情节，夸张地、形象地、诗意地、活枝鲜叶地送到你的眼前来，好像展开一幅图画。他的材料是掘不尽的宝藏，而且花样常常地翻新。赶一次集回来，他便会把从说大鼓的口里听来的故事(每次赶集，他总不吝惜这几个铜板的花费)增叶添枝地更生动更好听地说给你。……他说故事往往用韵语和腔调唱出来，伴同着表演的神态和姿势。他是用热情用灵魂的口来说这故事以安慰自己和别人。故事，就是他的创作，诗的创作，听的人，被他领到一个诗的世界里去。
>
> ……有多少个小庭院开着白葫芦花的黄昏，有多少秋日苦雨的灯下，有多少风雪扑窗的热炕头上，有多少春天的好日子(在醇酒一样的艳阳下随着他到绿色的郊原上去)，听他的故事——他的心声，他的诗。在他的屋子里，我认识了许多灵魂，在他的屋子里我得到了盎洋的诗趣，在他的屋里我洗白了自己的心。
>
> 六机匠，他把诗的苗子插在了我心的田地上。

可惜，这样一位既有才华又善良能干的农民，却穷得打了一辈子光棍，最后老死在故乡。和老哥哥一样，爸爸为六机匠写了许多文字，无限怀念自己的这位灵魂伴侣。

除了老哥哥和六机匠，在故乡爸爸还有两位亲戚兼诗友令他念念不忘，那就是他的亦蘧四叔和武平四叔，我们都称呼为"四爷爷"。

臧亦蘧四爷爷，本命臧瑗望，笔名一石，是爸爸的远房族叔。他是一位诗人，在北京读大学时，自费出版了新诗集《弦响》，后来又出版了《霜》和《碎鞋诗集》。爸爸说："他写的诗，无所顾忌，敢于直抒胸臆。""都是有感而发，风格朴素，全用口语，毫无雕饰痕迹。在当年那种环境之下，这些作品，像他的为人一样，被视为乖僻，违背了世情，不合时人口味，以致努力终生，不为人所知。"

虽然如此，爸爸却将亦蘧四爷爷视为自己"思想的启蒙者"和"新诗创作的领路人"。爸爸曾说："没有当年的他，就没有今天的我。他对我没吝啬过鼓励、怂恿，甚至于改正、指导。"在当年相对偏僻闭塞的乡村，爸爸和亦蘧四爷爷这位"生平第一个知己"，一起谈诗，一起创作，形影不离，亲密无间。

爸爸曾回忆起自己创作第一首新诗时的情景：

> 一个春天的清明节，燕子新客似的刚从远方来，秋千架旁飘飞着少女的衣影和笑声，花朵开在每个青春的枝"头"。灵感借了我的手，在这个佳节的诗境里写下了我的第一首新诗：
>
> 秋千架下，
拥积着玲珑的少女，
但是，多少已被春风吹去了。
>
> 一石看了，比我还兴奋，他惊奇这诗的第一朵花竟这样美丽！对于最末一句，他说了一大串"好"！他鼓舞我，用口给我的自信心"打气"，打得那么饱！好似他可以写包票一样，只要写下去一定可以成功。

在亦蘧四爷爷的肯定和鼓励下，爸爸走上了新诗创作的道路。

1930 年国立青岛大学(山东大学前身)招生，爸爸准备报考，但因高中没毕业便去考了武汉军校，学历不够，亦蘧四爷爷便把自己北平中国大学预科的文凭"借"给了他。爸爸数学考了零分，但凭借着"人生永远追逐着幻光，但谁把幻光看作幻光，谁便沉入了无底的苦海"这二十八个字的"杂感"，打动了时任国文系主任的闻一多先生，被国立青岛大学破格录取。

亦蘧四爷爷自奉俭约，但对爸爸却非常慷慨。他在诸城教中学，为节约自己不入伙，却每年赠给爸爸三十块大洋，资助爸爸读大学。

抗战爆发后，爸爸奔赴徐州抗战前线，约亦蘧四爷爷同行。他说："你先走，我随后去。"后来，他在家乡参加了八路军，在部队做文化工作，改笔名为"多问之"。由于积劳成疾，亦蘧四爷爷于1946年春病逝，成为革命烈士。

臧武平四爷爷，也是爸爸的族叔，和爸爸没出五服，关系较近，是爸爸六曾祖父，也就是清末翰林臧济臣的长房长孙。因他不善理家，家道中落，搬出了翰林院，但他安贫乐道，从不抱怨。他古诗词修养很深，曾和我的祖父结诗社，自号"双清居士"，我祖父号"红榴花馆主人"，他们诗词唱和，还出了一本集子，名为《霞光剑影》。

武平四爷爷酷爱古诗词，尤其对杜诗，有着独到的见解。他创作的旧诗也很出色，爸爸在许多文章中引用过他的诗句"背城树色留残照，平楚秋痕入野烧""三杯入我肠，故态芒角露"，甚是赞赏。

武平四爷爷沉溺于旧体诗，但并不薄新诗，对创作新诗也有兴趣，只是带着旧体诗词的痕迹。

武平四爷爷为人态度和蔼，性格开朗，十分健谈且善于交际，所以他的家变成了大家谈诗的场所。爸爸和亦蘧四爷爷经常在武平四爷爷家一起谈诗，一壶香茗，伴着他们说不尽的话题。

> 我们谈古诗的表现技巧，也用它衡量新诗，特别是字句凝练，意境幽深方面。我们互相朗诵自己的诗作，评论其短长。我的《难民》《老哥哥》……都曾得到他们二位的欣赏、鼓励与个别字句的斟酌意见。我写诗，受到古典诗歌很深的影响，也直接受到双清居士、一石的启发与指导。

新中国成立前夕，武平四爷爷曾从事地下工作，新中国成立后担任诸城县各界人民代表会议副主席。1950年，爸爸回山东参加山东各界人民代表会议，会后回到故乡诸城，还特意去拜访了自己的这位族叔，叔侄俩相谈甚欢。1955年，武平四爷爷因病去世。

这四位农民朋友，都是爸爸人生道路上的重要陪伴者。虽然他们都过早地离开了人世，但他们对爸爸人生目标的选择都起了非比寻常的作用。所以，爸爸希望在自己百年之后永远和他们在一起的想法，是经过深思熟虑的。

接受了爸爸交给的重要任务，我们动身前往山东。先是到济南，与大哥一起到山东文艺出版社接洽《臧克家文集》后三卷的出版事宜，然后到诸城完成爸爸的嘱托，去寻找他四位农民朋友的墓地。

到诸城时已是清明时节，大哥大嫂、我和本静以及小妹先去姑姑的墓地，为逝世不久的姑姑扫墓，然后就直奔臧家庄。

亦蘧四爷爷和武平四爷爷的墓地比较好找。亦蘧四爷爷的墓地在诸城烈士陵园中，武平四爷爷的儿子还在臧家庄，带领我们去看了他爸爸的墓地。在两位爷爷的墓地前，我们鞠躬祭拜，替远方的爸爸尽了一份心意。而六机匠的墓地我们到处打听，却遍寻不得，十分遗憾。

老哥哥的墓地应该在他继子所在的焦家庄子，离臧家庄不远，我们前往寻找。特别巧的是，在那里我们找到了老哥哥的侄孙，他非常欢迎我们，而且还找出了老哥哥家的族谱给我们看。据他讲，老哥哥的墓地以前就在离他家不远的栗子行里，但在“大跃进”时，坟被平了。

总算是没白来一趟，爸爸交给我们的任务顺利完成了。我们高兴地沿着臧家庄的路寻找爸爸笔下的西河——那个他小时候和小伙伴嬉戏玩耍、扎猛子的小池塘，也是他每天跟在六机匠后面，看着他下地干活必经的地方，而我和哥哥童年和少年时期也经常在那里游泳。让我们想不到的是，记忆中清澈见底的小小的西河，已经变成了一条水面宽阔、水流丰盈的河流，我们在河边合影留念，准备回去让爸爸在照片中看看故乡山水的巨大变化。细心的小妹知道爸爸思念故乡的心情，特意从西河边捡了许多小石子，带回去给爸爸做个纪念。

任务完成，回京复命。我们把故乡行的情况向爸爸做了详细汇报，爸爸听了非常高兴。他把小妹捡回来的小石子放在一个小瓶里，瓶子外面写上“西河石子”，摆在案头，天天欣赏。照片洗好后，爸爸饶有兴味地听我们讲解着照片背后的故事，并把照片放在一个信封里，信封上写“故乡神游”四个大字，放在床对面的书柜里，不时拿出来观赏一番。

现在回首看来，1994 年我们的实地勘察，为十年后爸爸魂归故里打下了坚实的基础。

爱的熏香

2000年，我们全家都在为编辑《臧克家全集》忙碌。为了使《全集》尽量少些遗憾，我们发动了许多亲朋好友找寻爸爸的佚文佚诗。

一天，小妹苏伊接到了在国家图书馆工作的表嫂的一封厚厚的来信，拆开读后，她激动的心情难以抑制，兴奋得一路小跑来到爸爸面前，给他看了表嫂寄来的这首佚诗：

设若我死了，
设若我死前还有一点时间，
我一定写下一句最后的请求，
仅仅是一句，留给我的亲人去看。
什么也不说，把双眼一关，
死去了，曾经生活过，
没有感谢，也没有抱怨。
生活了一辈子，
希望抖战着手乞求的，
没有一件被痛痛快快地给，
这最后的请求，仅仅是一句，
你们，我的亲人，可不能再叫它缩回只空手。
可不能再叫它缩回只空手
仅仅是一句，这最后的请求：
不管路多远，山多高，水多深，
"一定要把我葬埋在故乡！"
……
就在这些穷人的身旁，
匀给我一小块安身的地方，
我们彼此挨近，像生前
挤着一点大家都温暖。

我们从来没有野心，
不论死后还是生前，
贫困、受苦、良善，
一个十分卑微的好人。
……
我太爱这乡土，太爱这块土地上的人民，
这爱是那么浓烈，那么醇厚，
它的熏香使我不朽！

这首《爱的熏香》写于1944年11月20日，并在1945年8月15日《时代文艺》创刊号上发表。看到了自己的这首旧作，爸爸笑了，轻轻地对小妹说："写得不错，我都忘记了。"就这样，这首对故土对农民饱含深情的失散了半个多世纪之久的84行的《爱的熏香》，被我们收进《臧克家全集》，又和广大读者见面了。

我读了爸爸的这首诗，心情久久不能平静。联想到1994年爸爸派我们到家乡寻找四位农民朋友的墓地这件事，我明白了，爸爸这一想法绝不是一时的心血来潮。早在20世纪40年代，爸爸就在自己的诗中表达了"一定要把我葬在故乡"的愿望。尽管几十年过去了，尽管爸爸对这首诗早已淡忘，但诗中的这个愿望却深埋在爸爸心中，从来不曾更改。虽然爸爸走南闯北，远离家乡数十年，但不管路多远，山多高，水多深，对故乡和家乡劳苦大众深深眷恋和热爱的真情，是镌刻在心中，永远不能磨灭的。

这爱的熏香将永远陪伴着我们。

克家回来了

2004年4月初，为了完成爸爸生前的愿望，我们全家人(除了病中的小平妹妹和女儿菁菁)回到了故乡诸城。

妈妈是第一次回到爸爸的故乡。六十多年了，妈妈不止一次从爸爸的口中、文章里了解了这里的山山水水、风土人情，所以，眼前的一切，对于妈妈来说是陌生的，但又是那样熟悉。

4月2日，诸城市委、市政府为爸爸骨灰安葬举行了一个隆重而又简朴的仪式。中国作协副主席陈建功、诸城市市长邹庆忠、山大副校长方宏建和山东省委宣传部、潍坊市委宣传部的有关领导都在仪式上发表了讲话。在讲话中，大家都表达了对爸爸逝世的深切哀思，缅怀爸爸的文学成就和崇高品格，并希望爸爸的精神永远在祖国的土地上代代相传。

2004 年 4 月 2 日，臧克家夫人郑曼暨子孙数人把臧克家的部分骨灰撒到了山东诸城他的农民朋友的坟上，实现了他永远和农民朋友在一起的遗愿
（右起汪本静、臧乐安、石兰、臧小龙、郑曼、臧乐源、臧田、乔植英、郑苏伊、罗连陞）

2004 年 4 月 2 日，郑曼和中国作协副主席陈建功等将臧克家的部分骨灰撒在农民朋友坟前

妈妈代表全家感谢了家乡人民对爸爸的深情厚谊。她说："我们此次来到诸城，看到克家故乡生机勃勃的崭新面貌，非常高兴。作为诸城人，克家曾为故乡的过去和现在而歌唱，我们相信，克家地下有知，一定会为故乡的将来而感到骄傲和自豪！"

为了表示对家乡人民的感谢，在仪式上，我们向诸城图书馆赠送了《臧克家全集》。

仪式过后，我们全家人驱车前往臧家庄，诸城市委、市政府为爸爸刻好的"臧克家骨灰撒放处"的石碑已经立在那里。家乡的父老乡亲们见到我们一行到来，都围拢过来，迎接他们远游的赤子回家。

因为下车的地方离骨灰撒放的地方还有一段路程，而且各个墓地之间都有一段不短的距离，中间是不太平坦的小路，热心的家乡人想要找个椅子抬着已85岁高龄且腿脚不方便的妈妈过去，但妈妈执意不肯，坚持在家人的搀扶下缓缓走向各个墓地。六机匠的坟墓早已不知所踪，人们就在老辈人记忆中大体的位置临时堆起了一座坟墓。

一路上，大哥手捧爸爸的骨灰盒走在全家人和陪同人员前面。现场一片肃穆，我们手捧爸爸的骨灰，和片片雪白的花瓣一同撒在各位农民兄弟的墓前。亦蘧四爷爷、武平四爷爷的子女和我们一同见证了这一庄严的时刻，他们都不约而同地对着自己父亲的坟墓呼喊："爸爸，克家回来了，他来陪伴您了。"

老哥哥的坟墓在焦家庄子，他的侄孙，也就是1994年接待过我们的那位年轻人，已在栗子行中为老哥哥建起了一座坟墓。我们一行人来到了老哥哥墓前，撒下了爸爸的骨灰，并挥锹在墓前种下了两棵松树。

望着爸爸的骨灰随着微风飘落，我心中默念：爸爸，您几十年来的意愿今天终于实现了，我们送您回家了。在故乡，有您亲爱的农民朋友陪伴着您，您可以和他们一起，尽情地唱响您最心爱的泥土的歌。

骨灰撒放之后，我们陪同妈妈去游览了爸爸心中最记挂的马耳山。听当地老乡说，前几天诸城的天气不好，阴沉沉的，马耳山被笼罩在一片弥漫的云雾中。但我们去的那一天，天气突然放晴，仿佛知道今天要迎接远方游子的归来，马耳山向我们展现了它那巍峨的雄姿，爸爸诗中形容的那永远倔强地向着天空的两个“马耳”，显露得格外清晰。见此情景，妈妈感慨地说：“六十二年了，我这诸城的儿媳妇，今天终于见到了马耳山的真容。”

马耳山下，西河岸边，爸爸生于兹，长于兹，念兹在兹。虽然在外漂泊八十多年，但爸爸今天终于回家了。走过了九十九年的风雨历程，魂归故里，是爸爸最好的归宿。

2004年10月7日，遵照爸爸的遗愿，爸爸的另一半骨灰被安葬在北京万佛华侨陵园。这块墓地是妈妈亲自选定的，依山而立，树木蓊郁，陵园中有爸爸许多老朋友的陵墓，妈妈对这个陵园的环境非常满意。但在爸爸骨灰安葬之日，妈妈却没能前往陵园参加活动，只有中国作协领导陈建功等和一些亲友参加了安葬仪式。

原来，从诸城回京不到半年，妈妈被查出肺癌晚期。我们知道，妈妈这是生生被累病的。医生说，按照患病的程度，妈妈只有半年到十个月的生存期，但是我们的妈妈，靠着和爸爸同样顽强的意志和生命力，和病魔搏斗了整整四年半。

最为神奇的是，妈妈在生命的最后时刻，几次昏迷，但一直咬牙坚持，直到2009年2月5日，爸爸逝世整整五年的这一天，才合上双眼安然逝去。正所谓“不能同月同日生，但愿同月同日死”。这也是爸爸妈妈这对相濡以沫六十二年的伉俪坚贞爱情创造的奇迹和佳话。

亲爱的爸爸妈妈离开我们已经十多年了，我们无时无刻不在想念二老。每年在2月5日、清明节前后和10月二老诞辰的日子(二老的诞辰都在10月，只相隔六天)，我们都会手捧鲜花，到爸爸妈妈的墓前看望二老，向二老汇报我们这些儿孙的近况，汇报又举办了哪些纪念爸爸的活动，又出版了爸爸的哪些新书。我们知道，爸爸妈妈虽然不在我们身边，但他们一定会在天上听到我们的声音，一定会护佑我们一切安好！

附录：臧克家致臧乐安、汪本静等的信(128封)

1951年(1封)

1951年5月7日

源安[①]：

信及山大校刊均收到。你们的文章也看到了。可以多写。《学习手册》即订。月娥通讯处我们不知道，已给她爸爸去信，叫她给你们写信。

源儿要下苦功细啃理论书；安儿要找一门东西，下专门功夫，不然，只能做点普通翻译，不能成专家。可找吕荧[②]先生好好谈谈，就近领教他。如果决定了一门，赶快用功，与俄文相辅而行。我不愿你提前外出工作，争取多学习！多学习！你们的根基太浅。

我们一切甚好。

小平[③]会唱许多歌子，她也能从照片本子上认得“大哥臧乐源”“二哥臧乐安”了。

好

家

七日

---

① 源安：臧克家之子臧乐源、臧乐安的简称。

② 吕荧：著名翻译家、文艺理论家。

③ 小平：臧克家之女臧小平。

1953年(1封)

1953年?月18日

安：

俄文书得到了。《列宁》[1]系“人民文学出版社”出版，余振系北大外文系教授。

俄文《毛选》今日寄去。

……

今天星期日，同你妈妈[2]、小平、湘芳[3]到天坛去野餐。

医生嘱我下午要严格休养。

《诗选》[4]不知年前能否印出，出版后给你一本，别人不能送。书店只给我十本书。

家

十八日

《牛虻》收到未？

妈妈明天去参观官厅水库。

---

① 《列宁》：指马雅可夫斯基的长诗《列宁》。

② 妈妈：臧克家夫人郑曼。

③ 湘芳：指郑曼外甥女陈湘舫。

④ 《诗选》：《臧克家诗选》。

1954 年（7 封）

1954 年 1 月 18 日

安：

信及译稿收到。我这些天很忙，连下午也不得休息。给“青年出版社”编一本诗选①，也得天天看材料。

译稿，我慢慢地看，看完后再告诉你们我的意见及处理办法。

哥哥移入学校没能够好好玩玩。他身体甚好，比你胖。

好

家

十八日

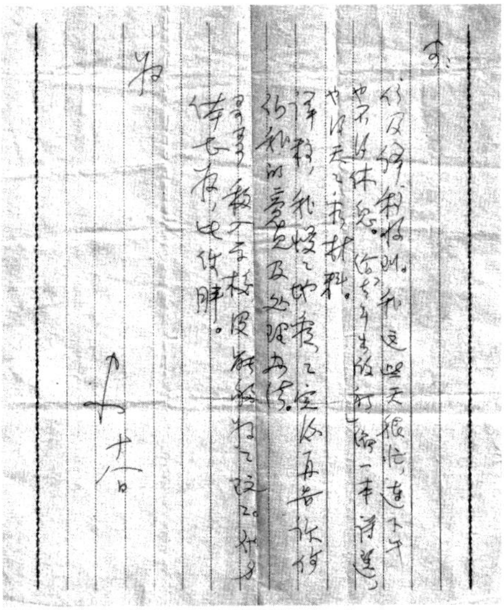

安：

信及译稿收到。我这些天很忙，连下午也不得休息。给“青年出版社”编一本诗选，也得天天看材料。

译稿，我慢慢地看，看完后再告诉你们我的意见及处理办法。

哥哥移入学校没能够好好玩玩。他身体甚好，比你胖。

好

家

十八日

① 诗选：指《中国新诗选（1919～1949）》。

1954年1月21日

安：

姑姑[1]回家已十天了。妈妈将被选为"区人民代表"，日夜忙。

我的诗选已出版，寄你一本。别人要，教他自己买，我没有了。

你哥哥从二月份起，每月寄祖母[2]廿万，他还说要每月给你五万，我觉得可以不必，你当学生一月廿八万也就不错。有什么特别用处，向我们要一点算了。

今寄上十万，过旧年用用。

家

廿一日

---

① 姑姑：臧克家妹妹臧宜家。

② 祖母：臧克家继母丘氏。

1954 年 2 月 6 日

安:

你们的译稿[①],我看过了,文字很清通,个别地方(甚少)加以修正。我设法去给你们去[找]个出版的地方,有结果时再函告。

乐源已考取马列学院,他甚高兴。

姑姑的婚事最近可能解决。

小妹妹给你写的信,你收到了没有?小妹妹又说:“二哥你好吗?”

好

家

六号

① 译稿:指《怎样帮助儿童学习好》俄译中文稿。

1954年4月14日

安：

信收到了，我近来也极忙。

给你十五万做衣服。

北京春色正好，上星期日同妈妈、小妹妹逛了西郊公园。

问候赵静男[①]同志。

家

十四日

---

① 赵静男：臧乐安的中学同学。

1954年5月15日

安:

两信均收。《高尔基论》已函友人询问。试译当就可以。

前天请三爷爷[1]和王笑房[2]来家吃饭,谈到了你。

你能调京工作顶好了。

姑姑旧历五月可能结婚,我前天寄去了一百五十万。你哥哥给她买了衣物。

我们一切如常。

家

十五日

---

① 三爷爷:臧克家的小叔叔臧绾城。

② 王笑房:臧乐安七舅。

1954年5月31日

安儿：

葆华[1]同志今天来看我，他夸你成绩优异，品质高尚，我听了十分高兴。他甚愿你能调京工作，但恐学校不放你。

你们的书稿，已交人民教育出版社，嘱他们与你联系。

你哥哥昨日来家玩了半天，与小妹妹逛公园，大得她的欢心，她说二哥不如大哥好。

……

我甚忙，到处要文章，许多大学邀去讲话，均辞却。

最近又参加座谈宪法问题，看材料就很吃力。

家

卅一日

① 葆华：曹葆华，著名翻译家、诗人。

1954 年 9 月 21 日

安:

来信早收到了,暑期生活特别忙乱,没能够早日回信。

妈妈身体渐好,已上班。……

乐源在青岛生活太[忙]乱,不日即返京。陈湘芳已上专校。

在招待外国朋友的几次宴会上,碰上你的同学王庆成[①],她说同你两度同班。……看样子,她很聪明。

你的教书生活怎么[样]?

好

家

廿一日

附上小妹妹信。她越大越好了。

① 王庆成:臧乐安大学同学。

1955年(4封)

1955年6月24日

安儿:

信收,暑假回京,十分高兴。我身体还[好]。……

三妈妈[1]带了孩子来京二月,最近又回去了。

今天端阳节,你哥哥明天回来。

艾青评传,我早知道,你到京后再决定译否。

家

廿四日

① 三妈妈:臧克家小叔臧缩城的夫人。

1955 年 7 月？日

安儿：

信收到了。十五号以后回家，我们都高兴的等待着你的归来。

哥哥昨天回家，今早回去了。他们十五号放假。

来京时一定要[带]粮票，否则没有饭吃！勿忘。

好

家

妈妈和小妹妹问好

1955年9月5日

安儿：

信收到多日了，知道工作甚紧张。哥哥前天到家，昨日返校，我从一号起，去办半天公，还可以支持。你说的那几本名著，真正权威论著足成定论者还没有，开列一点，也只有作参考：

①屈原

郭沫若：《屈原研究》

游国恩：《屈原》(三联)

②李白：(有李长之、林庚、王瑶等各家的研究小册子，恐均有大毛病)

③杜甫

冯至：《杜甫传》(书肆上还有别人的《杜甫研究》)

④白居易

市场上有白居易研究一类的书，但不甚好。

⑤鲁迅

1.王士菁：《鲁迅传》

2.许广平：《欣慰的纪念》

3.雪峰

《中国文学史》——长之、林庚、陆侃如均在写作中，有的部分出版，一时很难有最正确的结论，可买了试阅。

家

五日

1955 年 12 月 28 日

安儿：

好些天来就想念你，想给你写信。你的信却先到了。

你的工作太紧张了。我们的意思，觉得你应该集中精力于少数工作，头绪不宜太多。要切实照顾身体，我因为健康关系，少做许多工作，你可引以为鉴。

我的身子还好。小妹更大了，本领也更大了。卅一号夜里她要跟我去参加女八中高三的新年夜会。卅一号晚三爷爷、你哥哥要来家过年。

三爷爷曾入院割痔疮，现已好。你哥哥学习甚紧张，一个多月没回家了。《奥尼金》已出版，你可写信向他要。大后天我还约他来吃饭。你们的译稿寄去后，我顺便时可向他们一提。我选的《新诗卅年选集》[①]已付印，来年三月出版。我个人的诗选集，也将添加材料，来年再印。……你大舅舅[②]已调上海华东师院。

好

家

廿八日灯下

小妹妹想二哥。

① 《新诗卅年选集》:《中国新诗选(1919～1949)》。

② 大舅舅:郑曼的大哥郑重知。

1956年(13封)

1956年1月30日

安儿:

信今天收到。你哥哥昨天与你山大老同学孙敦璠一道回家,他四号毕业,大约五六号即去青岛。三爷爷调甘肃,至今未成行,又生一子。

家中过年,我给你祖母十元,姑姑十元,二姑妈妈十元。我买了一千元公债——现款,妈妈买180元,小妹妹五元积蓄也买了。

我的书已寄去,不日可到。俄文书看到时即买寄。

好

家

卅日

妈妈、小妹妹问好

1956年3月11日

安儿:

久未见信,前几天小妹妹给你写了信去,收到了吧?哥哥上周到家,他见到你慧兰妈妈[①]。

我一切甚好。身子有时[好],有时坏。太累不行。北京市协商委员会,我也参加了,不久即开会。我编的《中国新诗选》,四月间可出版。我个人的《诗选》加了一倍材料,五六月间也可再印。

近摄一影,给你一张。

妈妈忙,小妹妹、蔡阿姨问你好。

姑姑今天来信,祖母胳膀疼。

家

十一日

① 慧兰妈妈:臧克家前妻、臧乐安的妈妈王慧兰。

1956年4月19日

安儿如面：

收信，知道有可能去苏学习，甚喜。

用熙小舅舅[①]昨天来玩，他说他校教师有免试去苏的。

我近来甚忙。参加了工商界青年积极分子大会（为写文章），又参加了作协理事会，接着又开青年文艺创作者大会。身体还好，工作较前多了一些。

源来信说，教书成绩还好……他甚想北京，想来玩玩。小平暑假后即入小学，陈湘芳已去沪实习。……《俄国文学史》下册，过几天去看看有没有出售。

三爷爷昨来，他已分到北京日用杂品公司工作，一切甚好。

姑姑怀孕已数月，可喜！

好

家

十九日灯下

妈妈忙，她和小妹妹问你好，问你几时到京。

① 用熙小舅舅：郑用熙，郑曼小弟。

1956年4月20日

安:

译高尔基事,今得友人有关的复信,转上一阅。此书俄文本已到中国,也可能有人译。我也没法一一打听。

妈妈怀了孩子,已两月,近忽流血,已入医院,不甚严重。蔡阿姨因事请假一个月,这些天弄得我忙乱不堪,小平也睡在我的房子里。

家

廿日

1956年5月？日

安：

久不见信，甚念。你的工作一定很忙吧？……三爷爷全家在北京，住一间小破房，上星期同小平去了一次，一道游天坛（距离他家甚近）。小平快过七周岁生日了，暑假后就是小学生了。你去苏联学习有希望否？

妈妈又怀了孩子，已三月。我近来为“先进生产者”忙，头又有点晕，这几天没去办公室。周扬[1]同志前些天找我谈话，要调我到“作协”担任书记处书记，不久即调往，仍住原处（暂勿外传）。

《俄国文学史》第三册未出。

我的“诗选”又加了数倍材料，秋后可出；我编的《中国新诗选》一个月可望出版。

好

家

妈妈、小平问好

---

① 周扬：著名文艺理论家、翻译家，时任中宣部副部长。

1956年6月6日

安儿:

信收到了,你暑期来京,我们很高兴。“六一”,源给小妹妹寄来了两方手帕。

我已调“作协”,搞“书记处”书记工作,在家办公,有时去开会。身体平平。小舅舅前天结婚了。

你升任教师,要努力对得起这个光荣称号。小妹妹暑期后就成“小学生”了。

妈妈在社内集中学习理论,打电话仍打“新华月报”(已改半月刊)即可;我的传呼电话是53362,家里也许不久要放电话。

妈妈、小妹妹问好

好

家

六日

如果晚上八时以后,两个电话都不通了。

1956年6月29日

安儿：

你哥哥七月十号前后到京，你几时能来？小妹妹天天问我。

我已正式调“作协”，搞“书记处”书记工作，在家办公，开会多些，身体平平，不能多用脑子。也写了点文章。

三爷爷常见面，他一切甚好，小舅舅——用熙已结婚。

小平即将毕业，快成小学生了。

好

家

廿九日

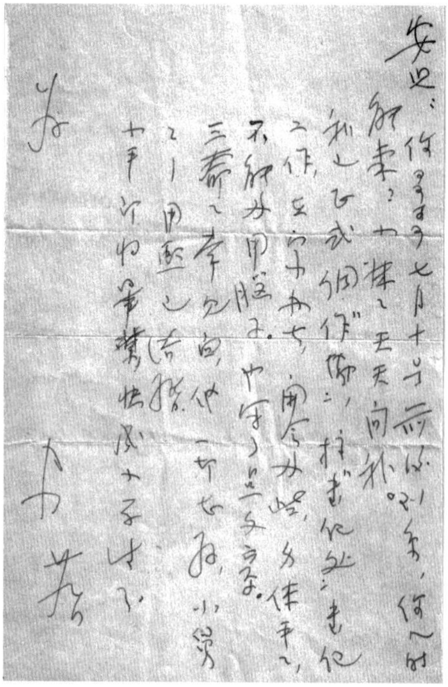
安儿：你哥哥七月十号前后到京，你几时能来？小妹妹天天问我。我已正式调“作协”，搞“书记处”书记工作，在家办公，开会多些，身体平平，不能多用脑子。也写了点文章。三爷爷常见面，他一切甚好，小舅舅——用熙已结婚。小平即将毕业，快成小学生了。
好
家
廿九

1956年8月3日

安儿:

你寄到北京的信,已转来。我到青已廿日,住在“全总”招待所,生活十分舒适,同来者有天翼、艾芜、李季、雷加①诸同志。你哥哥七号带小平来此,我于八月十五号返京。

已与两位小姑妈妈,家蕴、孟香、孟兰②(已结婚生子)玩过几次,合摄了一影。

我的身体,经中西医诊视,别无他病,只是高度神经衰弱。宜节劳,多运动,洗澡,辅以药物。

参观了“山大”,看了一下当年我住过的房子,吴富恒③教务长与高兰④同志见到两次,山大“青年团”及“学委会”要我去讲话,力辞了。

我也洗洗海澡,时间不能太久耳。

我每天看点杜诗,也写点小文,短诗。

好

家

三日

---

① 天翼、艾芜、李季、雷加:即张天翼、艾芜、李季、雷加,均为著名作家。

② 家蕴、孟香、孟兰:即臧家蕴、臧孟香、臧孟兰,均为臧克家族妹。

③ 吴富恒:著名教育家、学者,时任山东大学教务长。

④ 高兰:著名诗人,山东大学中文系教授。

1956年8月28日

安：

信收到了。

姑姑生了一子，破肚子取出的，十二分危险，幸好母子均健，我又给她兑去两百元。你作为侄[子]也可以寄十元或廿元给她，叫她产后补养补养。

照片一张，在青岛照的。

我返京后，甚忙，身子颇可。

好

家

廿八日

小平问好，她再过几天就上小学了。

1956 年 9 月 29 日

乐安:

前寄字典及《诗选》,想已收到。

《俄国文学史》三卷,未见出版。

我从青岛返京后,开会多,赶写了几篇纪念鲁迅的文章。身体还好。

小妹妹天天上午上学,她很好,中一个“五分”就高兴得跳。

妈妈入党问题,不久即讨论,无甚问题。

你姑姑,身子还好,脸有点浮肿。你寄去廿元,她已告我。

你身子如何?

好

家

廿九日

1956年10月24日

安儿：

多日未见信，近来忙否？身体如何？

昨晚亦蘧[1]四爷爷的长子王克迅[2]由济到京开会，约了三爷爷一道在家中吃晚饭，谈了许久。

我最近身体甚好，鲁迅纪念学术报告会上，居然能作四五[十]分钟的报告。

妈妈入党支部已通过了。

小妹妹天天上午上学，得个"五分"就乐不可支。你姑姑身子已大好。

好

家

廿四日

① 亦蘧：臧亦蘧，臧克家族叔，革命烈士。

② 王克迅：原名臧家容，臧亦蘧之子。

1956 年 10 月 30 日

安儿：

信收到了。你要特别注意身体。寒假希望到北京来团聚。

妈妈入院，也许还须过三五天才生产，我今天才去看了她。

鲁迅纪念会上，每人赠《选集》一本，你如需要，可以寄给你，望告。

我近来身子还好，工作多些。

小妹妹很想你，她愿意[你]来玩。

好

家

卅日

妈妈入党支部已通过。

我纪念鲁迅的学术报告[1]，将发表在十一月号的《解放军文艺》上。

---

① 学术报告：指《鲁迅对诗歌的贡献》一文。

1956年11月3日

安：

信到。妈妈又给你们生了一个小妹妹(明日出院)，两兄弟，两姊妹，成对成双。

哥哥评讲师未成功，他评为“十级”。

这几天北京抗议英法侵略埃及，群众情绪激昂，我连日赶写了诗。昨天写了一首，今天已刊《北京日报》。

好

家

三日

1957 年（12 封）

1957 年 1 月 8 日

安：

接信，你不回来过寒假了，大家都甚失望。小平尤其不高兴，她念道[叨]着这件事已经好久了。

妈妈已办公，小苏伊[①]甚好玩，小平考了不少“五分”。

我一切尚好，惟工作较多。

《诗刊》由我主编，二十五号开版创刊号。

好

家

八日

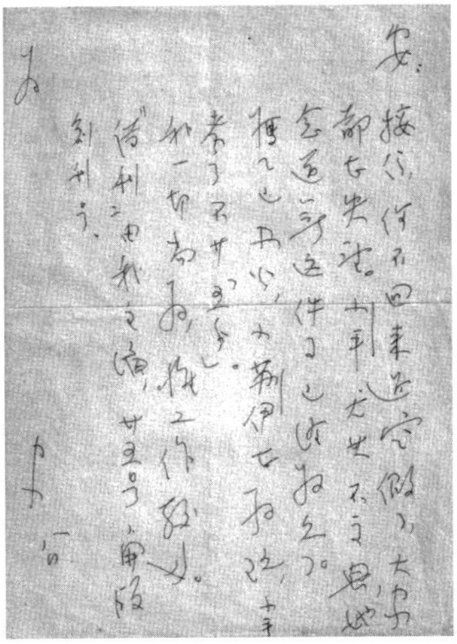

① 苏伊：郑苏伊，臧克家之女。

1957年1月20日

安：

放假了吧？能不能来京玩玩呀？

妈妈已过组织生活，成了预备党员了。

毛主席给我和《诗刊》编委们来了亲笔信，给了我们十八首诗词。又在十四号下午召见了我和水拍[①]同志，十分亲切随便地畅谈了两个小时。多令人兴奋的事呵。

近来较忙，身体还好。

《诗刊》因纸张困难，印得少，你抢着自己买本吧，我也没法代买。

好

家

廿日

妈妈、小平问好，小苏伊好玩极了。

小平妹妹十分盼望你来京过寒假。小平（签名）

① 水拍：袁水拍，著名诗人。

1957 年 6 月 16 日

安:

你几时到京? 顶好七月一号以前。

我希望我们七月初从北京出发,可能也带小平。路线大约是洛阳、西安,因为太湖一带太热了!

我对东北(沈阳、长春、哈尔滨、大连)也不无兴趣,将来再去吧。

盼即来信。

好

家

十六日

1957年6月22日

安：

信收到了。我们同样忙于整风，会多，我写了一些小文，发言也很多。

两个小妹妹，患百日咳，病了廿多天，打针吃药，势甚严重，今已好八九分。

七月一号，我外出旅行，路线有二，尚未决定：

①太湖——西湖；②洛阳——西安。为时一月，也许多一点。本约源儿同行，他甚乐意，但整风运动，他怕去不了，你能去吗？路费全由我出。小平妹妹也许跟着。

我的身体还可以，每天只能用脑两三小时，开会不能超过三小时。

妈妈甚忙。

好

家

22日

1957年6月26日

安:

信到。我起身早晚,无甚关系,你能争取早到京一天,我们早走一天,否则15号以后,也不要紧。

姑姑最近将去青岛。

好

家

26日

1957年7月1日

安：

前发一信，并寄6期《诗刊》。

我因参加民盟整风，领导一个小组，旅行事，恐须八九月间了。

小妹妹和妈妈都欢迎你来京。是否和你的女朋友一道来？

姑姑已到青，源昨来信，忙甚。

我会多，身体颇好。

小妹妹正大考，她每天念道[叨]你。

好

家

七一

1957 年 7 月 12 日

安:

信收。

姑姑现在青,哥哥今天来信,留她住到月底,你如先去青,就可以见到姑姑(先写信告诉她,她可以等你)。

我的“诗选”初版没了,再版不久可出书。

我参加反右派斗争,甚忙,但身体颇好。

妈妈甚忙。

小平每天算计你到京的日子,她极盼你来。

好

家

12 日

1957年8月14日

乐安本静[1]：

信收到了。我身体渐好，这两天到外边开会，也写了文章，不过还要小心。

你们一到哈尔滨就和洪水斗争，这倒是意中事。

后天开丁陈大会，千余人参加。

妈妈照样忙，小妹妹们都好。

匆匆

好

家

十四日

大家都问你们好

① 本静：臧乐安夫人汪本静。

1957年10月8日

安:

信收。照片前几天早已寄去。书二本,诗刊,均收到未?你们能寒假结婚更好。

最近会少些了,写了不少诗、文,今天《人民日报》上的诗,反映甚好。我将为苏联革命40周年写不少诗、文。

今天我生日,自己人吃了点面、酒,没约外人。小平剪纸送我,也画了画。小苏伊更可爱了。

你俩好。

家

八日

1957年11月24日

安：

信收到了。已为你寄了《诗刊》二本，《毛主席诗词》一本。《诗刊》创刊号不易找到了，这是一个纪念本，你要好好保存。

除了你看到的我的诗文之外，《文艺报》、苏联《东方文丛》及其他报纸上，我还有诗文。

《一颗新星》——《真理报》、《文学报》都翻译了。

近来会多，极忙。

《诗刊》编委会已改组。

妈妈近来身体不太好，一累就头晕。我还好。

两个小妹妹也好。

好

家

24日

本静均此

来年三月前，我将出一本诗，一本杂文集。

1957年11月30日

安：

寄去的书、信均收到了吧？

王统照[①]先生逝世，悲痛万分！

我身体入冬以来甚好，食量大些，也胖了一点点。

妈妈身体不好，她要求下放。

两小妹均好。湘芳已调南京工作。

姑姑小孩照片一张，转上。

好

家

卅日

本静均此

① 王统照：著名作家、诗人，臧克家恩师。

1957年12月17日

安儿本静：

信收到了，我的身体还好，妈妈近来也壮实多了。她要求下放，十九不成。

……

三爷爷未下放，你可以寄照片给他：北京天桥福长街甲一号土产经营处。

湘芳到南京工作，先做工人。

为苏联《文学报》写的《短歌颂苏联》今天来了稿费，刊物未见。

过新年了，给你们一张书签，颇好。

好

家

十七日

妈妈、小平问好

《诗刊》已代订，来年直接寄你处。

1958年(7封)

1958年1月?日

安:

信收到了。

你的诗,第一首颇好。《短歌颂苏联》原是为应《文学报》之约而写的,共18首,在中国分别发表在《人民日报》和《人民文学》上。半月前接到了《文学报》的稿费,发表在哪期上我不知道。

妈妈下放未批准。

我的身体颇好,工作多些。

你们几时结婚?

三爷爷很好。哥哥刚来信,他说家琳[①]已调胶县干部学校教语文。

本静好。

好

家

小平问二哥好大姐好

我春假想到西安洛阳旅行,苦无人作伴,暑假打算带小平到青岛避暑,住二月。你到时望也能去。

---

① 家琳:臧家琳,臧克家族弟。

1958年2月20日

安儿：

信，春节前收到，甚高兴。妈妈春节只放两天假，今日已办公。春节四日中，友朋往来，颇热闹。

我的身体颇好，但不能过劳。

两个小妹妹均甚好。

我想打“鹿茸精”针，闻哈尔滨药厂制造，见信后，即为买十盒（六十支）装木匣寄来（不是口服的，打针），用款多少，望告，我即寄你。七月一号我带小平去青，九月一号返京。届时，想把你祖母姑姑全接到青岛小住，你们能去，那就要唱“全家福”了。

妈妈小平问好

好

本静均此

家

廿日

三爷爷甚忙，一切甚好。

1958年7月2日

本静乐安：

来信收到了。你们结婚热闹吗？到了多少客人？买了什么东西？房子好吗？

我因为身体临时欠佳，卅号的票子退了。这样远道，没人照看，我一个人怕走。一者等个伴(小平十八号放假)，二者祖母姑姑还未到青。看样子还要在此拖些日子。

你们不能来京，然后转青岛去玩玩吗？那样多好呵。

三爷爷常来，他甚好，入了夜大学，工作积极。我力劝他从事写作。

小苏伊能说许多话了。

……

妈妈甚忙。

好

克家

二日

全家问你们好。

蔡阿姨说“你们结婚，为什么不寄糖来呀”。徐阿姨也在。

1958年8月19日

本静：

两封信，都收到了。你热情地关怀着我们，我们也很想念你。我的身体比你想象的，可能好一些。我游泳，只一小时，一半在沙滩上。我参观了海军，果园，渔港，橡胶厂，最后还要游一次崂山。

小平还好，娇气未打掉。她是“四好”学生。

祖母姑姑均好。我们预计卅号离此返京。

乐安昨晚十时半赴京，此信到时，他已经在你的身边了。

青岛连日阴雨，甚闷。

你是一个好孩子，明智，活泼，对党的事业忠心。

乐源夫妇忙得要命。妈妈也忙得够受。她大病了一场，至今还是带病工作。她不日即将“转正”。

乐安像一个大力士，看了令人高兴。

在此也写了一些政治性的诗，但此次前来目的是休养，故未能多写。

好

克家

十九日早

因为忘记你在哪一系工作，故写“文史教研组”。

小平问好，祖母姑姑都嘱问候。

1958年8月23日

乐安本静:

安从北京来信,一读再读,十分高兴。只是来得晚些,如航空,当日可到。还有一点,没谈到对房子的观感。小平泻肚好了,我又伤风,今天快好了,晚上应邀去参加一个朗诵大会。各处约讲话者,均未能允诺。昨晚乐源没事,和我谈到八时半,夜间半失眠。

照片寄上,总的说来,照得不错。

本静寄乐安三信,均已退回。

天气渐凉,海浴者甚少,青岛的黄金时代已成过去。

北京食物供应较好,你吃的菜,此间办不到。

这几天,全市在搞清洁,检查组已经到了。

我大约卅号起身,来信须走四天,收到此信后,回信写到北京去好了。

好

家

二十三日

全家人问你好

1958年12月5日

安：

药已收到。今天开始打针。大跃进，大家都忙，妈妈一个人要写50张大字报。她的机关已移文化部大楼，上午不回来，差不多每晚上有会。

我身体尚好，工作不少。小平寒假甚长，她身体锻炼得十分强健，昨天自己跑到儿童电影院看电影，走来走去。这两天，买了“集邮”本子忙于集邮，兴趣甚高。三爷爷也甚忙。

药费65元寄还。

另外的药方，等到见到医生问好以后，再说。

好

本静均此。

家

五日

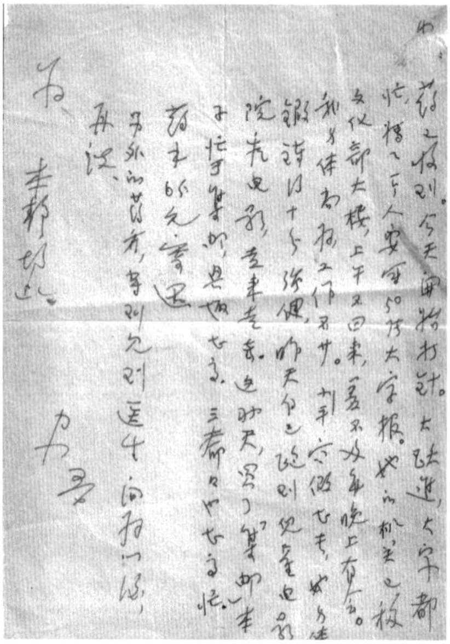

1958 年 12 月 26 日

安：

为何这么久不写信来？

曾寄去：照片、书二本、诗刊等均收到未？

我们一切甚好。我身体颇好。写得不少。

三爷爷机关的人员下放者达 70/100，他留下了。

小妹妹们都好。源有信来，曾下乡。

好

家

廿六日

本静均此

1970年(4封)

1970年2月3日

安静:

安儿廿九号信,今天收到,走了六天。春节将至,时常想念你们。春节我们放五天半假(我们每两周放一天假,叫做大礼拜),这五天半有两个星期天在内。春节每人买一份东西:古巴糖二斤、柿饼一斤、广柑五斤、高级糖一斤、电池两节、肥皂一条、火柴五盒、高级纸烟,明天大约还可买一斤点心。我到此二月多,还没见到苏伊,也没见到她的信。相距几十里,往返不便。妈妈新年时来看我,往返六七十里,只待了两个多钟头。春节如不落雨,妈妈将带苏伊来我处住一二宿(借别人住处)。小平有信来,知道你给她寄过吃的。

我们干校五连革命同志,思想革命化进步极快,干劲极高,评为"四好连"。工作甚忙,突出政治。我来此后没生过大病,只感冒一次,休息一二日,劳动方面,领导上有照顾,太重的干不了,虽然如此但对我说来还是相当重的,这样可以锻炼体力,改造思想。今天上午深翻菜地,活相当重,七时半出工,十二时返,吃过午饭后,徒步四十分钟去开会,欢迎咸宁军区、革委会慰劳团,演了许多动人节目,五时多返,晚饭后又学习。明早六时起,突击修大堤。我的食量大了,睡眠一般还好(睡得太少)。身体还好。思想也有些进步。在排里做了两次检查,在全连也做了检查,受到革命同志们的极为严厉的大批判,对我的教育和帮助极大,大约不一定再检查了(说不十分定)。等候处理。冰心[①]、郭小川[②]也来了,问题都还没有得到解决。有些东西在此地能买到,将来有东西须从北京买的再告诉你们。许多人从家中带东西、寄

① 冰心:著名诗人、作家。

② 郭小川:著名诗人。

东西来。我们仍发全薪。我订了一份《人民日报》。水果糖、雨伞、背包、小剪……都能买到。安儿能到济南与姑姑、哥哥一会，是一大快事。静儿血压又高，望注意。

春节我们杀了廿五只羊，大吃羊肉。因羊吃麦苗。

爸爸

3 号灯下九时

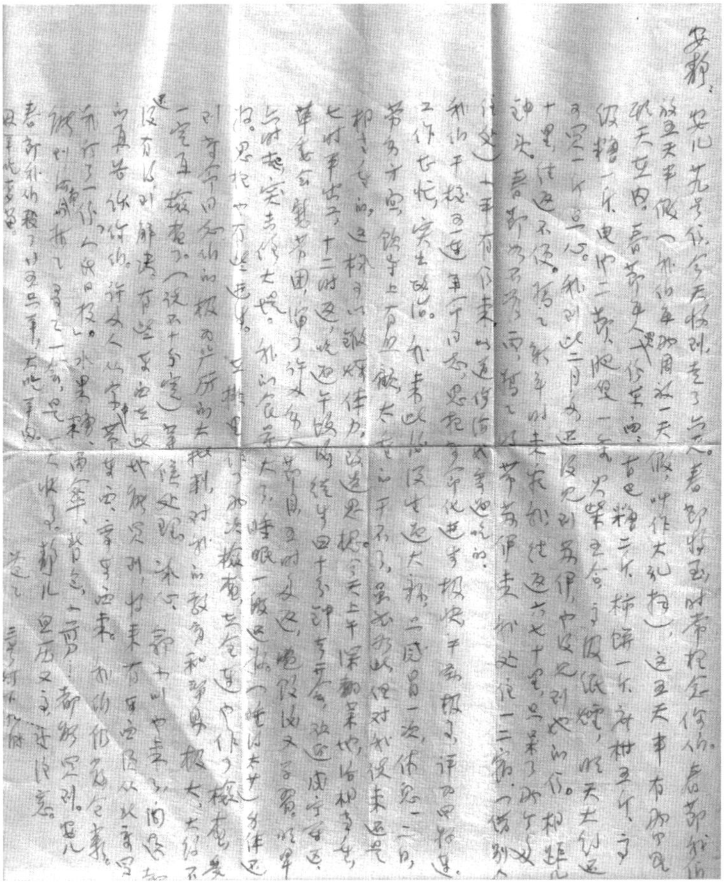

1970年3月22日

安静；

春节接一信，也收到你哥哥的信。我们遵照毛主席不误农时的教导，狠抓革命，猛促生产。今年专搞农业，到湖底挖稻田、筑土埂，早六时起，到下午六时回到住处，往返走两小时多，午饭在田里吃。风里、雨里（此地阴雨已一个月了）、水里、泥里。天天一身泥，衣服都湿了，鞋袜更不用说了，同志们干劲冲天，以苦为乐，力争今年粮食自给（三万斤），我的思想一时转不过来，但也有了变化，在艰苦劳动中改造。体力差，活重些，路又远又泥泞，但我坚持了下来，当然是很累的。常接到小平的信，她能在全连大会上讲用学习主席著作心得，这很不容易，可见学习、工作不错。苏伊在校学习工作（她是宣传队的负责人）的[得]也不错。你们好吗？三爷爷好？

我想四月初兑八十元给你，除留作房钱外，托你买些东西：

①好的塑料雨衣一件（软一点的，顶好的。我那件已经破了，雨裤穿着走了廿分钟的路，就破碎了）。

②夏天穿在外面的短裤子（因为下水种稻子）一条，附上线票八个，一个顶一寸布，不足之二尺左右的布，你们替我垫上，颜色不要白的。

③全国粮票。希望你们就力之所及给我弄点附在信内寄来，可以在此地买点饼干吃（这里可以买到水果糖及其他零用品），我带来的一些，给小平寄去了五斤，我自己用了一些，所余无几了。你们粮票也是困难的，可否向三爷爷要一点？抽空到小食堂或饭铺，用北京的粮票换全国粮票甚易，这里的人都是这么办的。不许往这里寄吃的，曾开会批评过。

④单长裤一条，不要布票的。天天泥里水里，好的不合适，“的确凉”的如何？或到“委托商行”买现成的。总之是质朴耐用的。

⑤挎包一个（顶大的），没顶大的只好买二号的。

你们如果有破旧蓝布附一点点来补衣服，无即罢。

⑥寄上旧电池二节，请买新的寄来（如能在京再找两节旧的，就可以换四节新的一起寄来）。

本静血压情况如何？念念。小龙龙[1]学习身体好吗？我订了一份《人民日报》，没时间细看。晚上也听收音机。

我们的连是“五好连”，不论在抓革命、促生产方面都不错。

我在全连作了三次检查，在排里作了两次，受到革命同志们严厉的斗批，今后还要作检查（在排里），运动越来越深入，问题越来越觉得严重，心情是极沉重的。但我一定努力争取宽大处理，相信群众相信党。

妈妈处，已廿天没见信了。苏伊在信上说她犯了关节炎。春节见到姑姑时，她身体、生活情况如何？你哥哥可能下乡了吧？你们有下放消息没有？

听说在京持户口本，到王府大街文联大楼作协留守处刘德凤同志处盖章证明，可在京领取布票，如果办到的话，买短裤的布票你可扣下。

爸爸

3[月]22 日午

寄包裹时，绝对不要装入一点食物！

① 小龙龙：臧小龙，臧乐安之子。

1970年4月16日

安静：

来信和买的东西，全收到了，你自己的短裤给了我，我颇不安。我们这儿，每人配给一套工服（12元1角），短裤一条，你又寄来一条，问题就解决了，电池甚好，我分给苏伊两节。我们大搞“516”，天天有批判会，每天劳动回来也往往有会，日查、月评、四好、天天批……从早六时到晚八九时，工作甚紧，革命同志斗志昂扬，狠抓革命，猛促生产。紧跟毛主席的伟大战略部署，思想革命化进度甚速。最近我劳动也比较有些进步，受到锻炼，思想也稍有进步。前几天，下雨出工，我们一个劳动小组，挑30斤左右一担粪送到菜地（我第一次挑），路程只三四里，平时走15分钟，这天走了3小时45分，其中艰苦情况可想，这里的路，又滑、又陷、又粘、又狭，一步就是一关，口里念着毛主席语录，步步破难关，终于胜利地到达了目的地，心里很高兴。

小平来信，她连里，一人入党，十三人入团，她没入上，或系家庭关系——我猜。

有人托我买“聚氯乙烯”（粘雨衣的），有便时可买两小瓶（百货大楼），将来有机会时寄或带来，不急用，许多人把东西送到文联大楼交作协留守处负责人刘德凤同志，成批带到此处，我们不需要这么办，必要时也可以这么做。

你替我办的事情太使我满意了，谢谢你。本静血压如何？龙龙好吗？我一切颇好，勿念！

爸爸

4[月]16日

1970 年 4 月 21 日

安静：

妈妈来信，说托你们给我买条蓝布长裤，这是我需要的，但现在不要买(如已买好，先放你们处)，主要是冬季套棉裤用，现在寄来，没处放，将来需要时，再函告你们。

小平来信，她一切甚好，这次没入上团，你们可写信鼓励她。

上周我闹肚子，休息了两天，从前夜起又水泻，昨今两日又没出工(今天放假，我们两周或两周多放假一天)，发低烧，今天已停泻，只是没劲。

大前天在田头天天批(批"左")，谈到劳动态度，我们排又批了我的"活命哲学"——将来我会经常受到批判，这对于我的改造是一个有力的促进力量，是革命同志对我的教育。

我们今后专业种稻子，现正在深泥中作业(深处没到大腿)，准备插秧。工作较艰苦，但革命同志以苦为乐，干劲冲天，一面高声朗诵毛主席语录，一面工作。我要好好学习这种革命乐观主义精神。

好！

爸爸

4[月]21 号

1971年(4封)

1971年6月29日

安静：

汇上215元，决定给小平买一个北京制的“红旗牌”半导体（我室有位同志刚买了一个），158元，另外多配一付[副]电池，再加寄费。所余50元多一点，帮你买块手表，我在北京时即有此意。

我们劳动紧张，但大家情绪极高，决心走毛主席指示的五七道路。我在劳动中略有进展，渐渐习惯，但怕苦怕累思想仍重，思想方面收获不大。

郭小川、谢冰心、严文井[①]等五人前天已解放（他们批判完结已一年），问题没解决的还有我们八个人。

我身体还好。小平苏伊常来信。妈妈有时来信。

我们全连狠批了陈白尘[②]。

寄半导体，要包好，装好，千万别弄坏了！决定买158元（或160元），[是]与别同志再三研究结果。

龙龙好？常见大哥信么？三爷爷近况如何？姑姑还在济南？

好！

爸爸

6[月]29号

---

① 严文井：著名作家。

② 陈白尘：著名剧作家。

1971 年 8 月 14 日

安静:

多日没写信了,你们一定十分忙。我们早稻早已胜利完成收割任务,现在正要割中稻。夜四时起,有时夜战,我也常值夜班"防汛",天热,工作紧,但大家干劲大,走五七道路的决心大,劳动成绩甚好,我没生什么病,身体上思想上受到很大的锻炼。

听小平说,半导体她已收到,甚感谢你。

苏伊身体不甚好,她的旧生活习惯,曾受到批评,妈妈零用钱也给少了,每两周才给一元(连用的带吃的),她时常生病,吃不下饭,她来信说,二哥常照顾她。我意,你们每隔一二个月,可给她寄点豆腐乳、八宝咸菜、饼干、糖之类,钱,从房租项下扣。妈妈来信说,好久没接你们的信,也没给你们写信了。

我们日内要开展"一打三反"运动,我又要在运动中受到教育。全国粮票我手内还有几斤,将来有机会,你们方便时,顺便弄几斤给我,不急。北京雨水大,房子如何?听说"人大"快开会了,一件重大的喜事!

爸爸

8[月]14 日上午

1971年9月13日

安静：

“十一”快到了，你们一定很忙吧？我们正在开展“一打三反”运动，学习了中央文件，学习了二中全会公报。思想提高了一些，决心努力投入运动。我劳动得还不坏，身体也不错，勿念。妈妈、苏伊“十一”也可能来我处一看，但也可能去韶山参观。小平常来信。

还是要麻烦你们，另外寄上165元，望代买红旗牌半导体一个寄来，和小平的一样，寄法也一样，包好。小平来信说，你哥哥已随学校去曲阜了。

全国粮票如能设法，寄一点来。希望知道你们的情况。我们中稻已胜利完成收割任务，现正忙于“打坯”，以便盖房子。

爸爸

9[月]13号

昨夜防汛守大堤，今日休息。

龙龙好？

1971年10月27日

安静：

小平来小住，得悉你们近况，甚慰。

我身体颇好，工作情况也不坏，只是问题恐须最后解决，因历史问题为时太久，尚未弄清楚。

现正忙于收晚稻，同志们干劲很大。

好

家

10[月]27日晚

1972年(12封)

1972年5月23日

乐安：

得小平信，知道你工作极忙，身体瘦；本静血压又高了，甚念！

我一切甚好，回京大约是可能的，时间也不会太久了。

值夜班，累人得很，我因身体关系已不值下半夜班了，下午二时半值到晚十时半，没什么事，坐坐走走，不累。

听说蒋南翔①、吴冷西②等已解放，我的问题六月份大约可能解决。

三爷爷好吗？

龙龙听话吗？慧英③的钱，有便交给她，她第一次向我开口，支援她一下是应该的。

爸爸

5[月]23日

① 蒋南翔：著名教育家。

② 吴冷西：著名理论家。

③ 慧英：赵慧英，臧乐安七舅母、王笑房夫人。

1972 年 6 月 15 日

乐安：

我一切极好，心情极舒畅，一点也不紧张，放心吧。

这里许多同志都买灵芝治病，也有买了玩的。我花了一元八毛买了两个大的，洗刷之后，已晒干，颇好玩。

今日端阳节，我们虽[没]吃粽子，早上吃了切糕，也一样。

好！

爸爸

72[年]6[月]15 日午

龙龙好！

1972年7月2日

安儿：

小平想已返东北。我上月29号在全连[做]检查，坐着讲，12000字只念了一个钟头。散会后，各班分头讨论，未批判，反映颇好：①态度比较好。②下放以来表现比较好。③个别部分检查的深度还不足。一次通过，内部矛盾，现在只等“解放”了。稿子还须誊清，再压缩。党组织和革命同志们落实主席政策，态度极好。我的许多重要问题，57年结论未十分清楚的，均已调查清楚，这于我大好。因为我的交待（从56年起）完全真实，无隐瞒。我身体尚好，湖北天气不好，睡不好，但无大碍，我精神决垮不了，放心。

听说本静月中可回京，甚好。你是否轮流下去？

等宣布解放后，不久即可能要我返京了。见面不远了。

我的屋子，两间太挤了，暂时将就吧。希望你找个星期日，约三爷爷帮同给我收拾一下。厨房要回来。将来恐须雇保姆。苏伊回京上学。妈妈送我们回京。

下面专谈房子的事。

甲·外间：将沙发安在原来放电视的地方，南北放，当着原通我前卧室之门，想让苏伊暂睡沙发，床不足也太占地方。

小红木三抽桌安在一进门右手南墙下，位置如前，苏伊作书桌，桌前放一藤椅。黄的圆饭桌放北边紧挨书柜处，会客、吃饭用，将来摆几个凳子椅子，多了摆不下。电视放书架高处。

乙·内室：（妈妈住的）我住。仅有的那张铁丝床放妈妈原床位，床头将来摆箱子，如旧形式。大红木三抽写字台放窗下，如原式，桌前放一藤椅。穿衣柜一个放原处，另一个放卫生间东墙下，如旧式。小立书柜（高的那个）放东墙下，如原式。另一个黄色玻璃板小书柜，我非常喜爱，不知你是否移用？如未，可放床头右手，箱子右边。你如用着，有两办法：①用那个高些的小书柜和你调换一下。②你再买个最好最合心意的，价钱多少我出。炉子、零星东西，可放在厨房和卫生间。布置大致如此。

再:买拖把、扫把等家常用具,你记下账,回去我还你。小平在京许久,你花钱也不少。小平事,我设法。你可以写信来,现在情况已非昔比了。

我在此与同志们相处十分好,精神愉快。饮食也好。我注意身体,这一点放心好了。在乡下惯了,想到回京,人来客往,怕一时不习惯。

问候三爷爷好。我的情况写姑姑信时可以告诉她。

昨见妈妈信,苏伊的一篇作文《小学员》在全校讲评,得到老师们高度评价,这次赛球,也博得好评。她进步不小。

等着我的喜报吧。

好!

爸爸

7[月]2日上午

我写了将近两百行诗,打算在将来大会上朗诵,以代说话。

1972年7月23日

乐安：

二号发一信，想已收到了。本静已否返京？身体情况如何？甚念！

我上月29号在全连[做]检查，坐着念了稿子，用时一点钟，一次通过。反映：①态度比较好；②下放三年来表现比较好。问题本月6号已上报“大队”，再转干校、省委，不知几时才能批下来。前几天所有干部全填了分配志愿表（中央专案的人除外），我和妈妈第一志愿都是北京，第二、三志愿是济南、青岛，不谋而合。

乐源来一信，他随省革委会的教育参观团去各处参观。

扫帚、收拾房子事，不用急，看情况，八月中旬前是回不了北京的。你哥哥在聊城遇到田仲济[①]，他教学成绩不错，问起我们。徐迟[②]昨天给我一信，他在湖北沙洋省干校，一切甚好。

本静、龙龙均此！

好！

爸爸

72[年]7[月]23日

① 田仲济：著名文艺理论家。

② 徐迟：著名诗人、作家、翻译家。

1972年7月27日

乐安本静:

接安儿信,知道房子已收拾好,太麻烦你们了。本静已返北京,比我想象得[的]快些。她的血压比较高,低压110,按年龄说,已算相当高了。高压190也高了。我连及他连有些老年同志,血压有高至二百多(高压)、低压120的。我原是低血压,高110,低60稍多,这几年变成高血压,顶高到过:高190,低100,到了这样就晕得支持不了。本静还应注意,听医生的话,该休息就休息。最近我身体甚好,下午头晕也差多了。下午二时半至十时半值班,坐在树荫下看着房子,无事,上午完全休息,这是照顾我。我连伙食甚好。这几天割早稻,吃的[得]更好,每日四餐,韭菜水饺(猪肉)、炸油饼、荷叶肉、绿豆稀饭、豆包、咸鸭蛋……瓜特多,自种香瓜也有卖的(五分一斤),每天吃不完,都烂了。大西瓜,卅斤一个,随便买,每班分派,天天夜夜吃,烂了一二十个(一毛一斤)。这种生活,不亚于在北京时。

我在静候问题的批示,一点也不急。心情舒畅,与同志们关系极好,时常给年青同志们看看诗稿,提些意见。听说分配工作,不如想象那么简单。我推测,虽然已填了工作志愿书,但一俟问题解决,我大约还是先回京疗养。一切听之。我心里先作比较长点时间的准备。听说张天翼的关系已转到"中央"(工资等),还听说,文化大革命期间党员自愿缴了党费的款(天翼就缴了一万多),一律退还。我文化大革命期间扣存的6550元,前年已捐献,去年又退回,我再三不收,结果还是还了我。我本想回京后和你们(乐源、植英[1]……)商量一下,将我的存款捐多少给国家,现在看来,国家不一定收了,将来再说。

一些老朋友的消息越来知道的[得]越多了。徐迟前天投来一信,他在沙洋湖北省干校,我拟"解放"后再回他信。戈茅[2]同志(徐光霄)听说将来大约仍是文化部副部长,管出版。"解放"后,我一定和他联系,他对我颇关怀

---

① 植英:乔植英,臧乐源夫人。

② 戈茅:本名徐光霄,著名文艺理论家。

(原系我干校第一把手)。

还听说,房子捐献给国家的,如果不够住,可以提出来调整。一切返京后再说吧。早回晚回,说不定,我也不着急。

祝

你们好!

龙龙能游泳200米,这不容易,比爷爷还能干了。将来我们比赛一下吧。

爸爸

7[月]27日午

小平常来信,她在京时,花费了乐安不少时间,在经济方面也破费不少。她的问题,等我的问题解决再设法。

给姑姑信时,把我的情况告诉她,并要她不要把泰康[①]留在家里,要服从分配,参加劳动,决不可成为社会青年!至要,至要!

① 泰康:本名王先杰,臧克家外甥。

1972 年 7 月 27 日

安静:

今早刚发出一信,即收到妈妈信,说苏伊 28 日早回京。这我没想到,虽然此事我已两函与妈妈商量过。以下几件事,希望你注意:

①如住在你处,望督责她,不必客气。她这学期考试成绩优秀,评语极好,是“三好学生”。她是篮球选手,但我不愿意她多打球,误时间,老打身体也吃不消,望阻止她。

②选学校,最好在你处与我处中间地带,我如回京,也可以不再转移学校了。是否以“女校”较好?

③伙食事,你们办,每月该她出多少钱,也不要客气。她的一切费用,我[都]要由我担负(已去信与妈妈说了),你们经济不充裕,我的钱用不了。

④苏伊的作文《小学员》在全校讲评,老师们评价极高,我看了也觉得不错,将来有机会可投稿(如《解放军文艺》等。现正大力提倡短而好的小文)。我拟先寄给小平一看,叫她再寄你处。

我一切极好。静候问题解决。然后是听从安置。一般同志分配到北京听说极难,我的情况如能照冰心、天翼那样就大好了。总之,一切听之。

爸爸

72[年]7[月]27 日午

转学及其他事需要作协帮忙时,可到东四头条找作协留守处刘德凤同志。

1972年8月6日

安静：

前发二信(一封由妈妈转)，想均收到。苏伊到京已八九天，至今不见信，极念，也有点生气！苏伊不好写信，不替父母担心方面想，很不对，与小平比，大悬殊！小平每周来信，走在路上也写信报告情况，怕我们挂心。以后你们督促苏伊每周给我和妈妈各来一信。学校找的[得]如何了？

上次说的“作协留守组”负责人刘德风同志，住处是“朝内大街203号”，有事需要帮忙时，望去找他。

我的问题上报已一个月了，听说干校已同意，最后等“省委”批了，可能也快了。我连党支部副书记要我把文化大革命中抄去未发还的东西开一清单，我已把抄去的书、笔记本，以及冻结的存款开了清单去，此解放之先声。还提了要求：把毛主席给我的信的照片给我一份。不少老友来了信(季羡林[①]、徐迟、慧英……)有的请同志到我处打听消息，十分思念我，如白寿彝[②]同志，我今天已去长信。白寿彝同志与我私交甚厚，在上海编《文讯》月刊就是他让给我的。他是师大历史系主任，现在人民路36号中华书局搞廿四史工作，我去信谈及家庭情况时也谈了你的近况，你可能还记得他。他为人极好，是党员，前一月在《人民日报》上出了面，他是“回教协会”副会长。有事或便中可去看看他(人民路36号即旧“文联大楼”)。

我一切极好。身体也甚好。心情也甚好，放心。

关于小平的事，我时时在念中，也在想法。①通过组织请“安办”调她回京。你姨丈杜秉正[③]就调回了一个儿子。②写信给她团的负责人，请推荐她上大学。……

新近有“北大”来我连探亲的一位英文教师(姚学吾同志)谈了一些“北

① 季羡林：著名学者、教育家、作家。

② 白寿彝：著名史学家、教育家。

③ 杜秉正：郑曼二姐夫。

大"的情况。他前天走，我托他给我带到"北大"四信，系给①杨晦[①]、姚冬[②]同志的，②季羡林的，③杜秉正的(与姚学吾同志同一教研组)，④邓广铭[③](恭三)的。

时间越长，老熟人的关系也就越接越多了。

最近报上又出现了许多人：吴冷西、邓冈、谢华、林林[④]……

分配工作事，传说极多，一切可能均有。估计：我个人问题解决后回京先"疗养"的可能大。至今后出处，听之。

小龙龙好！

好！

爸爸

72[年]8[月]6 日

此信发出后，也许当天或第二天会得到你和苏伊的信，如无要事，也许不立刻回信了。

北京小流氓不少，有的初中女生被追得吓出了病，你们嘱咐苏伊都要注意！

文化大革命之前，崇文区区长是我的学生，与三爷爷同班，他后来改了名，我都忘了，可以问三爷爷。他常访我，不知文化大革命中有无问题。我想会有问题。

在《人民日报》上常出名的王天眷[⑤]系妈妈的名生[外甥]，江景河[⑥]是我的学生，关系甚好(广西负责人之一，原系"人委"秘书长)。

---

① 杨晦：著名文艺理论家，臧克家在济南第一师范时的老师。

② 姚冬：杨晦夫人。

③ 邓广铭：著名史学家，臧克家在济南第一师范时的同学。

④ 林林：著名诗人。

⑤ 王天眷：著名物理学家，郑曼外甥。

⑥ 江景河：臧克家临清中学任教期间的学生。

1972年8月7日

安静：

我连发给你们和苏伊共数信，想均收到。苏伊走后，只字未见，内心焦急，今接妈妈信及你们的电报，得悉一切，苏伊已好，甚慰，仍须多休息几日。她这一去，又给你们添不少麻烦。

关于苏伊事，我已掌握了两种情况：①顺利转上学的，父母均不在京，如陈静（苏伊的"咸高"同班），她妈妈黄文珍同志送她回京，一办即成，她未回连，我不知她女儿陈静转入了哪个学校。②没办成入学的。我连王树舜同志的两个儿子（初二），他们的妈妈张昭同志送他们回京，搞了半个月，还是没办成转学事。王树舜同志到了我们干校"政工组"开了个证明，系"干校同意这两个学生回京"的。拿着这个证明再办转学，就不成大问题了。关于苏伊转学事，我们双管齐下：甲，已函妈妈即到干校要求开同样证明，然后转寄给你们。乙，你们也可以找几个学校试试（地址顶好在电台与赵堂子胡同之间，但不可能时也可以不限），有的学校缺人或不太挤，就可以不要条件顺利转入。可找熟人帮忙，这一点也颇有关系。我想到的可找的人：①赵宏声（"二中"副主任，与小平极好，苏伊也认得他）。②赵慧英（三十中），她认识中学负责人可能不少。③"女二中"（原副校长张启凡系我好友，文化大革命中不悉情况如何）的张启凡、及教师韩易田（北新桥椿树胡同3号）。④白寿彝（原"师大"历史系主任）现在人民路36号中华书局，教育界他的熟人一定不少。⑤找"北大"的朋友：季羡林、杜秉正、邓广铭、杨晦……双管齐下，一定可以转上学，不至于再回咸宁了。

我一切极好。问题也许快了，上信已谈到了。

本静血压情况如何？

我的问题如不久解决，能早回京，一切就没问题了。但早晚在未可知之数。

好！

爸爸

72[年]8[月]7日午

距开学已甚近,望即着手积极进行,免误时机。“三十中”如可能,地址颇适中,先和慧英通个电话,找找她。她前几天来一信,尚未复她。

如需机关证明或帮忙时,可找刘德凤同志(作协留守组)。如填表须填我时,可填“原作协书记、行政 9 级”。

你哥哥前些天来信,调查高等院校去了。我已照他的嘱咐,八月十五号前有信寄植英处。

此信剪开重封。

1972年8月7日

安、静、伊：

下午发一信，写乐安名字。谈苏伊转学问题。晚上有位女同志(下午信上讲的张昭同志)刚从北京回来，说：她的两个儿子因干校开了证明，学校已口头答应转学了。她说：苏伊绝无问题，因为“东城区不限制，特别是女生更无问题”。我对情况不熟，为苏伊转学事，弄得我中午根本没休息，写了信，托人带到“452”发。明天有人进城，带发此信，可能与下午信同时收到或更早一点。

为小平的事，我也日夜思索办法。

盼来信。苏伊注意身体！多吃点西瓜。我们天天吃几次西瓜，买了几千斤，每班分，每斤九分。

好！

爸爸

72[年]8[月]7日灯下

1972年8月13日

安静：

十号信收到了。苏伊病已好，转学已无问题，我就放心了。我一切都极好，最近一个时期，身体格外好，同志们都夸我“精神焕发”，吃、睡均较好，天热，我不劳动，坐在大树下，扇扇子、揩汗，晚十时半即收工，上午休息（下午二时半上工），精神愉快，心情开朗，如同已经解放了。我们今年吃西瓜特多，所有的降温费全买了西瓜——几千斤（早时八九分一斤，现在3分左右一斤，一个大瓜30斤），天天吃，夜夜吃。妈妈也是如此，她愁吃不完，因苏伊已走。本静血压要十分注意，不能马虎，低压太高！高压180还可以，低压120太高了。干校老人血压高的不少，有的高压200多，低压140左右，这，随时可以发生危险。本静应全休！低压不超出100才好。我久已不去医务所，偶尔一去，医生说“喜客来了”。

丁力[1]二次检查昨已完，雷奔[2]也早完了，我们三人在静候解放，近了说不定三五日，远了也可能一个月后，但不急。我们伙食好，一切如意，一旦离去一定想这儿。“身在咸宁望北京，回到北京想咸宁”——我常如此想。

慧英前几天来了信，热情而又感伤。她寄来了儿子的作文，让我看看。我尚未回信。老友们探消息、接关系的日见其多了。人同此心。

妈妈昨来信，说每月给苏伊30元（食用）、5元放在她手内零用。由我寄。我意，她身体弱，吃得好一些，每月伙食15～20元，10元买东西、学习用品。另外每月给她六元零花，你们以为如何？当然，如果有必要再多些也可以。我在经济上是不愁的。小平、苏伊你去我来，给你们在精力上、经济上添不少负担。苏伊聪明，小平热情，各有特点。我正在为小平事操心。已函杜秉正同志，问他怎样调回外地的儿子的，手续如何。我多方面想办法。

国内形势一片大好。个人亦然。

上周给植英去一信，乐源来信说，8[月]15号去信寄植英处。

---

① 丁力：著名诗人、评论家。

② 雷奔：著名文学评论家。

这里大旱，停电（电为抗旱服务），夜间无电灯。

听说戈茅（徐光霄）同志将来可能还是文化部副部长，管出版。

好！

爸爸

8[月]13日上午

小龙龙好。

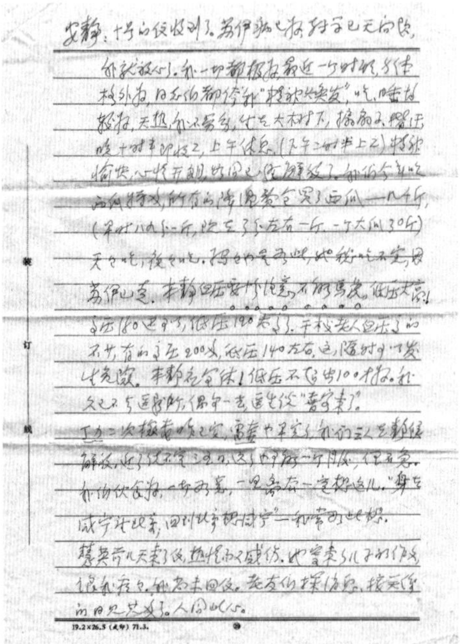

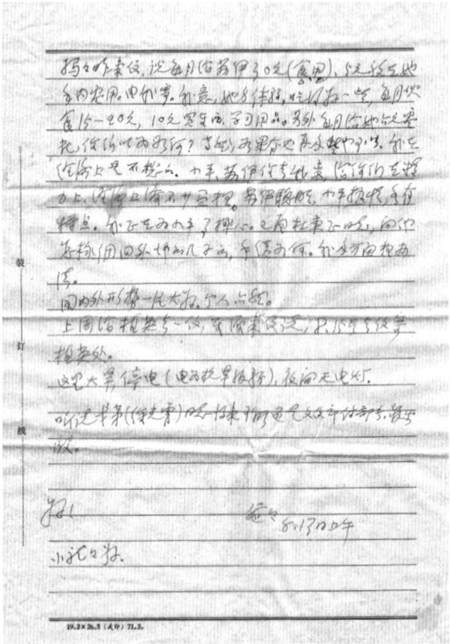

1972年9月3日

安静:

前寄一信,想早收到。我这次犯心脏病后,身体仍不甚好,昨天已上班,头晕、无力、食少消化不好,心脏小不舒服。如距医生稍远,药不及时,有危险,因犯病三次均在夜间,一犯病根本不能动一动了。这是个大问题。将来设法把妈妈调到北京照顾;还须常备特效药在身边(这药,此间医生不给,弄不准确,怕出危险)。这次犯病,在心理上压力也颇大(下到干校后已犯三次了)。

我的问题,内部矛盾绝无问题。看情况也快了,说不定这月份(或下月)就可能回到北京。

我血压甚好,问题全在心脏了。67年最后照的"心电图"是"左心室束枝传导受阻",以前照过多次也是如此,这情况不甚严重,不是主动脉,但不知这几年有发展否?

寄上40元,给苏伊作用费。有机会弄本有关心脏病的小本本,看看应注意哪些事。

本静血压如何?龙龙好?

好!

爸爸

9[月]3日

1972年9月12日

安静：

昨天妈妈来看我，带来了乐源的信，今天又收到你们的信，甚为高兴！

这次犯病重些。至今仍在休息。大约三几天后能上四小时白班。你设法弄本有关心脏病的小册子我看看。

我们的房子（听说有文件，不是吃房租的一律退还），如果我们想要，是会退给我们的（王亚平[1]同志的已退还了）。但妈妈不想要，怕住得太多不好，还怕修理为难。我想要回来，将北房、西房、南房住户清走，让张叔住南房，我们成个小独立局面，但有二问题：①住客不走。②私人房子修缮困难。将来我回京后再商量吧。你们意见如何？本静身体不好，我看不一定挣着上半天班了，一定听从医生的决定。她和苏伊身体都不好，你们可以多吃点好的，经济问题可以不顾虑。我的生活极好，可看给苏伊的信，你大哥还想寄吃的来，完全不必要，我吃的东西已太多，随时可以买到（啤酒也有卖的，我没买）。

我连将派一支部副书记随干校第一把手到京汇报分配意见和情况（每连去一人）。群众意见：①回京分配。②有口的归口。高级干部（司局级的）干校有几十人，由中央掌握分配（我在内），这几天连里正在整理我们的材料。干过什么（人大代表、书记、“民盟”职务、主编……）、写过什么书、毛主席给我们的信，全整理在内，一人一份材料上报（我连司局级的有数人）。将来一定有合适安排。我希望把身体弄好一点，将来做点事。局级干部不退休。前途光明，我心甚快。

我在此，群众关系极好。每位同志都和我不错，使我心情舒畅。我的为人，群众都清楚。情况等于解放了。这次夜间发病，连长守着，次早又来探望，主动劝我不要值晚上班了。

我的病，可能是“冠状动脉硬化”，这就比较严重了。救急药已有一点。

---

① 王亚平：著名诗人、剧作家。

以后夜间必须有人守着,又要有救急的药。因为病是阵发性的,三次发病,都在深夜,届时一动不能动。急救药廿分钟可以镇定下来,否则有危险,请医生来不及了。病状:心律紊乱,期前收缩频繁,过几分钟变为极度快速,一分钟跳 120 下以上(平常每分钟 60 下,少时到过 50 下),这时,心慌、憋气、出汗,危险来了。每次发病后,身体受害甚大。特效药(普鲁卡因)本身毒性甚烈!

我的问题批下后(丁力、雷奔均未批下)可能即回京,为时不久了。离此时妈妈陪我(请廿天假),同时给小平去电,她请假回京,妈妈离京后,小平伴我一二个月,以后再想法,可能妈妈也分配回京了。这是我的想法。

听说主席指示:政治与经济分开。文化大革命期间封存的东西一律发还。钱,解放后,一定也解冻,公家也不会让你捐献了。这问题将来到京后我们再商量。

小龙龙:你很聪明,可也要努力学习呵。

此信拆了重封,弄坏了一点。

好!

爸爸

9[月]12 号下午

1973年(14封)

1973年5月30日

乐安：

本静送来你从干校写来的信，知道已经到达目的地。天地旷阔，心情畅快，如鱼得水。一年之后回来，至少会增加20～30磅肉，精神之旺如涌泉，可以更有效地工作。

你哥哥昨来信，植英带孩子们去曲阜（植英脉搏快，休息）参观了孔林，甚为高兴。

姑姑十号左右来，苏伊差不多时间走，但愿她们能碰面。

妈妈工作尚顺适，负责资料组。闹了两天肠炎，今天去上班了。小平已到连队，她那个班，连她只二人。升学、请调均无眉目，尽人事争取吧，不成也没法。

泽民①同志一二周内，三人分两批走。

干校大动员在京的同志们，最近全回去，不久即分配。光年②等也全走，只我们五人（冯牧③、小川……）没走。工资也没减。其他同志在北京过六个月的，发80/100。方殷④也走。已允退休的数人也走（方白、刘龙光……）。

许翰如⑤同志（连长）昨下午来看我。

我身体不错，最近，会客、读书，有时外出，有些头晕，不重。

院内树木不多，嫩绿可人。从咸宁移来的桂花已绽新芽，而且成长绿叶，向日葵已有三尺高，喇叭花、丝瓜，一一爬上竹竿。

---

① 泽民：延泽民，著名作家。

② 光年：张光年，著名诗人、评论家。

③ 冯牧：著名评论家。

④ 方殷：著名诗人。

⑤ 许翰如：著名作家。

三爷爷家大姑姑[1]带孩子来(新华[2]同来),好好地招待了一餐。

前晚絜青[3]请吃“康乐”,有亚平、方殷两家,侯宝林[4]一家。侯、方大闹酒,如同演相声,窗外的人在窥视。

需要什么,可来信。苏伊今天朗诵,她也写了篇应征的文章,还好。

好!

爸爸

5月30日

妈妈以后再写,问你好,苏伊问好。有空可给小平写写信,她每次来信都问你的情况。

---

① 大姑姑:臧绾城之女臧真。

② 新华:本名臧华,臧绾城之女。

③ 絜青:胡絜青,著名画家,老舍夫人。

④ 侯宝林:著名相声表演艺术家。

1973 年 6 月 11 日

乐安：

收到你的信，看来情绪极好。姑姑到后，一切极愉快，我和她及泰康，将应说的、要说的全说了。她带来花生米、“火子”。她由本静陪同去三爷爷家，今下午还去，住一宿，明天三爷爷陪她去游玩一天。

苏伊今早六时去“拉练”。她有个好处：说走就走，气概颇好。我一切甚好。妈妈身体差。

小平事，已报到市里，又忙于请托，昨天一大早，我一个人跑到亚平处。

院内牵牛花已开第一朵。靖华[①]同志送来昙花已将开放，另外还送来令箭荷花、夹竹桃。

最近为友人写了一些字。也写了三首“古体诗”。

本静、龙龙挺好。姑姑住半月到济南，那时你哥哥也到济了。

小平有信来。她升大学事，看样子极难。

妈妈问你好。

好！

爸爸

6[月]11 日

① 靖华：曹靖华，著名翻译家、教育家。

1973年6月26日

安：

收到信，得知你劳动勤苦，精神愉快，体重有加，我们都极高兴！姑姑在京玩得甚好，小泰康也到处跑，他识路能力颇强。她们去游了颐和园(本静陪)，去了动物园，逛了故宫，今天又到三爷爷家去了。如何对待泰康，我一再和姑姑讲了，也和泰康讲了。他们将于7月1号去济，你哥哥已在，我买了点北京特产让她带给家蕴、克迅，另外每处带去一封信。

干校会议已开完，工作会议已传达。妈妈忙，身体尚可，我则极好。最近去看了徐运北(市委常委、革委会副主任)，胡文瑞①等。小平事，市里已批下，不行；拟再报。

苏伊拉练，迄无信，三五日内可返。

本静已全日上班，身体尚好。

我们小院里，"百花齐放"，悦目赏心。子野②叔叔寄来照片二张，信也极热情。

天气渐热，我已着绸衫了。

听说胡绳③同志将安置工作，甚喜！

好！

爸爸

6[月]26日

妈妈问好。

---

① 胡文瑞：臧克家临清中学任教时的学生。

② 子野：王子野，著名编辑家、出版家。

③ 胡绳：著名哲学家、史学家。

1973年7月16日

安：

八日信收到，知道你工作劳动情况，甚为高兴。

苏伊龙龙，去济心切，月底就走，源英也一再来信催请，他有同游泰山“大计”。我同意。姑姑去看了家蕴及克迅受到热烈的招待。

桃子，北京的今年不好吃，我们天天吃西瓜。

苏伊身体尚好，准备季考。小平升学事，还没得到她的信。

胡绳同志大前天来访，畅谈达两小时多，十分亲切、热情，并抄给我他作的4首旧诗。“十大”代表及负责工作事，尚未正式通知。子野事，传闻，胡绳同志也有所闻，但非他的关系。子野同志最近带来三张照片及二信，热情之至，正在为我刻笔筒。白寿彝叔叔做了“十大”代表，已得通知，胡绳同志来时，白寿彝同志恰好派他的子女来看我。李纯青[①]同志夫妇也来过，谈得均甚愉快。

我们一切甚好，本静前天来，说到医院看了王季愚[②]同志。你缺什么东西吗？望告。

妈妈问你好。

好！

爸爸

7[月]16日

---

① 李纯青：著名政论家。

② 王季愚：著名教育家。

1973年8月1日

安:

23日信收到好几天了。知道你见到了甡珙[①]。深林[②]不时来看我,甚亲切。张季寰[③]从西安来,前天来玩,共进午餐,他头发几乎全光了。云英[④]也来京了,日内来玩。苏伊龙龙,卅日去济,明天可能来信,我叫她带了几份礼物(每份约近4元)去拜访:①家蕴,②克迅,③汉戈、丁毅[⑤],④仲济,⑤肖[萧]涤非[⑥]。除由京走的车费20元外,叫她带了120元,到处玩玩。

我身体极好,老朋友不时来玩(白寿彝同志最近连来二次)。天热,一般客人少了。妈妈忙,一切甚好。小平劳动累。泽民已返哈,今日来信,说叫他去"文化局",他不去,提了意见,组织上答应考虑。北京天气不热,西瓜5、6分一斤,天天吃。我甚少外出,在家读历史、古典东西。

院内百花齐放,绿叶成荫,甚美丽可人。

你哥哥处,我去长信,一方鼓励,同时严加要求,要好好啃点经典著作,如《资本论》等,不要满足于通俗讲解工作,当然,这工作是必要的,有益的。我怕他在一片赞扬声中飘飘然起来。要照毛主席的指示干:刻苦学习弄通马克思主义。

听说"四届人大"延期到十月以后了。"十大"也还没消息。

三爷爷前些天来玩,一切甚好。

妈妈问你好!

---

① 甡珙:王甡珙,又名王斐,臧乐安九舅。
② 深林:王深林,臧乐安五舅。
③ 张季寰:西安交通大学教授。
④ 云英:赵云英,张季寰夫人。
⑤ 汉戈、丁毅:宁汉戈,著名教育家。丁毅,宁汉戈夫人。
⑥ 萧涤非:著名历史学家,臧克家大学时期的老师。

好！

爸爸

8[月]1日

本静甚好。你缺什么，可告知给你寄。

雪燕和延京[①]（已考入文化团）仍在京。

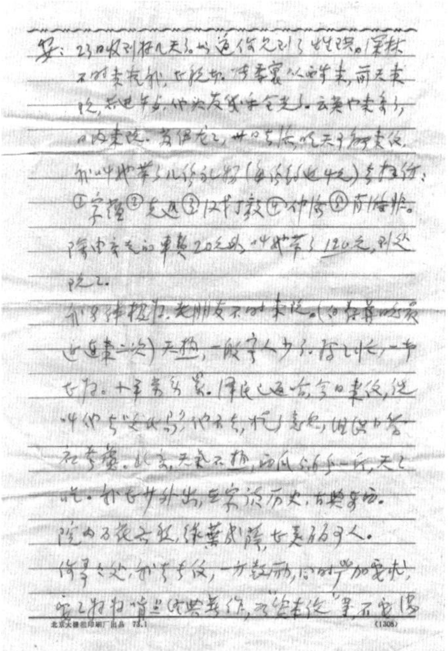

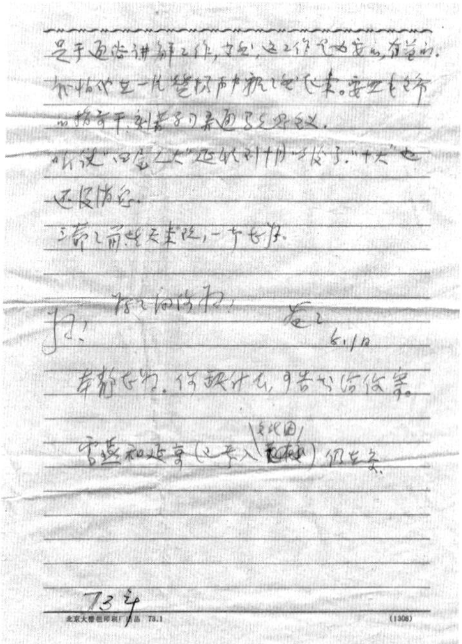

① 雪燕和延京：王雪燕，延泽民夫人。延京，延泽民之子。

1973年8月17日

安儿：

来信早收到了。你当了班长，责任大了一些，更要带头干了。你哥哥十一号送苏伊、龙龙来京，十六日返济。他陪我去看了慧英、云英、季寰(明日返“交大”)，又陪我去陶钝[①]处，本想去看深林，他1、3、5学习，2、4落雨，未果去。他个人去看了韩英[②]。

你要的书，没买到，我只有一份。将来买到时再寄。朋友的孩子住本静处，帮人的忙，也只好“忙”一点，麻烦一点了。

小平干得甚好，得赞扬。调回或插队事，各方设法中，不易。

我一切极好。客人少了，但时常有。

妈妈忙。明后天拟“求”苏伊陪我去访李纯青同志。深林处，我一个人可以找到。

好！

爸爸

8[月]17日

妈妈、苏伊问好。

泽民叔叔在家待安置，叫他搞“文化局”，他不去。

---

① 陶钝：著名作家，臧克家小学同学。

② 韩英：王斐夫人。

1973年8月27日

安：

收到信，知工作劳动情况，可喜体重有增，但距我要求的“廿斤”，相差尚远，望努力“上长”。

本静约了你们的同事，修好了电视，当晚请全院及你们二位同事及小毛等廿余人，共看乒乓赛开幕，亦盛事也！

我一切极好，闻将“批孔”，我努力念点古书——古代哲学典籍。

你哥哥走后至今没信，我责成他为小平插队事进行活动。小平常有信，升学不成，调京更难，只剩插队一途可走了。

北京天气已凉，早晚着毛衣。子野叔叔昨令他的宝宝、小明，送来为我刻的笔筒，并照片一张。昨系星期日，客人多至十三四。午、晚均共进餐，妈妈做饭，大娘休息了。本静调动工作事，不一定成为事实，她已经诚挚地向组织上告了困难，你不要为此纠心了！

妈妈、苏伊问好！

好！

爸爸

八月廿七日

1973年9月10日

乐安：

前寄一信，未见复。乐源随吴富恒同志(共七人)来京了解"批孔"情况，住了几天，已返曲阜。

我身体一直不错，和深林、慧英等不时见面。

妈妈较忙，身体也还好。

明日是中秋。天气已凉，我已着毛衣。你姑姑说七八号返里。

"十一"快到了，打算寄点糖给你。我在读有关孔子的书。

家中一切甚好，子野叔叔给我刻了一个笔筒，已带来，甚好。冯牧学刻图章，刻得不错，为我刻了一个。光年叔叔已回京——养病。

好！

爸爸

9[月]10日早

1973年9月21日

安：

带来的信收到了，知道你们学习、劳动情况。本静也说，给你寄食品不好，那就算了，将来有机会买点茶叶给你带去吧。书，有合适机会时妈妈会办的。《列宁杂文选》外边买不到。你哥哥昨来信，在写“反潮流”文章，我今天发信去，说此等文注意“胆、识”二字。

这两天我重感冒，但没发烧，客人仍不少。

妈妈、苏伊忙。深林前天来玩过。“四届人大”闻将开，但无消息。广播事业局第一把手犯了错误，撤了。三爷爷几日前来玩。

我读些有关“批孔”的材料。

好！

爸爸

9[月]21日

1973 年 10 月 9 日

安:

收到信,知道秋收大忙。昨日我 68 岁生日(你误为 69 了),未通知任何人,也未添一样吃的,但过得极愉快。早八时去访亚平,十时回程车上,遇王瑶①来访,共进午餐,谈到下[午]一点。三时殷之光②来,五时邓广铭叔叔来,一直到晚九点,有些累,但支持住了,足见身体大好。上午水拍、雷奔同志来访,外出未见到。近来友人来的多了。冯至③、田间④(已解放)、白婉清⑤(“诗刊”女同志)、伯箫⑥……最近均来过。你哥哥日内来京,奔走“山大”迁校事。苏伊在“义利食品店”学工。

“人大”即将开会:学部六人胡绳、顾颉刚⑦、夏鼐⑧、唐弢⑨、刘大年⑩、吕淑[叔]湘⑪。“山东”闻有成仿吾⑫、高亨⑬,我们都下来了。靖华伯伯常来玩。

家中一切极好。妈妈脱产学习一个月。

王斐返京探亲,来玩一次,我去看了他,他已去东北公干。如到“军垦”,可能招呼小平见见。三爷爷前带了三个小姑姑来玩,北华⑭探亲返京。

我买了些食品叫本静托人带去,收到否?

爸爸

10[月]9 日

---

① 王瑶:著名文艺理论家。
② 殷之光:著名朗诵艺术家。
③ 冯至:著名诗人。
④ 田间:著名诗人。
⑤ 白婉清:《诗刊》编辑。
⑥ 伯箫:吴伯箫,著名散文家、教育家。
⑦ 顾颉刚:著名史学家。
⑧ 夏鼐:著名考古学家。
⑨ 唐弢:著名作家、文艺理论家。
⑩ 刘大年:著名历史学家。
⑪ 吕叔湘:著名语言学家。
⑫ 成仿吾:著名教育家、作家。
⑬ 高亨:著名古文字研究专家。
⑭ 北华:本名臧英,臧绾城之女。

1973年10月26日

安儿：

得来信，知你们大忙已过，身体精神均好，甚慰。你哥哥半月前与同事七人到京公干(为“山大”迁校事)，事毕返济。你九舅回京，见到二次，他已去东北有事。前几天去看了你五舅，他甚好，“人大代表”不知有他没有。

我近数月，身体颇好，时常外出访友，曾一人去游中山公园，看花。“北大”的羡林、恭三、王瑶，均经[常]来玩。光家[1]伯伯最近也来玩二次。

小平十一月可能探亲返京，不一定。苏伊“学工”，妈妈脱产学习一个月。

我托张叔叔买了几盆花，昨上午与苏伊去参观“磁[瓷]展”，买了几样工艺美术品。

济南的臧仲文[2]老伯，年已过八十，我以为早不在了，最近始知健在，通了一信。

好！

爸爸

10[月]26日

妈妈、苏伊问好。

① 光家：李光家，著名教育家。

② 臧仲文：著名画家。

1973年11月6日

乐安：

最近学习劳动情况如何？身体好吗？

你哥哥回到济南……在车站上丢了钱包。小平拟于本月下旬返京探亲，不知道能否实现。

我近几个月，身体甚好，没犯过病，连药也不吃，不时外出访友。前天去看叶圣陶①先生，他不在。茅盾②先生身体甚好。

妈妈心脏不适，半休一周。她心境不开朗，琐琐碎碎的小事太关心。

我仍是读书、会友，心情甚好。

北京天气渐冷，我已生了火了。你九舅从东北已返京，未见到，不久回连队。

见报，郭则沈③同志去世，深林去参加丧仪，我与深林不时见面。

“人大”何时开，没听说。李何林④同志是代表。白寿彝同志昨上午来玩，他在写本“秦始皇”。

爸爸

11[月]6日

① 叶圣陶：著名作家、教育家。

② 茅盾：本名沈雁冰，著名作家、文艺理论家。

③ 郭则沈：政治活动家。

④ 李何林：著名文艺理论家。

1973年11月22日

乐安：

信到，得知你一切极好，升任“排长”，甚慰。

你哥哥的文章，还可以，不能联系个人，单讲理论就不易再进一步了。

我身体甚好，关系已从干校转回北京，将来怎么安置，都好。

这些天，你七[五]、九舅都来玩过，慧英也来了。

天气渐冷，我们已生火了。

小平不久将去山东一走。

好！

爸爸

11[月]22日

1973 年 12 月 8 日

乐安:

小平和你哥哥到诸城小住,他的信转上一阅。我一切极好,国务院批准我与冰心、冯牧三人将关系正式转回北京。

湘芳来京开会,在我处住,三四日内返扬州。

丁毅、宁汉戈同志昨晚来玩,他来京开会,日内返济,任“文教组”副组长。

妈妈已上班,身体尚好。

三爷爷好久没见了,通了信。

蔡阿姨仍住西郊,今天可能来玩。

小平请调事,有点希望。

你工作、劳动情况如何?

王斐、深林见到多次。

田间同志已分配工作,负责河北革委会“文艺组”!

黑丁[1]负责河南革委会文化局,副局长。

姑姑给我带来“火子”、花生、烧鸡等。

好!

爸爸

12 月 8 日

全家问你好。

① 黑丁:于黑丁,著名作家。

1974年(10封)

1974年1月3日

乐安:

元旦前夕收到来信,得知你的一切,极为高兴。除夕,本静、龙龙来家吃晚饭,一家团聚。

我身体极好,过年这两天,友朋不少,情绪愉快。小平已从团部来信,她团25个连队只招收三名教师,争取太难。

三爷爷除夕来玩,他一切极好,较忙。

乐源年前来信,托人带了点吃的东西来,他年后大约返曲阜。教育革命,搞得甚热烈;各机关也在整风。

一过年,就要学习元旦社论了。……

蔡阿姨来玩一次,可惜没见到小平。

北京也没下过雨雪,有旱象。

供应极好。家中均好,勿念!

好!

爸爸

1974[年]1[月]3日早

妈妈、苏伊问你好!

苏伊即升高中,因你在京,她将来不在照顾之列。

1974年1月？日

乐安：

节日将至，你哥哥要来。龙龙去和你团聚，略慰思亲之感。

我身体特好。妈妈也还好，忙一点。

小平来信，教师事，她的连队连一个名额也没有。

给你两包巧克力、两包好烟(难买到)、一点龙井茶(没有再高级的了，尚可)。

苏伊已放假，即升高中。

好！

爸爸妈妈

1974 年 2 月 22 日

安：

信到，得悉一切。你哥哥来信，谈到了山东的一些情况。

三爷爷前些天带小六[①]来玩，甚愉快。

小平昨来信，忙于批孔，搞水利，情绪颇饱满。

干校同志，已动员返湖北批孔去了。

我身体好，精神好。朋友时常来玩。

我没参加批孔小组，在家读些材料，古今都有。

今天天气突变，降温十度，大风。

计时，再过三个月你就可以回来了吧？

好！

爸爸

2[月]22 日

① 小六：本名臧晓陆，臧缩城之女。

1974年3月25日

乐安:

接信已数日,得知你插队情况,极慰。我一切甚好,读批判材料甚勤。乐源来信,工作忙,做了批判组长,曾在复校庆祝大会上发言。

小平很好,苏伊甚满意。

本静、龙龙前晚来家,她身体精神均极好。妈妈忙,身体尚好。

三爷爷数日前来玩,他颇好。

你再过三个月就可以回来了。

好!

爸爸

3[月]25日

妈妈、苏伊问你好。

1974年4月15日

乐安：

来信收到，得知你五月间可如期返京，甚喜！我和妈妈、苏伊均甚好。三爷爷也不错，新华姑姑前几日送来两株梨树，已栽院中。本静仍学习。

院内，丁香，海棠，开得正好。这是一年中最佳美的时节，明上午与亚平、方殷同志到“中山公园”玩玩。李光家伯伯前数日来玩，眼睛好些了，十分强健，看样子，能活到百岁以上。苏伊今天开运动会，昨去颐和园，挤得要命。

小平今天来信，甚好。姑姑也有信来。

你哥哥也常有信，山东较乱，我一再叮嘱他谨慎！

好！

爸爸

4[月]15日

1974年7月15日

乐安:

我最近心绪不好,身体也略差。

你们不久将去青,见信后,即抽空到我处,谈半小时。

你哥哥来二信,一信说:青岛冷,要你们多带衣服。

爸爸

7[月]15日上午

1974年8月19日

安静：

小平来信，升学事已失败。她连四名，报名者40人，初、二选有她，三四选即落选了。

我身体已入恢复期，但颇疲弱。昨下午来两次朋友，头晕。

苏伊与妈妈忙了一天，粉刷西房，她想移居。

好香烟，本静有便，可再买二条，以后机会便少了。如有新龙井，也买半斤。

好！

爸爸

八[月]十九日早

1974 年 9 月 4 日

安:

我近日身体渐好,昨下午到近处回访友人。

这星期日,你可来帮助苏伊整理一下房间(糊纸、抬桌子……),她好移居。

你哥哥昨来信,附上一阅。

好!

爸爸

9[月]4 日

本静、龙龙均此

1974 年 10 月 12 日

安静：

今年生日，特别高兴。昨晚九位老友共进晚餐，花了近 60 元。你们也破费了不少。接到三份贺电和不少礼品。极高兴！

这几日，颇累。十三号拟约八位友人吃饭，半月后，始可安定。房子还得几日竣工。苏伊发烧（现不高），明天也许去不了学校。

背心甚合适。

好！

爸爸

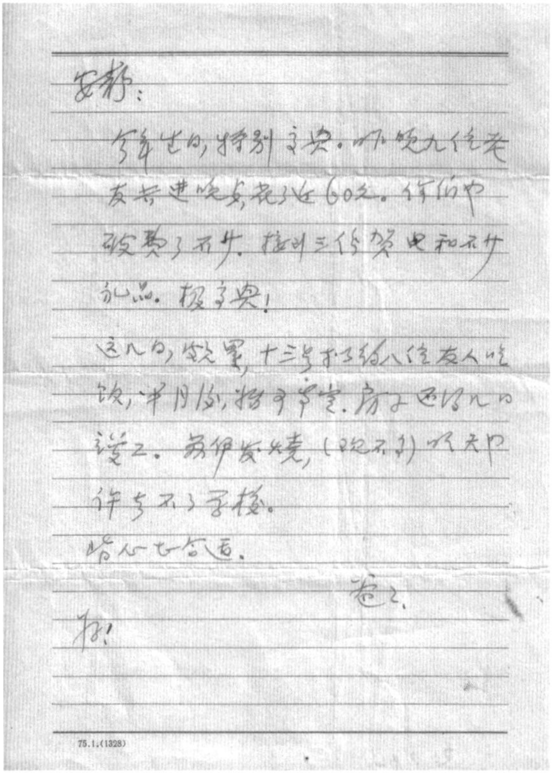
安静：
今年生日，特别高兴。昨晚九位老友共进晚餐，花了近60元。你们也破费了不少。接到三份贺电和不少礼品。极高兴！
这几日，颇累，十三号拟约八位友人吃饭，半月后，始可安定。房子还得几日竣工。苏伊发烧，（现不高）明天也许去不了学校。
背心甚合适。
爸爸
好！
75.1.(1328)

1974年12月25日

安静：

你哥哥来信，转上。

我这二日感冒，低烧，不重。新年近了，客人多，甚累。

新年，有两位熟人，我拟约他们来家吃便饭。你们几号回家？卅一号晚或元旦午？望即用电话通知妈妈，以便早日通知那二位朋友，大家凑在一起吃吃，免得另外再请一次，时间精力均来不及。

小平有信，一月份可能不回来了。

好

爸爸

廿五日午

1975年(3封)

1975年4月24日

安静：

前去信，听错了二字，使“史话”成“诗话”，是大错误，应向你们检讨。对所提其他各点，仍不变。“史话”，孩子读读，当然好，但不知是最近出版的，抑系以前旧本？如系文化大革命前出版的，也不会完全正确。

具体谈谈“三国”。最近前在杂志上读到大批关羽的论文，肯定关是坏的。龙龙读后，可问问他对“关圣人”的印象，是“好人”还是“坏蛋”。“水浒”，对宋江如何看法？这些问题很大，没有正确指导，一定会起一些反作用。望注意及之。

妈妈将于30号下午去石家庄，五月二号返。

爸爸

75[年]4[月]24日

1975 年 5 月 30 日

龙龙：

听到你参加了“红卫兵”，爷爷心里极高兴。足见各方面有了进步。今后要继续努力，刻苦学习，争取政治上、学业上，不断取得新的成就。

“六一”儿童节到了。你已经进入“青少年行列”了。希望你“与时俱进”。

爷爷

75[年]5[月]30 日上午

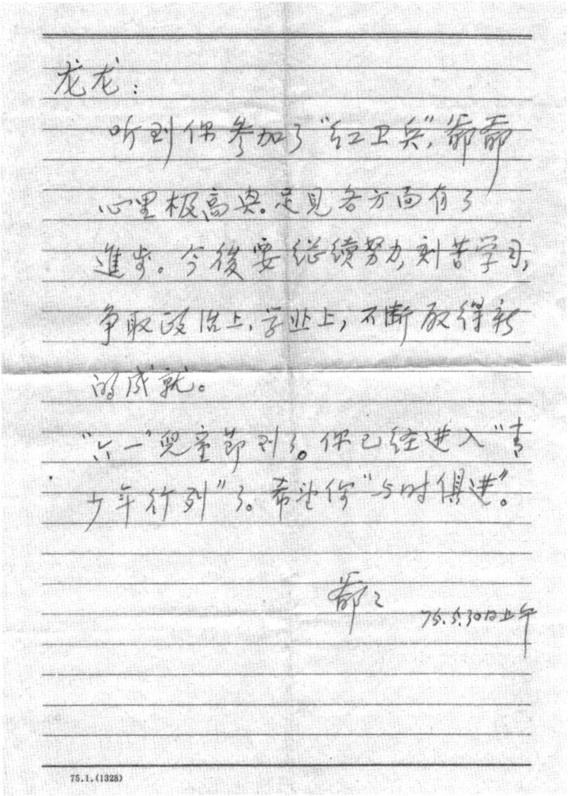

龙龙：

听到你参加了“红卫兵”，爷爷心里极高兴。足见各方面有了進步。今後要继续努力，刻苦学习，争取政治上、学业上，不断取得新的成就。

“六一”儿童节到了。你已经进入“青少年行列”了。希望你“与时俱进”。

爷爷 75.5.30日上午

75.1.(1328)

1975 年 11 月 7 日

安儿：

三爷爷来信，说身体好转，饮食大增。还说过半个月可以来看我。我已去信说，稍过我去看他。

我这几日甚好。客人仍不少。文井、光年前晚来长谈。

心情愉快。照了四张肺片，“北京医院”鉴定：无肿瘤现象。

再者，后天星期，你休息，我想要你来半天，将书籍放还架上，即了结一事。妈妈忙，她不要我叫你。我觉得你来一下好，借机会谈谈。

……

爸爸

7 号下午

本静、龙龙均此。

1976 年(3 封)

1976 年？月 6 日

乐安：

信到，甚喜。

我的《井冈山高》[①]，今上午“人文”来人，说已选入学习主席词二首集，共收十篇。字句稍小修改。

近日极愉快，忙一点。今天为人看了一些稿子。

好

爸爸

6 号下午

① 《井冈山高》：《井冈山高望世界——学习毛主席词二首的一点体会》。

1976年10月5日

安静：

看深林、三爷爷，他们情况怎样？

我这几天甚累，八号是我生日，你们不要来了，我也不加菜，一如平素，所以忘年也。方殷来信问及，我以此答之，并赋诗[1]一首。

好

爸爸

五日下午

听说十号鲁迅纪念朗诵会要开。我那篇诗[2]已列入节目。写得尚可，但不佳。

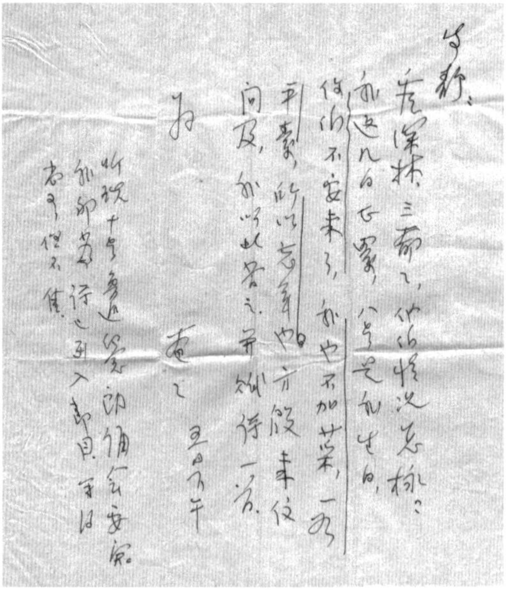
安静：
看深林、三爷爷，他们情况怎样？
我这几天甚累，八号是我生日，你们不要来了，我也不加菜，一如平素，所以忘年也。方殷来信问及，我以此答之，并赋诗一首。
好
爸爸
五日下午
听说十号鲁迅纪念朗诵会要开。我那篇诗已列入节目。写得尚可，但不佳。

---

① 赋诗：《自寿答友人》。

② 那篇诗：指《伟大预言已经实现——纪念鲁迅逝世四十周年》。

1976年11月4日

乐安:

你哥哥来信,转上一阅。

注意给我买凤尾鱼罐头(三五个),龙龙没事时,跑一跑。

七号(星期日)午,我请了"北大"恭三、羡林等来家小聚,你们不必回来了。可以去看看三爷爷。

妈妈身体已大好,照常上班了。

本静该休息要休息,听医生的话——这是爸爸的命令!

爸爸

11[月]4日早

1977年(6封)

1977年1月9日

安静：

姑姑来信转你们一阅。泰康工作不错，这几年大有进步。买到自行车，可喜。

我的“迎新年”诗[①]，决[定]刊《诗刊》三月号，或改题“迎春曲(词)”。

关于“毛主席给诗刊一封信”一文[②]，不日即刊。

这两天，客人时到，昨下午至晚上十时半，连谈数小时。

好！

爸爸

1[月]19日

① “迎新年”诗：指《迎春辞》。

② 一文：指《伟大的教导，深沉的怀念》。

1977 年 2 月 5 日

安静:

昨上午去看李季同志,畅谈二小时。他在赶"石油诗",五一排版。

我也写了首学大庆的诗[①],60 行,还可以。本静见到文艺部那位同志可通点消息给他,今后三个月要全力宣传学大庆,电台也一定组织稿子。这次新年广播,影响极大。

好!

爸爸

2[月]5 日

① 学大庆的诗:指《快快跨上大庆的骏马》。

1977 年 2 月 23 日

本静：

乐安在电话中说，你血压 120 多（低），要特别注意了。他还说，你们文艺组负责同志要我的大庆诗看看，今抄上一份，请转给他。

我极累。妈妈病了二天。

好！

爸爸

2[月]23[日]灯下

乐安说，星期日他想去看三爷爷。

乐源、乔女[1]，今来一信，平安到济。

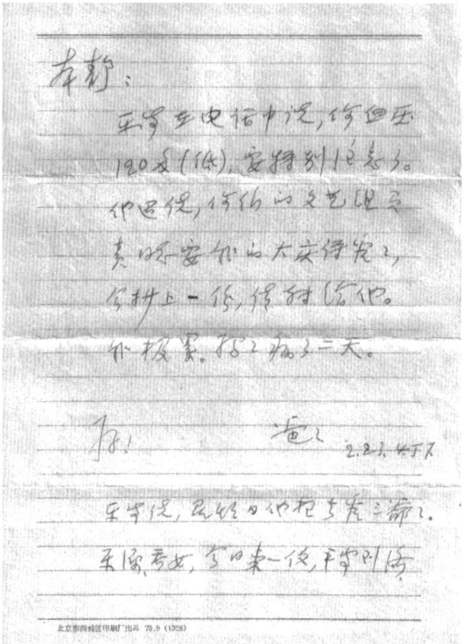
本静：
乐安在电话中说，你血压120多（低），要特别注意了。他还说，你们文艺组负责同志要我的大庆诗看看，今抄上一份，请转给他。
我极累。妈妈病了二天。
好！ 爸爸 2.23.灯下
乐安说，星期日他想去看三爷爷。
乐源、乔女，今日来一信，平安到济

① 乔女：本名臧耕，臧乐源之女。

1977年2月24日

本静:

今上午程光锐[①]同志来,我的“大庆诗”叫他看了。他说大庆还不叫“工业城”。人口也许不足百万(他代我一查)。我想这二句中,可将“工业城”改为“工业基地”。“百万”可改为“几十万”。你看如何?

乐安说,他今晚可能来看看妈妈。

爸爸

24[日]晚

诗稿交那位同志时,可将小条撕去。

---

① 程光锐:著名诗人。

1977年6月20日

乐安本静：

昨下午子野同志来长谈，甚快。午间，海平[1]夫妇来，共进午餐。小孩极好玩。你们应该去一趟，看看三妈妈。

纪念朱总文[2]，改得颇满意，已取走。中央台如需要，可告诉他们一声。纪念文字，大概有好几篇，光要我的不甚好。

黎先耀[3]同志今上午来玩，他出差走了几省，刚回来。

这几天，极疲累。

爸爸

20日午

我的散[文]广播，听了一半。朗诵得甚好。

---

① 海平：臧海平，臧缩城之子。

② 纪念朱总文：指《怀念逐日深》。

③ 黎先耀：著名诗人、科普作家。

1977年8月19日

安静:

这几天,既忙且累。

你们电台,为了"十一大"召开,向国外广播,要我写首诗[①],打算后天来录音。

"人文"责任编辑已来过。我的集子[②],系一生作品的总选集。

爸爸

19日

小平、苏伊还好。

妈妈忙。

① 诗:指《真理掌握在党的手中——热烈欢呼党的第十一次代表大会胜利召开》。

② 集子:指《臧克家诗选》。

1978年(3封)

1978年1月5日

安静：

昨下午去“诗刊”，稿子没查到。今草一函，请转作者，他们愿来的话，星期天为宜，周五、六来个电话。

今下午去看了茅盾。我的“论诗遗典在”反映甚好。你台文艺部宋家玲同志来，将于最近播出。

好！

爸爸

元月五日

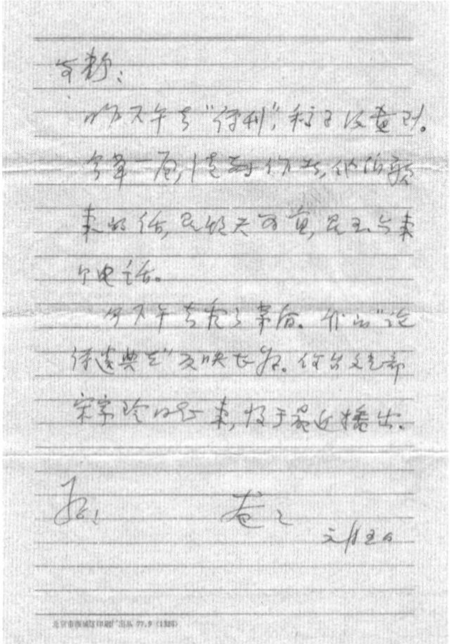

1978年1月5日

乐安:

今早发一信。美至诗,找到了,寄去请转给她们,前信作废,不必约他们来了。

爸爸

五日上午

本静均此!

1978年9月4日

安静：

这些天，太忙，太累！

昨晚晕得起不了床。今早五时即起，赶成《诗刊》发的文章《毛主席的诗教》，约三千七八百字。九号"诗刊"开座谈会，在会上读读，然后发《诗刊》。

上海文汇报派人来，已十天了，专要此文。这二日力逼不走，无法，只得再写一篇①。你可将我的"诗教"（题目甚好）一文告诉张伟中②同志一下，九号座谈会后，他如愿广播，可早日与"诗刊"联系，（33.7645）电话也告诉他。

南斯拉夫译歌，明日即送"诗刊"处理。

爸爸

9[月]4日早

---

① 一篇：指《捧读诗词动怀思——纪念毛主席逝世两周年》。

② 张伟中：臧乐安同事。

1979 年(1 封)

1979 年 2 月 8 日

安:

信收。极忙。赶闻一多先生文①。姚文②反驳,略后再说。已收到好几封抱不平的信,有人将为文。

源已来信。二事:

①广播报寄到诗刊,今始转到。用你局信封,也不知是文艺部或是青年部寄的,你或本静可到此二部一问,请开给我家住址,以后寄家中。

②《回忆录》③急需"手迹",有五六幅需要照相,已函新华社,(已二日)不见回信,我想叫你借个大点的照相机,星期[日]或星[期]一到我处替我照一下。(买好胶卷)

匆匆。

爸爸

2[月]8 日

---

① 闻一多先生文:指《闻一多先生诗创作的艺术特色》。

② 姚文:指姚雪垠《关于〈忆向阳〉诗集的意见——给臧克家同志的一封信》。

③ 《回忆录》:指臧克家《诗与生活》。

1980年(1封)

1980年11月25日

安静：

昨天王瑶同志之女找我，她爱人在青岛，想对调到京，我写了个字找你试问一下，能为力时，给她为为力。

30号(星期日)，你们上午来，给我把书往南房书柜里摆一下。

今天上午，我与苏伊去看了雪燕同志并参观了钱君匋[1]同志的书画展览会。小平下午回来，她已办公。

好

爸爸

25号

① 钱君匋：著名画家、书法篆刻家。

1981年(1封)

1981年3月6日

安静:

吴校长已返济,我昨天挂号寄你哥哥祝词[1]一篇约4000字,是篇有浓情的散文。

八号(星期日)上午你们有时间可回家来,一者要本静为我写信封(英文)及包书包,再者,刘征[2]同志将他的友人的画册(九页)送来要我题字,为时已久,花了三日功[工]夫,未找到,我十[分]着急,因这个画册上的画,全系名家手笔。

爸爸

6日早

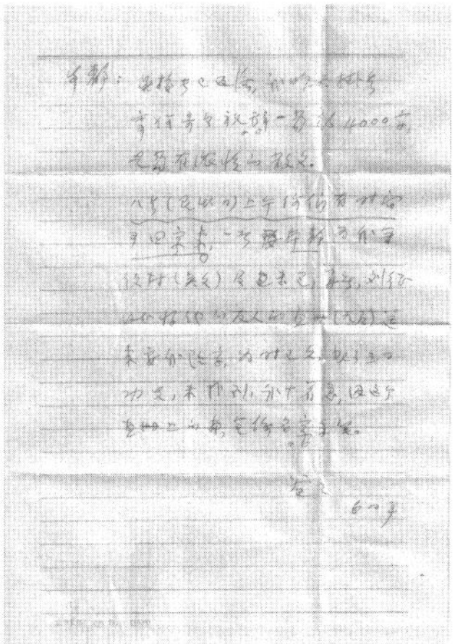

---

① 祝词:《我的祝词——庆祝母校建校五十五周年》。

② 刘征:著名诗人。

1983年(2封)

1983年1月13日

乐安：

星期六(或星期日)你休息时,来为我将不用的书移到南房。

这几日,甚忙,颇疲累。

爸爸

十三日下午

1983年4月17日

乐安:

今天你来,忘了告诉你一件事。前天,三妈妈叫小六打电话来,说她们已搬到原住处后面的迁建楼去了。住四层楼,三间。三妈妈想换一个楼,太难!

你有空顶好去看望她一下表示乔迁志喜。回头给我来个电话,说明她新址的门牌号数,以便通信联系。

爸爸

17日灯下

1988年(7封)

1988年6月1日

安静：

你们的信，早已收到了，因住处未定，无法回信。你们工作、生活能适应，我很高兴。

这两天听广播，听到乐安从莫斯科发来的消息，都奔走相告。乐安的活动能力是很强。乐源不时来信，他写的书、主编的书，均将再版，他颇满意。

我的身体一直不错，发表了一些短文，重庆的序言①写完了，搞了半年自己并不满意。

最近客人多起来了。前几天，台湾的记者、诗人、画家，一下午就来了两起——四人，作协的郭小林陪着(郭小川之子)。

乔女昨天来信，她又下乡去了，也不知呆多久，下乡为了准备“论文”(毕业)材料。

今天“六一”，小菁菁②集体看了电影，晚上大家吃面条。

附一文，发表了，收到文友们的信及电话，反应较强烈。昨下午小六带孩子来玩了两小时。

好！

爸爸

88[年]6[月]1日

---

① 序言：指《伟大的时代　洪亮的诗声——〈中国抗日战争时期大后方文学书系·诗歌编〉序言》。

② 小菁菁：臧菁菁，臧小平之女。

1988 年 7 月 6 日

安静：

经常从广播中听到你发出的消息，十分高兴也倍觉亲切。知道你们工作顺利，身体都好，全家欣慰。

我一直很累，去医院检查，一切正常。只是杂事极忙，不时为文，休息时少。

《抒情散文选》[1]已出版了，印 5100 册，反应颇好。在《光明日报》发表的《博士之家》，影响不小。

姑姑来信，甚好。小菁菁，正忙于期考，有点紧张，她学习还不错。

你哥哥来信，放暑假突击几日工作，又要外出讲学，说八月五号左右过京小住。

乔女下乡调查妇女情况去了，近没信来。

北京这些天不热了，妈妈曾到兴城旅游七天，已返。

好！

爸爸

1988[年]7[月]6 日雨中

① 《抒情散文选》：《臧克家抒情散文选》。

1988年8月2日

乐安本静：

读了你们带来的长信和你们给龙龙的信，知道已迁入新居，生活上，逐渐就绪。乐安，活动力很强，工作得不错，不时从广播中，听到你发来的消息，大家都很高兴，感到亲切，可惜，报纸上用的全是“新华社”的消息。

我，一切甚好，今年天热，闭门不出，客人还不时来访，杂事仍多，也发表了一些短文，《文史知识》两篇①，《群言》一篇②；《光明日报》《北京晚报》都有。《散文选》出版后，反应甚好！

你能与契尔卡斯基③同志长谈一次，甚有意义。他如能及早编本我的诗，我写个序是可以的。

另外，吕进④同志（重庆西南师大教授，“中国新诗研究所”所长，诗论家、翻译家。与我关系极好。他的“所”里搞了个我的“奖学金”，一年奖一次，在他的研究生中挑一名，奖四百元。我赞助四千元。）他翻译了契尔卡斯基的论抗战文艺、我及何其芳⑤的文章，他的“所”里出版了一份文艺交流性质的刊物。吕进来函，极想与“契”同志取得联系，讨论问题，烦你把“契”的住址通知我，我转告他。勿忘！罗果夫⑥，1946—[19]49[8]年我在上海时，在会议场合上见到他，对他印象甚好，宝权⑦、靖华、雪峰⑧、胡风⑨诸位均与他极熟。访访他，可以谈往事，谈当世。还有，还有位费德林⑩同志，1944年我在重庆作40岁生日的大会上，他特别向我要了本《我的诗生活》，并要我签了

① 《名句别解——晏几道〈鹧鸪天〉“舞低杨柳楼心月，歌尽桃花扇底风”》《一字之奇　千古瞩目——略谈“诗眼”》。

② 《致千家驹同志》。

③ 契尔卡斯基：苏联著名汉学家。

④ 吕进：著名评论家、翻译家。

⑤ 何其芳：著名诗人、文艺理论家。

⑥ 罗果夫：苏联著名汉学家。

⑦ 宝权：戈宝权，著名翻译家。

⑧ 雪峰：冯雪峰，著名诗人、作家。

⑨ 胡风：著名文艺理论家、诗人。

⑩ 费德林：苏联著名外交官、汉学家。

名，他出席了会，那时他是驻华大使馆文化参赞，此人，听说做过苏联驻日本大使，现在在苏联文化界颇活跃，其他情况不清楚。

你们住定之后，将通信处写来(上次寄来的，还是可用的吧？并同志转的)。

你哥哥，到处讲学，八月间将过京小住。乔女，工作重，植英暑期去看她，说她瘦了。她想将来能到全国妇联工作，正忙于与一位专家合写一本关于妇女问题的书。

龙龙工作得颇好。

爸爸

88[年]8[月]2日

信，写好了，在《人民日报》三版上(八月二号)看到乐安写的访问记《苏联如何备战奥运会》，副标题《苏奥委会秘书长接受中国记者采访》。写得不错，全家人都看了，十分高兴。

又及

《博士之家》一文，发出后，影响不小，附上一份。

1988年8月26日

安静：

本静执笔写的信，已经收到了。知道了你们的活动、生活情况，吃了"机械水饺"，我们还没吃过。

我，身体一直不错，杂事依然不少，也写点小文，前些天，牙痛了十天，已好。

乐源八月十六号过京，住了两三天，已返济。他忙，到处演讲。

北京，天气不冷不热，夏日颇热，现在是初秋了。

郎平[①]、白帆[②]，前几天晚上来看望我们，他们伉俪到哈尔滨赛球，到京只住几天，还来看我们，大家谈得很亲切、热情。

泰昌[③]去莫斯科，在国外见到老朋友，别是一般情况。契尔卡斯基，你们说八月份到京，我无消息，吕进想要他的住址，能打听到吗？

爸爸

88[年]8[月]26日下午

---

① 郎平：中国女排著名运动员、教练员。

② 白帆：郎平前夫。

③ 泰昌：吴泰昌，著名评论家、散文家。

1988 年 9 月 12 日

安静:

时常听到你从莫斯科发出的消息,甚高兴。

乐源来信,乔女月初到济南,请假十五天。

我,身体极好,杂事仍多。近日,送到《旧体诗稿》[①]样书,先送你们一本。

九月份发了三篇文章。十一日《光明日报》发了篇讽刺味甚重的散文《读〈关心教师歌〉有感》。《散文》九月号发了纪念萧军同志一文《独特的风标》。《文史知识》九月号发了《一字千古》[②]。

《散文选》反应极好,友人来信不少,《文艺报》将发评文,《光明日报》也约写文章……

郎平、白帆,前些天,晚上来访,与全家谈得很亲切,现已返美。

爸爸

88[年]9[月]12 日

① 《旧体诗稿》:指《臧克家旧体诗稿》。

② 《一字千古》:指《一字之奇　千古瞩目——略谈"诗眼"》。

1988年10月17日

安静：

“信使”往还，通信颇勤，可喜事也。

我与妈妈的生日，一家过得愉快。你哥哥来信说：明年，妈妈七十大寿；他60生日，小平40岁，田田[①]满20岁，10月将在北京团聚。

“政协常委会”开了五天，我只去了两个上午。

关于整顿经济环境……中央下了决心，形势可能好转。

人家送我茶叶不少，分给你们一包。

契尔卡斯基，见到了他没有？他的通信处，能找到吗？——吕进同志要。

我身心双健，勿念。杂事多，休息时少。

爸爸

10[月]17日

---

① 田田：臧田，臧乐源之子。

1988年11月3日

乐安本静:

上次写的信,还未带走,再写几句。

我身体极好,写点小文。“青岛出版社”将出版我的《序与跋》[①],十二月份可能交稿,请冯光廉、刘增人二位代编。

天气渐凉,安了炉子还没生火,每年我十一月五号至七号才生火。

大白菜上市,我们已经买了,供应、价钱如以往。

小平工作甚忙,小菁菁大了,天天还是接送,过马路不放心。

你哥哥今天来信说:“我们有些高兴的事,等实现之后再告。”也不知什么好事。

爸爸

88[年]11[月]3日下午

① 《臧克家序跋选》。

1989年(7封)

1989年1月24日

安静：

读了你们的信，得知你们工作生活情况，甚高兴！经常从广播中，听到乐安发来的消息，极亲切。

我的身体甚好。你哥哥到京开会，受到表扬。乔女也来京住了一周，她大概分到北京工作，已无问题，正忙于写毕业论文。

一个月内，发出了两本书稿：

1.《×××序跋一百篇》[①](青岛出版社)

2.《古典诗文鉴赏集》[②](北京出版社)

写到这里，恰巧听到乐安从莫斯科发出的苏联又发地震的消息。

从昨天起“政协常委会”开会，五天，我只想去二次。

你哥哥、大嫂过节前到京。

契尔卡斯基住地已告吕进。

好！

爸爸

89[年]1[月]24日早

龙龙，有时来谈谈，他甚好。

你姑姑来信谢谢你与乐源又增加了给她钱。

---

① 《×××序跋一百篇》：指《臧克家序跋选》。

② 《古典诗文鉴赏集》：指《臧克家古典诗文欣赏集》。

1989年2月4日

乐安本静:

你大哥一家四口,龙龙一家两口,齐集我处,团聚欢快,还留影纪念。

可惜,少了你们二人。恰巧,你姑姑今天来了信,也给你们写了热情的信。全家给你们的信,是精神财宝,也是春节最珍贵的礼物。

我,身体一年比一年强。节日前几天,羡林、之琳[①]、谷牧[②]、子野、大镛[③]、李庶[④]诸老友都来了。下午裴丽生[⑤]同志要来。最近,各种茶会甚多。党中央在中南海招待文艺界代表人物,赵紫阳同志讲了话,我去了。

经常听到乐安报道的消息。昨天张伟中同志来访,他很热情。

爸爸除夕头一天

---

① 之琳:卞之琳,著名诗人。

② 谷牧:无产阶级革命家。

③ 大镛:陶大镛,著名经济学家、教育家、社会活动家。

④ 李庶:著名出版家。

⑤ 裴丽生:中国科协领导。

1989年3月12日

安静：

又近十天，没听到你发出消息了，十分挂念。龙龙结婚归来后来了，照了不少照片。

我及全家均甚好。今年春节过得特别热闹。

我今天开“常委会”。16号报到“政协全国大会”，只开幕去一下。

《×××序跋选》《×××古典诗文欣赏集》均已发稿，今年或明年见书。

乔女的毕业论文已完成，不知何日“答辩”，她的工作已定于“计划生育委员会”。

小平早已上班。

小菁菁上学，情况不错。

爸爸

89[年]3[月]12日

1989年4月3日

安静：

不时从广播中听到你的声音，甚为亲切，近来隔几天才听到一次。

我及全家均好。我身体极好，工作多(写作不少，四五月份，将在《人民文学》《文史知识》各发一文)，会议多，找我的人多，甚累。

后天，纪念“五四”七十周年，41位诗人将座谈。重庆的《书系》诗集序言(七千字)已发三月号《诗刊》。

你姑姑给龙龙寄来两床被面，她将于初秋到京来看我。

乔女论文答辩已通过，五六月份将到京在“计划生育委员会”工作。

小平身体好多了，日内将“南飞”参加会，写稿。

龙龙甚好。

爸爸

89[年]4[月]3日

1989年5月31日

乐安本静：

一转眼，你们出国，已一年了。你们工作紧张，时常听到乐安从莫斯科发回的消息。

我，一切极好。连两天体检，没有病。

最近，在《光明日报》、《人民文学》发了两篇散文①，六月号《群言》还将发出一篇②……

近些日子，北京有些乱，但已逐渐完全恢复。……

乔女，六月份将到北京就职。

龙龙，有时来玩玩。

端阳节快到了，你们能吃到粽子吗？

好！

爸爸

89[年]5[月]31日

---

① 两篇散文：指《春天两行诗》《友情和墨香》。

② 还将发出一篇：指《欲休还说》。

1989 年 9 月 2 日

乐安、本静：

子野到莫斯科，异地相逢，别是亲切情味。

我及全家均甚好。国庆 40 周年，有两处约为文，不想写。

你哥哥，60 寿辰，我们全家每人写了信祝贺。我为他写了个条幅：“六十岁，而耳顺，辨方向，识正音。”收到全家的信，他大兴奋，喜得午餐多吃了一个馒头。

北京天气渐凉爽。

好！

爸爸

89[年]9[月]2 日

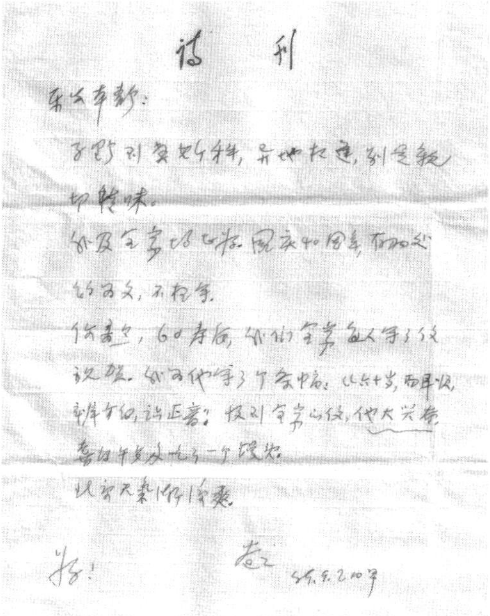

诗刊

乐安本静：

子野到莫斯科，异地相逢，别是亲切情味。

我及全家均甚好。国庆40周年，有两处约为文，不想写。

你哥哥，60寿辰，我们全家每人写了信祝贺。我为他写了个条幅：“六十岁，而耳顺，辨方向，识正音。”收到全家的信，他大兴奋，喜得午餐多吃了一个馒头。

北京天气渐凉爽。

好！ 爸爸 89.9.2日

1989 年 11 月 6 日

安静：

多日没给你们写信了，因为事情特多。

我身子极好，精神也甚好，勿念。

你姑姑很想念你们，来年你们回京时，请她来京团聚。

好！

爸爸

89[年]11[月]6 日午

1990年(3封)

1990年2月27日

安静：

信，读后知你们春节过得很快乐。

我，1月18号因喝奶“呛”着了，几乎憋死。晚上高烧入医院，一住24天，春节、元宵全在医院中过的，妈妈、小平、苏伊轮流陪住，以妈妈为最辛苦。出院半个月了，完全恢复了，事情极多。三天就写了三篇短文。今天到“人民日报”参加了座谈会，日内还有别的活动。

苏联情况，在报上看到不少报导[道]。

“五一”以后，你们大概回来了。你姑姑、你哥哥，想到京一聚。

爸爸

2[月]27日

我花了大气力，编一本《毛泽东诗词鉴赏》，五十篇，约了全国各方知名人士，每人认一题，写一篇，四月可付排。

1990年4月16日

安静：

得信，知下月中旬即可返京，我想请你姑姑来京团聚；你哥嫂也要来。二年未见，我一切健康如昔。

《毛泽东诗词鉴赏》这大工程，花费半年精力，已交稿，此书我任主编，蔡清富[①]同志、中央文献研究室李捷[②]同志任副主编。五十篇析赏文字，全系全国专家、诗人、诗评论家撰写。加快印，七八月份可出书。出版后，会有影响的。

爸爸

4[月]16日

① 蔡清富：北京师范大学中文系教授。

② 李捷：时任中央文献研究室副研究员。

1990年10月4日

乐安：

我所以写了这样七个字[①]，意味着：

你青少年时代，受苦也受到锻炼；到了中年之后，有所收获，有所贡献。字虽少而含蕴多。

爸爸

90[年]10[月]4日下午

① 臧克家为臧乐安60岁生日题写了七个字“春光不似秋色好”。

1997年(1封)

1997年10月

我的生日到了,我只有感叹,没一点欢情,我觉得生日是个精神负担,因此,决定了几种办法:

①和平日一样,要绝对安静,亲人、客人,这一天,一概不见。让我养病。

②不收任何礼物,如送来,一律退还,我的话,说了不能改!

③有亲友,如来信或来人,客气对待,说明我的病况。

④你们对我的一片孝心,我心领了。这比万金重得多多。

⑤希望你们一定照我的办!

乐安本静;小平,苏伊小罗;另外,望乐安将此意告诉乔女小彬[1]一下。

爸爸

97[年]10月

传观　　　此信可保留

① 小彬:王小彬,臧耕丈夫。

1998 年(1 封)

1998 年 1 月

安静:

我身体、心情不好,邓广铭、李蕤[1]两位多年好友近日逝世,影响我很大!

过节事,①各家小过,我要安静!

②乐英 25 日到京。

27 日是除夕,26 或 27 日上午十一时半你们四人到我处吃顿饭,饭后,如有精力,可以再谈!

你照我的办法办。

乐源到京住些[日]子,看亲友,不一定挤在一起。

爸爸

① 李蕤:著名作家。